# 新教師學

## 素養四道・學識六能

鄭崇趁　著

# 作者簡介

鄭崇趁　1953 年生　台灣雲林縣人

- **學歷**

　　國立政治大學教育學博士（1999）

　　國立高雄師範大學教育學碩士（1989）

　　國立台灣師範大學教育學學士（1986）

　　省立台北師範專科學校畢業（1974）

- **經歷**

　　國民小學教師五年（1976～1981）

　　教育部行政職務十九年（1982～2000），

　　經任幹事、秘書、組主任、專門委員

　　國立台北教育大學專任教師（2000～），經任主任秘書、教育政策與

　　管理研究所所長、教育經營與管理學系系主任、研發長

　　國立台北教育大學教育經營與管理學系教授（2006～）

- **榮譽**

　　高等考試教育行政人員（1981）

　　教育部 1991 年及 2000 年優秀公務員

　　教育部木鐸獎（2019 年，111 教育發展協進會推薦）

- **專長**

　　教育經營學、校長學、教師學、教育計畫、教育評鑑、家長教育學、

　　知識教育學、智慧創客教育、KTAV 教學模式、教育 4.0、新五倫價值

　　教育、進升領導、素養教育解碼學、新育、新教育、元素構築、知識

　　遞移、知能創價、築梯論、動能論、順性揚才說、全人發展觀、人道、

　　師道、學道、識道、台灣版學習羅盤、素養四道、學識六能

- 著作

  新教師學：素養四道・學識六能（2023）

  新校長學：創新進升九論（2022）

  素養教育解碼學：元素構築・知識遞移・知能創價（2020）

  教育 4.0：新五倫・智慧創客學校（2018）

  知識教育學：智慧人・做創客（2017）

  教育經營學個論：創新、創客、創意（2016）

  家長教育學：「順性揚才」一路發（2015）

  教師學：鐸聲五曲（2014）

  校長學：成人旺校九論（2013）

  教育經營學：六說、七略、八要（2012）

  教育經營學導論：理念、策略、實踐（2011）

  教育的著力點（2006）

  國民中小學校務評鑑指標及實施方式研究（2006）

  教育計畫與評鑑（增訂本）（1998）

  教育與輔導的軌跡（增訂本）（1998）

  教育與輔導的發展取向（1991）

# 序

## 進升人生新境界，邁向知識教育 4.0

　　本書作者出版了兩本「教師學」專書，2014 年出版的書名為《教師學：鐸聲五曲》，這是國內第一本以「教師學」為名的書。用「鐸聲五曲」歌頌「教師」對人類（教育）的貢獻，以五部曲作為「篇名」，分別是：首部曲「鐘鳴大地・人師」、二部曲「朝陽東昇・使命」、三部曲「春風化雨・動能」、四部曲「明月長空・品質」、五部曲「繁星爭輝・風格」。今年（2023 年）出版的是第二本專書，書名為《新教師學：素養四道・學識六能》，本書作者認為：在「新育」及「知識生命論」提出之後再撰寫的「教師學」，應命名為「新教師學」；課程總綱由「能力取向進升素養取向」暨「教育 3.0 進升教育 4.0」之後，「新教師學」最核心之「知識系統・知能模組」，即為素養四道及學識六能。素養四道指：新「人道」教育、新「師道」教育、新「學道」教育、新「識道」教育；學識六能指：「能傳道」、「能授業」、「能解惑」、「能領航」、「能創價」、「能進升」。

　　新的「人・師・學・識」四道，是經營「素養教育」最新的知識系統，它們都已經串連成明確的「新知能模組・新運行軌道」，都是可教可學的，也是教師及師資生學得起來、能夠直接再教給學生的「知識模型軌跡」，所以命名為「素養四道」。新的「學識六能」是韓愈〈師說〉的創價及進升，前三能可創新「傳道、授業、解惑」新價值。創價點有三：(1)將「傳道、授業、解惑」視同教師能展現出來的「學識能量・學識素養」（「學識」是「知能」的進升），是以「能」擺在前面當「動名詞」，也象徵是教師的「學識動能」；(2)賦予「能傳道、能授業、能解惑」三個「學識動能」的具體運作事項（次級系統的新知能模組），每個都有四組創價點，教師會運用它們，就能適時創新「學生生命價值」及「教育價值」；(3)「創價」之意在教師能明確指出「學習事物（知識）」的價值點，揭示給學生看（知道），讓學生知道為何要學習這些事物（知識）、學會的重要性（有哪些價值），以激勵學生務必學會。

　　後三能（能領航、能創價、能進升）是本書作者長期深耕教育之後的「知能

創價」，同時也是韓愈〈師說〉（學識三動能）的進升。進升力點有四處：(1)指出當代教師的學識動能，不只「能傳道、能授業、能解惑」三能，還要「能領航、能創價、能進升」，一共六能，這學識六能都是現代學生最為需要的「知能模組」；(2)「能領航」係指教師本身「楷模示範」的力行實踐，教師能用自己的「價值・行為・典範」做給學生看，領導學生航向「適配幸福人生」；(3)「能創價」係指教師每天的教學及教育活動，都在創新「學生心理生命」的價值、創新教育的價值，也在創新「知識本身」生命滋長的價值；(4)「能進升」係指教師能帶著學生在「人、教育、知識」三層面都有適配的進升。「人生境界」的進升、「教育 1.0→4.0」的進升、「知識→知能→學識→素養→適配→典範」的進升暨「元素構築→知識遞移→知能創價→全人發展」的進升。

就「教師學」的學術知能而言，本書有七個較有價值的貢獻（發現）：

1.素養有道：素養的源頭是「知識」，知識以「元素→組件→系統→模式→模組」的型態存在於宇宙與人的理性之中，模組化、能運行、有軌跡、成立體循環的知識，可名之為「道」。是以，新「人道」教育、新「師道」教育、新「學道」教育、新「識道」教育，合稱「素養四道」。素養有道，容易學習。

2.學識展能：學識的源頭也是「知識」，人的知識有生命，「知能融合・創價進升」形成學習者新的「知能→學識→素養→典範」。是以，「能傳道→能授業→能解惑→能領航→能創價→能進升」六能，都是教師「學識等級・專業素養」最適配發揮的「新動能・美動能・慧動能」，合稱「學識六能」。教師學識展新能，才能實踐新使命。

3.「知識生命論」進升「教師學」新生命：「知識生命論」於 2022 年進升「校長學」新生命，由《校長學：成人旺校九論》（鄭崇趁，2013）進升為《新校長學：創新進升九論》（鄭崇趁，2022）；「知識生命論」也進升「教師學」新生命，由「教師學」進升為「新教師學」，由「鐸聲五曲」進升為「素養四道・學識六能」。「新教師學」以全新的「生命・典範・風格」對著全國教師，訴說著它自己的生命故事。

4.「新育」轉動「新教師學」主軸內涵：「新育」被發現及存在之後（鄭崇趁，2020，頁 419-420），「新育」也開始轉動「人→教育→知識」三者的新生命，「解碼演繹・螺旋重組」創價進升「新育→新六育→新五倫→新四維→新教育→新台灣」知識生命（教育內容）發展軌跡，2022 年確認了「新校長學」的主軸內涵（創新進升九論版本），2023 年確認了「新教師學」的主軸內涵（「素

養四道‧學識六能」版本）。

　　5.「台灣版學習羅盤」導引「四道‧六能」，永續「構築→遞移→創價→進升」：「台灣版學習羅盤」於 2021 年被發明，是「學道‧識道」運作的核心工具。羅盤的「八個指針」及「四層次迴圈」命名，均直接使用「四道‧六能」名稱或核心概念。學會運用「台灣版學習羅盤」聚焦學習，就能有效引導「四道‧六能」永續產出「構築→遞移→創價→進升」效應，成為當代教師的榮耀。

　　6.「解碼學」與「演繹法」能探究「教育（事）‧知識（物）」深度與高度，或將成為「教育研究」新顯學：「解碼學」的運作範例，請參閱本書作者於 2020 年的專書；「演繹法」的撰寫要領，則請參閱本書作者於 2020 年、2022 年、2023 年三本專書的「目次、篇名、章名及其副標題」，應能體悟。

　　7.兩本「教師學」教材，共 30 章（約 40 萬字），足供大學部及研究所開授「教師學」2 至 3 學分課程使用。願全國教師也都願意共同把「這顆樹」養大！

　　本書若有疏漏不足，尚祈方家指導斧正。

鄭崇趁　寫於崇土園

2023 年 3 月 12 日（植樹節）

# 目次

# 第一篇

# 新育模組篇：素養四道

新育　轉動　知識生命

建構　素養教育　新知能模組

素養四道　人道・師道・學道・識道

創新進升　學識教育　新境界

# 第一章　新「人道」教育：

## 開啟適配幸福新人生

## 【導論】

　　本章為全書第一章，先向讀者說明「章名」→「節名」→「實際內容」的撰寫邏輯，讓讀者明瞭掌握「全書」→「各章」的「知識系統」及「模組連結」，知道《新教師學：素養四道・學識六能》是一本用「教育名詞」的「元素→組件→系統→模組」寫成的書，全書的「知識」成為「系統化→模組化」的「立體型」知識，在各章各節中都可以發現「知識生命」的新風貌。它有點像「智慧型手機」，只要「搜尋一下章名及節名」，再看一下「實際內容」的標題，就能夠清楚「素養四道」及「學識六能」的「操作要領」（善技術・好方法）。

　　「知識生命論」、「新育」、「教育4.0」、「素養取向教育」、「演繹法」、「KTAV教學模式」都是新發現的「系統模組」知識，它們是開啟全書章節及內涵的「靈魂」，本書的第一章至第四章「節名」設計，刻意用「KTAV教學模式」寫成的：第一節「新致用知識・立真」，第二節「新經營技術・達善」，第三節「新實踐能力・臻美」，第四節「新共好價值・築慧」，用「知識生命的小循環（真→善→美→慧）」寫成全章「系統模組知識」，示範「知識生命論」的存有與運行（演繹）。

　　教育學門的「知識」性質，既是「科學」也是「藝術」，能發現它的「真（致用知識）」及「善（經營技術）」就是科學；能探究它的「美（實踐能力）」及「慧（共好價值）」就進升為藝術，沒有科學基礎的藝術不

是真藝術，同樣的沒有藝術價值的科學也不是真科學，完整的「知識學習」至少要「真・善・美・慧」四位一體（單元教學使用 KTAV 學習食譜），「知識遞移」（知識生命小循環）成功才能「知能創價」（知識生命大循環）。

本章「立真→達善→臻美→築慧」近兩萬字的說明論述，驗證了章名「新『人道』教育：開啟適配幸福新人生」，是真實的致用知識，有明確的善技術，能產出新美動能的實踐能量，能帶動師生產出共好價值的「慧能」及「智慧創客作品・德行」，是「科學也是藝術」的知識，值得教師閱讀學習。

教育是「人教人」的個殊產業，教育的對象是「人」，施教者也是「人」；探討「要把人教成怎樣的人？」稱之為「人道教育」，研究「怎樣的人才能教好學生、辦好教育？」則稱之為「師道教育」。「人道教育」傳承已久，常被視為「教育本質」的深層探究；其核心「教育觀」有六：

1.「人之所以為人」的教育：教育在教「人之所以為人」，教人成人，成就每一個人的「意義、價值、尊嚴」，教育對人的價值無可取代。

2.「有教無類」的教育：每個人都有接受教育的基本人權，「有教無類，因材施教」一直是人類傳承的教育基本精神。

3.「人本・人文」的教育：以人為本的人文主義教育思想，長期領導教育的本質發展。

4.「人道・公義」的教育：人類文明文化的進程不一，經濟財富水準長存落差，需要「弱勢優先」的人道公義教育。

5.「公共均等」的教育：教育事業應由國家辦理，國民基本教育免收學費，確保國民教育機會均等。

6.「一個都不少」的教育：國家教育機制在成就每一個人，不能遺落或少了

任何一個人。

　　本章定名為「新人道教育」，主張用「新人道教育」，開啟適配幸福新人生。乃以前述基本教育觀為基石，整合當代已發現之「創新進升」教育觀：

　　1.「知識生命」的教育：智慧人・做創客：教育用「知識」教人，知識本身是有生命的，知識進入人身後，滋長為「真・善・美・慧・力・行・教・育」等教育元素，然後知能融合創價，幫助每一個人成為「智慧人・做創客」。

　　2.「適配幸福」的教育：「智慧人・做創客」的教育實踐，最終目的在成就每一個人的「適配幸福」人生。

　　3.「知能素養」的教育：2000 年九年一貫新課綱暨 2019 年十二年國民基本教育新課綱，將人道教育的意涵詮釋為「知能素養」的教育。

　　4.「價值融合」的教育：「新育」發現與實踐之後，價值實踐融合「六育生新」，創新生命價值與創新教育價值，成為人道教育的新主軸。

　　5.「學習模組」的教育：教與學新系統模組，例如：智慧教育、創客教育、新五倫、新四維價值教育、新育、KTAV 學習食譜、台灣版學習羅盤、學道教育、識道教育等，都有明確的系統模組版本，模組學習成為新人道教育重要趨勢。

　　6.「學識築慧」的教育：人道・師道・學道・識道共構「台灣版學習羅盤」，開啟學識教育新動能，演繹築慧（共好價值）新教育境界。

　　本章分四節論述，第一節「新人道教育的新致用知識：立真」，介紹建構新人道教育的四大教育觀，包括：「知識生命」新教育觀；「新育」新教育觀；解碼素養教育核心技術新教育觀：「元素構築」、「知識遞移」及「知能創價」；建構「教育 4.0」核心技術新教育觀：「學識境界說」、「進升領導」、「築梯論」。探討人道教育新原理學說，立知識之真。第二節「新人道教育的經營技術：達善」，說明實際經營新人道教育的「一觀、六說、三論」，兩兩並聯，達人道育才之善。第三節「新人道教育的實踐能力：臻美」，運作「新育」與「新六育」新知能模組，對人道教育產出的實踐能力（新動能）。第四

節「新人道教育的共好價值：築慧」，築全人發展十二角色責任之慧，築新六育共好價值之慧，築人生命價值之慧，也築知識生命價值之慧。

## 第一節　新人道教育的新致用知識：立真

「人道教育觀」到「新人道教育觀」之發展，蓋如前述（本章的兩段序文），這兩段序文的主要用意，在說明「章名」之所以使用「新人道教育」的主要緣由。本節再詳述這些緣由本身的「教育原理學說（教育觀）」，以立「致用知識」之真。這些新原理學說包括：「知識生命論」、「新育說」、「元素構築說」、「知識遞移說」、「知能創價說」、「教育4.0」、「進升領導」、「築梯論」等，逐一說明如下。

### 一、「知識生命論」：知識生命軌跡的發現

知識是教育的實體，教育用「知識」教育人，從小學教到大學，老師帶著學生，都在從事「認識知識→了解知識→學會知識→運用知識→創新知識」，用一句統整性的話描述它，教育產業就是從事「知識傳承與創新」的產業。知識本身是有生命的，稱為「知識生命論」。鄭崇趁（2017，2018，2020）主張：「知識」經由「教育‧學習」進入身體之後，就會附隨著人的生命而有它自己的生命，知識生命滋長的歷程是：「新知識（真）」→「含技術（善）」→「組能力（美）」→「展價值（慧）」→「成智慧（力）」→「達創客（行）」→「行道德（教）」→「通素養（育）」。「真‧善‧美‧慧‧力‧行‧教‧育」是知識生命的精粹元素，也是建構人類「素養」的八大核心元素。「知識‧技術‧能力‧價值‧智慧‧創客‧道德‧素養」則是八大元素的學名（內在學名）。知識生命八大核心元素的外相學名為：真→致用知識、善→經營技術、美→實踐能力、慧→共好價值、力→行動意願、行→德行作品、教→創新知能、育→進升素養。

「知識生命論」在教育學術上有明確的貢獻，它是「認識論（epistemology）」及「教授學（pedagogy）」的突破，用「知識生命的循環」建構了「素養教育」的三大理論：「元素構築說（新知能模組說）」、「知識遞移說」、「知能創價說」；「元素構築說」指人的素養來自「真・善・美・慧・力・行・教・育」八大核心元素，及其次級系統 6×8 ＝ 48 個教育元素「內構・外築」而成的。師生的「知識遞移說」指「真→善→美→慧」（知識生命前半段的小循環），師生共同「知能創價說」則指「知識生命」全程的大循環。知識生命的教育元素經由「構→築→遞→移→創→價」（教），產出人的「知→能→學→識→素→養」（育）。

## 二、「新育說」：新育的存在與功能

鄭崇趁（2020）為解碼素養的教育元素，發現了「新育」的存有，教育對人的功能價值在：育人之德→育人之智→育人之體→育人之群→育人之美→育人之新；「德・智・體・群・美・新」六個「知識生命」教育元素，才得以成一小循環，並完整詮釋「教育對人」的價值功能。發現了「新育」的存在與功能，稱之為「新育說」，台灣的教育原本僅有五育「德・智・體・群・美」，從 2020 年開始有第六育「新育」。「新育」存有之後的首要功能價值是：幫助本書作者順利完成《素養教育解碼學：元素構築・知識遞移・知能創價》一書的撰寫並出版。新育指出「教育創新人心理生命」的事實，沒有它無法解開「素養教育」的密碼。

「新育說」結合「知識生命論」，所產生的「交互作用・整合發展」效應，得以創新當前教育理論與實務，例如：「新五倫→新四維→新價值→新教育→新台灣」的規劃與實踐。「新育說」暨「知識生命論」兩者交織，所產出的「螺旋重組・創新進升」效應，進升了「教育經營產業」的新興學門，例如：教育經營學、校長學、教師學、家長教育學、知識教育學、教育解碼學、新校長學、新教師學、新教育經營學等，這些新興學門才有深耕的理論基礎，這些「新知

能模組——學門」才得以普遍地在教育現場流動，產生「知識遞移」及「知能創價」的教育效果。

### 三、解碼「素養教育」的三個核心技術：元素構築說、 知識遞移說、知能創價說

鄭崇趁（2020）出版《素養教育解碼學：元素構築・知識遞移・知能創價》一書，用書名副標題的三個「核心技術」解開了「素養教育」的密碼。所謂素養教育的密碼，指下列四項「學識」的發現：

1.素養的定義是「修養的元素」，指人的內才（新知能模組），這個知能模組由56個教育元素共同建構而成，教育的功能在對它「內構・外築」，內構新知能模組、外築新價值行為。

2.素養可以直接教：九項素養運用「KTAV學習食譜」，就可以找出該項素養的「新知識（真）→含技術（善）→組能力（美）→展價值（慧）」具體內容，然後編製教材直接教該項素養。

3.教育啟動「知識生命」的小循環（知識遞移）及大循環（知能創價），「交織螺旋・重組創價」，永續創新人的生命（知能），進升人的素養（學識的進升）。

4.三個核心技術再結合「全人發展觀」，進一步建構了「識道」、「學道」及「台灣版學習羅盤」，成為「素養四道・學識六能」（本書）關鍵基石。

### 四、「教育4.0」、「進升領導」、「築梯論」版本的開展

台灣的教育界（2018年）出版了兩本「教育4.0」的專書：一本是《邁向教育4.0：智慧學校的想像與建構》（中國教育學會，2018）；另一本是《教育4.0：新五倫・智慧創客學校》（鄭崇趁，2018），從此開啟「教育4.0」版本討論與教育實踐的風潮。本書作者對於「教育4.0」的推動與實踐著力甚深，並且有五大主張（深層覺識）：

　　1.要有明確而與事實吻合的「教育4.0版本」：本書作者的版本是：「教育1.0：經驗化」→「教育2.0：知識化」→「教育3.0：能力化」→「教育4.0：素養化」。

　　2.要為「教育4.0版本」找到合宜的理論基礎：本書作者找到的理論基礎有三：「工業發展說（工業4.0）」、「人生境界說（王國維人生三境界）」、「創新進升說」（鄭崇趁，2022）。

　　3.學校教育4.0的實踐，要為教育的分項及議題，設定「1.0→4.0」發展任務指標，然後策訂「進升型主題教育計畫」予於實踐，帶動學校進升3.0，再進升4.0。

　　4.每位教師編製使用「1.0→4.0築梯式教材」，都可以進升領域學科的教學領導。

　　5.「教育4.0」→「進升領導」→「築梯論」整合實踐，能夠有效「創新進升」台灣教育產業（幫助教育產業升級）。

## 第二節　新人道教育的經營技術：達善

　　有「新育」及「素養取向教育」之後的「人道教育」稱「新人道教育」，原本的「人道教育」與現代的「新人道教育」，已有「本質意涵上」及「方法技術上」的創新進升，不適合沿用共同的「概念型定義」及「操作型定義」，本書先盤整如下：「人道教育」指教「人之所以為人之道」的教育（概念型定義），人道教育的核心歷程在「順性揚才→自我實現→智慧資本→全人發展」，全人發展以完成下列六大角色責任：成熟人・知識人・社會人・獨特人・價值人・永續人（操作型定義）〔參考鄭崇趁（2012，2013）的論述〕。「新人道教育」的核心目的增加「適配幸福人生」的追求，概念型定義進升為：「新人道教育」指教「人之所以為人，邁向適配幸福人生之道」的教育。其教育核心歷程擴增為「一觀・六說・三論」，全人發展的角色責任也再增加六個：「智

慧人‧做創客‧新領導‧優教師‧能家長‧行國民」。主張十二個角色責任都
發展到位，才能孕育適配幸福人生。新人道教育的經營技術係指：「一觀‧六
說‧三論」與十二角色責任之間的系統結構關係，得圖解如圖 1-1 所示。

圖 1-1　新人道教育的經營技術圖解

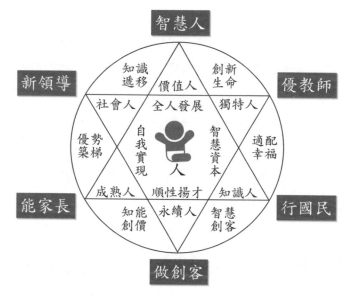

註：本書作者依學理繪製。

圖 1-1 顯示四大教育意涵：

1.人出生之後，教育用知識伴隨著人發展，人的一生從此離不開知識對他的
助長。

2.全人發展的十二個角色責任是教育助人的具體目標，它們是：成熟人‧知
識人‧社會人‧獨特人‧價值人‧永續人‧智慧人‧做創客‧新領導‧優教師
‧能家長‧行國民。其中，「智慧人‧做創客」是共同核心角色，是以加強「智
慧創客教育」，是助人邁向「適配幸福人生」的關鍵途徑。

　　3.「一觀」指全人發展觀；「六說」指：順性揚才說、自我實現說、智慧資本說、知識遞移說、知能創價說、優勢築梯說；「三論」指：創新生命論、智慧創客論、適配幸福論。它們兩兩配對，共同「教育·滋長」人的發展，邁向「人之所以為人·適配幸福人生」，實現新人道教育目標。

　　4.從「知識生命論」的觀點看「一觀·六說·三論」經營技術，它們都在「行動鋪軌，達教育育才之善（達善）」。扼要說明其「教育動能」運作方法技術如下。

## 一、順性揚才說到全人發展觀

　　「觀·說·論」都是教育理念、理論、學說的命名，有時會考量全書教育主體的不同而「位移」運用，例如：本書作者出版《家長教育學：「順性揚才」一路發》（鄭崇趁，2015），也使用了「一觀·六說·八論」：一觀指「順性揚才觀」；六說為：「全人發展說」、「多元智能說」、「三適連環說」、「適配生涯說」、「自我實現說」、「智慧資本說」；八論則為：「好的習慣論」、「支持激勵論」、「優勢學習論」、「經營本位論」、「知識管理論」、「築夢踏實論」、「績效責任論」、「系統思考論」。因為該書的主體在「家長」的「教育學」，「順性揚才觀」才是全書的「核心理念」與開展的「基調」。在本章「全人發展觀」才是全文最重要的「核心理念」與「人道教育」開展的「基調」，「一觀·六說·三論」就有其個殊性。「說」與「論」則為助長「主軸·基調」的次級系統「原理學說」及「教育理論」。共構人的「新知能模組」，外築人的「新價值行為」，系統相依，功能互補，成為新教育（素養取向教育）育人之道——新人道教育。

　　理論學說之間的兩兩配對，通常前者偏「輸入變項」或「起始力點」之意，而後者偏「結果變項」或「進升力點」之意。「順性揚才說到全人發展觀」代表「順性揚才」是「全人發展」的起始力點，「全人發展」則是「順性揚才」的成果價值，兩個理論存在著一條隱約的「教育軸線」。

　　「全人發展觀」是本書「新教育學識」開展的「核心理念」，主張教育對人發展的主要目的在：經由「知識遞移→知能創價→順性揚才」的歷程，開展人的「全人發展」，全人發展到位的人才能擁有適配幸福人生。因此，「全人發展觀」係指：全人發展的「十二角色責任」都發展到位：成熟人・知識人・社會人・獨特人・價值人・永續人・智慧人・做創客・新領導・優教師・能家長・行國民。其中「智慧人・做創客」是共同的「核心角色責任」，已成為二十一世紀新教育目標，是以「台灣版學習羅盤」才會標示「台灣邁向 2030 教育目標：智慧人・做創客（適配幸福人生）」的文字（鄭崇趁、鄭依萍，2021）。

　　「順性揚才說」有四個層次的意涵：

　　1.指教師要順學生「天生本質」之性，揚其優勢智能明朗化之才。

　　2.指師生及教育人員要互順彼此的「優勢專長」，產出最大智慧動能，共揚學生優勢亮點之才。

　　3.指教育政策或計畫要順應地區及學校師生個殊需求之性，揚師生智慧動能之才。

　　4.指教育的運作要順應「人・事・時・地・物・空」的實相之性，揚教育最大價值之才。

　　「順性揚才說」來自《道德經》「上善若水」一詞對本書作者的啟示，出版的原典為：「上善若水，水可就下，因材器使，成就萬物；教育若水，激發潛能，順性揚才，玉成眾生」（鄭崇趁，2012，頁 317；2016，頁 299）。

## 二、自我實現說到智慧資本說

　　「自我實現說」是心理學的主張，可代表心理學識對人類「澈悟」的貢獻，自我實現的人係指能夠活出自己的人、自我的「理想抱負」與「現實成就」吻合適配的人。用「直白話語」來描述是指：人想要的生活在當下發生了，就叫自我實現，例如：想當老師的人，真的當上老師；想當校長的人，真的當上校長；想當律師的人，真的當上律師；想當廚師的人，真的當上廚師；想吃麥當

勞的人，真的吃到麥當勞；想要過著快樂幸福人生的人，也真的過著快樂幸福人生。從新人道教育的觀點看教育，幫助每位學生活出自己，成為自我實現的人，是當代教師的重要使命之一，教師要先自我實現（當上教師、活出自己），再有效教學、輔導學生，幫助學生自我實現，活出自己。

自我實現的意涵可大可小，累進式或「築梯式」的自我實現教學幫助學生最大，下列版本可以參照：自我實現 1.0：每日完成自己想要的生活目標及學習目標；自我實現 2.0：按週檢核自己的「學習生活節奏」是否為自己想要的成果，創造了最大價值；自我實現 3.0：思考自己的「夢想·抱負」每年靠近了多少；自我實現 4.0：輔導學生策訂「生涯願景實踐計畫」（高中、大學、碩士、博士生適用）。

「智慧資本說」是管理學和社會學的共同主張，管理學的人力資源理論，將員工的總智慧能量稱為公司企業的「智慧資本」，員工的智慧動能愈大，研發組織新產品的潛能就愈強大。社會學主張的智慧資本，強調智慧資本具有公共性，個人的智慧能量來自他隸屬的群組動能，是以每個人獲得的智慧資本，也都要對其隸屬的組織產出動能貢獻，成為有效智慧資本，若人人都是有效智慧資本，就能旺家·旺業·旺國·旺社會。二十一世紀以來，教育學也逐漸重視「智慧資本說」在教育上的運用，強調教育領導要將學校及教育行政單位的「智慧資本」，帶動活化成為「有效的智慧資本」（鄭崇趁，2013，2014，2015）。

「智慧資本說」現在已成為「教育經營學」的核心理論，是教育領導（行政官員、校長、幹部、領航教師、班級導師）必備的教育理念。操作它的四個系統變項是「有能力→能認同→願意做→創價值」；具體作為在：(1)提升成員及學生的核心能力（含技術、能量、素養，知識遞移成功）；(2)轉動組織成員（含學生）的價值認同；(3)設定目標任務計畫引導師生願意實踐力行；(4)論述大家的智慧資本對組織產生動能貢獻的價值。

### 三、知識遞移說到創新生命論

　　知識遞移說係指教師身上或教材的知識能夠有效「遞送‧轉移」到學習者身上，成為學習者「帶得走的知識」，完整「帶得走（會用）的知識」含括「新知識（真）→含技術（善）→組能力（美）→展價值（慧）」的整全學習。師生知識遞移要成功，教師需帶著學生操作四個核心技術「知識解碼→知識螺旋→知識重組→知識創新」。從「知識生命論」來看師生之間的「知識遞移」，師生知識遞移是教師身上的知識完整地跑到學生身上，是知識生命「真→善→美→慧」的小循環，是以「知識遞移說」從學生的立場來看，係指學生學會教師單元教學的「真（致用知識）→善（經營技術）→美（實踐能力）→慧（共好價值）」四位一體的知識。

　　創新生命論係指教育用知識創新人的生命，教育在育人生命之新（新‧心‧欣‧馨），接受教育中的「學生」或「終身學習者」每天的生命都是新的，甚至認真生活的人，每天都運作「新知能模組」與他人互動或自我修持，他每天都會擁有更為精進的「新知能模組」，每天的生命也都是新的。是以教育本來就有「新育」的存在，一直到現在我們才發現它，重視它。教育有「六育」，教育在育人之德、育人之智、育人之體、育人之群、育人之美，更在育人之新，教育每天用知識創新人的心理生命，稱為「創新生命論」（註：人之生理生命的創新由食物、空氣、水三大元素共同創新）。廣義的「創新生命論」係指教育用「知識」同時創新「人、知識、教育」三者的生命，是以人也用「活知識」經營「活教育」，「人、知識、教育」三者的生命也同時被教育創新。認識「人‧知識‧教育」三者交織，彼此創新生命的人就稱為教育家或教育達人，他們能善用活知識「創新進升」學生的生命價值，善用活知識「創新進升」教育產業的生命境界。

## 四、知能創價說到智慧創客論

知能創價說指師生的（知識＋能力）創新（生命＋教育）的價值，從「創新生命價值」的意涵看他，係指教師用「教會學生、教好學生」（知識遞移流量大）來創新自己生命的價值；學生則用「學會課程教學主題知識」（也是知識遞移流量大）新知能創新新生命的價值。從「創新教育價值」的意涵看它，係指教師用「創新課程、創新教材、創新教法、創新評量、創新學生」的力行實踐，來永續創新教育的價值；學生則用「喜歡課程、喜歡教學、喜歡學習、喜歡做中學、喜歡有作品、喜歡用智慧完成作品」（和教師一起）來創新教育的價值。廣義的「知能創價說」蓋指：人類教育活動及教學行為都是有價值的，其主要目的都在「再建構新知能模組」（創新生命・知識遞移成功），然後師生共同「知能創價」（創新生命及教育價值）。

用「知識生命論」的觀點來註解「知能創價說」，知能創價係指藉由知識生命的大循環：新知識（真）→含技術（善）→組能力（美）→展價值（慧）→成智慧（力）→達創客（行）→行道德（教）→通素養（育），來運作四大核心技術的歷程：「知識學習（知）→知能融合（能）→知能創價（創）→智慧創客（價）」。知能創價的「知識生命」大循環從表象看則為：「真・致用知識」→「善・經營技術」→「美・實踐能力」→「慧・共好價值」→「力・行動意願」→「行・德行作品」→「教・創新知能」→「育・進升素養」。因此，「知能創價說」繼前述的「新知能模組說（元素構築說）」及「知識遞移說」，成為建構人類素養的第三個理論；人類布建教育機制，就是在啟動「知識生命論」衍生的「知識生命：構築→遞移→創價（教的軌跡）」形成「人與知識新生命：知能→學識→素養（育的軌跡）」，創新進升人的「全人發展」。知識生命論與素養形成的三大理論及全人發展說之間的關係，如圖 1-2 所示。

廣義的「知能創價說」還包括「知識生命論」的後段，知識遞移成功後，知識繼續幫助人「知能創價」與「全人發展」，人人成為「智慧人・做創客」。

圖 1-2　知識的生命與素養的教育元素圖解

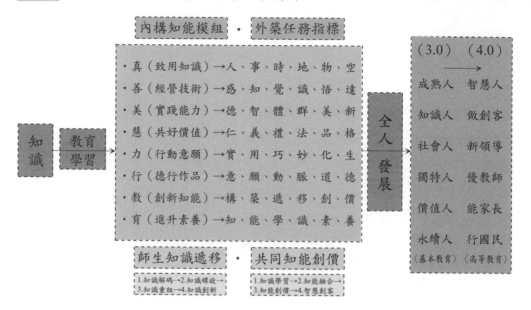

「智慧人・做創客」的人類，每天都在「拿物做事」經營自己的生活與事業，人類就能用自己已經擁有的「知識→新能→學識→素養」拿物做事，拿新物做新事，完成新任務新事功，傳承創新人類的文明與文化，讓知識的生命又跑到這些新文明與文化的「人・事・物・時・地・空」之上。無論「新文明與新文化」如何地創新進升，「新人、新事、新物」的身上，都可以重新解碼出它本身所建構的「新知識（真）」→「含技術（善）」→「組能力（美）」→「展價值（慧）」。人類文明文化的變遷與發展，都是「知識生命小循環（知識遞移）」暨「知識生命大循環（知能創價）」永續交織運行的「價值績效」。

　　「智慧創客論」係指「知能創價」的出口，教育在教人成為「智慧人・做創客」，智慧人係指擁「有智慧」的人，做創客係指「有作品」的師生；智慧的元素有四：「知識（K・真）→技術（T・善）→能力（A・美）→價值（V・慧）」四位一體成智慧，因此運用 KTAV 學習食譜教與學的教育就稱之為「智

慧教育」，因為學習食譜引導師生「有智慧的教」及「有智慧的學」；關注「做中學、有作品」的教與學，稱之為「創客教育」，創客教育已發展為較定型的教學模式：研發「有創意」的學習食譜→教導「能創造」的操作學習→建構「再創新」的知能模組→完成「做創客」的實物作品。也稱之為「四創一體」的創客教育。

　　因此，「智慧創客論」有三義：(1)指二十一世紀的新教育目標：「智慧人・做創客」，邁向適配幸福人生；(2)指「智慧教育」和「創客教育」係當代教育的核心重點，學校需實施準確版本的「智慧教育」（「真・善・美・慧」四位一體的教育）及「創客教育」（「有創意・能創造・再創新・做創客」四創一體的教育）；(3)指「智慧教育」及「創客教育」兩者整合的「智慧創客教學模式」：用智慧（KTAV）→做中學（體驗操作）→有作品（做創客）→論價值（價值評量）。

　　2017 年起「知能創價」與「智慧創客」列為台北市「優質學校 4.0 版」，之「資源統整」向度檢核「項目指標」（資源統整 4.0 版檢核項目：1.0 親師合力→2.0 資源系統→3.0 知能創價→4.0 智慧創客）。有效引導申請認證學校運作「素養取向」教育，創新進升學校成為：「教育4.0：新五倫・智慧創客學校」，價值績效卓著，已有五十多校通過認證。

## 五、優勢築梯說到適配幸福論

　　「優勢築梯說」係新近才發現的教育原理學說，係本書作者長期研究「多元智能理論」、「優勢學習」、「順性揚才」、「進升領導」、「創新進升教育與領導」之後的主張。「優勢築梯說」係指教師或領導人為幫助學生及學校優勢亮點明朗化，所編製的「築梯式教材」或「進升型主題計畫」。運作「築梯進升」策略，實踐「教育 111」（一校一特色、一生一專長、一個都不少），點亮「學生、學校、教育」三者的亮點（優勢・專長・正義）。創新進升「人與組織」知識生命的內涵，進升人的學識素養，進升教育的價值境界。「築梯

式教材」及「進升型主題計畫」在本書作者（鄭崇趁，2018，2020，2022）的專書中均有明確範例可參照。

「適配幸福論」來自三大原理學說的整合：鄭崇趁（2015，頁 115-181）的「適配生涯說」、吳清山（2018）的「幸福論」（幸福教育的實踐），以及經濟合作暨發展組織（Organisation for Economic Cooperation and Development, OECD）（OECD, 2019）「well being・全人幸福」的主張。三大原理學說的交織發展適合命名為「適配幸福論」，適配幸福論係指：教育最核心的目的在成就每一個人的「適配幸福人生」，是以「台灣版學習羅盤」的標題就開始使用「台灣邁向 2030 教育目標：智慧人・做創客（適配幸福人生）」（鄭崇趁，2022，頁 28）。教師對於「適配幸福論」的實踐作為，得參照吳清山（2018）及鄭崇趁（2015）的專書，都有實際的案例，得以直接選用為單元教學教材。

## 第三節　新人道教育的實踐能力：臻美

新人道教育係指有「新育」之後的人道教育，「新六育」經由「新教育」對人所產生的「新動能」，稱之為「實踐能力」。新動能是人類新價值行為的新能量，也是人類創造力的主要來源，是一種「美能」，在學名上我們就稱之為「美能量」或「美的實踐能力」。新六育對人的「新動能」大致說明如下。整體而言在：教人「六育之美」的「適配幸福人生」，簡稱：臻美、臻「六育育人」之美，或臻「教育育人」之美。

### ■ 一、新德育：創新道德，進升品格，育人之德

新德育產出的新動能主要有四：

1.新「等差之愛」之美（德能）：「愛」的教育是最傳統且深層的德育，「仁者愛人，親親而仁民，仁民而愛物」稱之為儒家的「等差之愛」。現代用「愛的 1.0→愛的 4.0」進升任務指標來表達：「愛的 1.0」親愛（愛親人：家

人→親朋）；「愛的 2.0」仁愛（愛師生：同儕→社區）；「愛的 3.0」博愛（愛大眾：群己→事務）；「愛的 4.0」大愛（愛生命：生態→天地）。稱之為「新等差之愛」，新等差之愛具有「築梯進升」的教育動能。

2.新「價值實踐」之美（德能）：例如：「新五倫」20 個核心價值的實踐之美（親密・觀照・支持・依存→家人關係；認同・互助・合作・共榮→同儕關係；責任・創新・永續・智慧→師生關係；專業・傳承・擴能・創價→主顧關係；包容・尊重・公義・博愛→群己關係）。又如：「新四維 2.0 版→新四維 4.0 版」價值實踐之美：「新四維 2.0 版：仁・義・禮・法」→「新四維 3.0 版：知・能・創・價」→「新四維 4.0 版：真・善・美・慧」也都含有創新進升「價值實踐」教育新動能。

3.新「品味風格」之美（德能）：品味風格指人民生活豐足以後，受到新教育高效能效率帶動，產出的新「品質→氣氛→風尚→格調」動能之美。品味風格之美是一種「高尚德育」之美，最需要新教育動能的牽動，例如：元素構築全人發展；知識遞移→創新生命；知能創價→智慧創客；優勢築梯→適配幸福。新教育創新進升人民新「品味風格」之美（德能）。

4.新「公義共榮」之美（德能）：當代人類文明文化開展快速，文明具有進升性，文化具有含容性，競爭激烈的社會，優勢族群與弱勢族群之間的共存共融格外重要。2030 年的教育目標：智慧人・做創客（適配幸福人生），要人類展現「公義共榮」之美的德育動能才能實現。新德育帶動人類產出新「公義共榮」之美德能量，共同邁向「適配幸福人生」。

## 二、新智育：創新生命，進升智慧，育人之智

新智育產出的新動能主要有四：

1.新「知識價值」之美（智能）：「知識生命論」發現知識本身有生命，知識生命開展的歷程讓「知識成智慧」、「知識達創客」，此一歷程也稱之為「知識價值化」歷程。新「知識價值」產出的新動能之美在於新「智慧教育」及新

「創客教育」模組版本的實施。新知能模組動能在育人之智，育人成為「智慧人・做創客」。

2.新「智慧動能」之美（智能）：新智慧教育係指「真（新知識・K）」→「善（含技術・T）」→「美（組能力・A）」→「慧（展價值・V）」四大元素所建構「四位一體」的新教育，「真・善・美・慧」四位一體產出「新動能・新智慧動能」，教師「有智慧」的教，學生「有智慧」的學。用 KTAV 學習食譜（智慧）的教與學所產出的「新智慧動能」。

3.新「作品生新」之美（智能）：「新創客教育」所完成的「新作品」，對學生產生「作品生新」新動能，新的「美智」動能，用作品之美表達學生擁有「新智慧」，作品生新「智慧」之美。

4.新「專長亮點」之美（智能）：智慧教育與創客教育，幫助學生「優勢智能明朗化」，人人都有新「專長亮點」，專長亮點就是一種「智慧之美」，一種新「智慧動能」之美。有專長亮點的學生活得特別有尊嚴價值，這是一種充滿「智慧」的新動能（智能）。

## 三、新體育：創新身心，進升素質，育人之體

新體育產出的新動能主要有四：

1.新「健康適能」之美（體能）：體適能本身就是一種新動能，也是種新美能，創新（適合）身心智能運作與活動所需的身體能量，稱之為體適能。新體育在創新身心（適能），進升素質（健康・精進）。新「健康適能」之美指：人在日常的食、衣、住、行、育、樂中擁有健康足量的「體適能」之美。健康適能通常與生俱來，運動與優質的生活節奏，可以精進「健康適能」的豐足，提升生活品質。

2.新「行業適能」之美（體能）：當代社會行業分工繁瑣，各種專門行業及個殊性職務需要不同的「行業適能」，行業適能之美展現在「行業智能」與「行業體能」充分「系統重組・創新進升」之後的「行業適能」。

3.新「專長適能」之美（體能）：教育在幫助人「順性揚才」，優勢智能明朗化。優勢「智能」再與優勢「體能」交織融合，形成「專長適能」。因此，專長適能係指：能夠充分支持「人類身心」優勢專長價值行為表現的體適能。

4.新「亮點適能」之美（體能）：人的優勢專長價值行為表現也具有個殊性及相對性，在不同的時空與人生紅塵中，展現絕妙圓滿的價值行為表現，能獲得共鳴與喝采的能量，稱之為「亮點適能」。平常練習賽常贏的選手擁有「專長適能」之美（體適能之美）；正式比賽時常贏的選手擁有「亮點適能」之美（能夠快速點亮自己的體適能之美）。然「專長適能」永遠是「亮點適能」的基石，教育的著力點在永續經營「專長適能」的精進。

### 四、新群育：創新團隊，進升動能，育人之群

新群育產出的新動能主要有四：

1.新「群組動能」之美（群能）：教育活動多安排「群組學習」，例如·班級·年級、領域學科、分組教學都為群組學習。群組學生共學，群組互動、討論、交流所產生的「新知識·新能量」稱之為「群組動能」。動能是一種「能動的美能」，它來自群組共學的「相互激勵」與「互為楷模」。

2.新「團隊動能」之美（群能）：學校教師的群組通常稱為團隊，學校教師為了均衡的教好全校所有學生，每年都依專長排課，教好每一堂課，並盡責開展校本、師本特色教育課程教學，共同實踐「教育111」：一校一特色、一生一專長、一個都不少。展現教師新「團隊動能」之美，教師的動能之美，來自對自己學校教育的「價值認同」與師師之間的「專長互補·亮點爭輝」。學校教師的新「團隊動能」是學校組織「創新進升」的基石。

3.新「智慧動能」之美（群能）：學校師生都「盡責傳智慧」，師生之間都展現高品質的「知識遞移」與「知能創價」，學校就能彰顯新「智慧動能」之美，智慧動能之美是一種高尚的「群育·德育」之美，指師生「自我實現」得到的「知識·智慧·能量」，願意再拿出來與同學、同事分享，對自己隸屬的

組織群組（家、學校、社會、國家）產生動能貢獻，人人也都是「有效智慧資本」，學校必然「暢旺・優質・創新・進升」。

4.新「價值動能」之美（群能）：人類共好的生活品質曰價值，價值是一種重視「共好」的「慧能」，「價值」更是態度、情意、德育、群育的最核心元素，新教育重視「新價值教育」的實踐，校長、教師都帶著學生實施「新五倫、新四維」價值教育：「價值論述→價值回饋→價值評量→價值實踐」；教學生價值實踐歷程：「揭示價值→體認價值→實踐價值→創新價值」。新價值實踐產出「新價值動能之美」，「價值動能」所產出的新能量（共好慧能）最珍貴，它是觀念、態度、習慣、意識型態的源頭。

## 五、新美育：創新美藝，進升美學，育人之美

新美育產出的新動能主要有四：

1.新「覺知動能」之美（美能）：覺知動能指美感覺察的新能量，身上感官心識功能，容易感受到周遭環境生態之美、器物之美，覺知辨識美與不夠美的存在，喜歡有美感的生活與美的器物。

2.新「意願動能」之美（美能）：意願動能指美的意願與行動的新能量，喜歡美的環境、美的事物、美的空間、美的時間，願意花時間彩繪「與自己攸關」的「人、事、時、地、物、空」表象與實相之美（參閱鄭崇趁，2020，頁234）。

3.新「視野動能」之美（美能）：視野動能指美的「知・能・學・識」超乎一般常人，具有大眾流行美學素養，也具有專業主流美學素養，能辨識「美學境界」的等級及作品的價值，「美的見識」能成獨特風格。

4.新「作品動能」之美（美能）：作品動能指作品廣受大眾歡迎，作品展現的「美的價值」逐日累增，足以帶動「新美」的潮流，競相被後學模仿習作，成為「美的新動能」，書法、繪畫、音樂大師的「作品」，大多具有新的「作品動能」，否則就難以被尊稱為「大師」。

## 六、新新育：創新知能，進升素養，育人之新

新新育產出的新動能主要有四：

1.新「生命動能」之美（新能）：人用知識辦教育，知識有生命，教育是活的；教育用知識創新人的生命，知識與人也都是活的。「人‧知識‧教育」三者生命的交織（系統重組‧創新進升），所產出的生命動能，造就了當前世界的文明文化，以及人類的教育機制。「生命」動能是一種新能（活能，有生命之新的活能），新能是「德能‧智能‧體能‧群能‧美能‧新新能」六育能量共同的根（活著的人‧事‧時‧地‧物‧空，才能建構六育新能）。

2.新「創新動能」之美（新能）：人每天的生活、學習、事業、休閒都在表現「拿物做事」的價值行為，具有「新生命」的人，每天拿新物做新事，完成新任務或新作品，此一歷程元素只要有一元素是「新的」就會產出「創新動能（新能）」，會有創新的作品（產品），或更適合人的服務品質出現。「創新動能」的存有告訴人類：百業、萬德、萬物、萬事均可創新，創新的人創新自己的事業。

3.新「創價動能」之美（新能）：創新的「德行、作品」產出新價值的能量，稱為創價動能，創價動能也是一種「新能」，新價值如能獲得多數人的認同、喜愛、使用，就會產出新的文明文化，創價動能是人類的珍貴動能，「知識遞移」成功，才能「知能創價」，進而「智慧創客」，創價動能之美在於「新能」與「慧能」交織，永續產出「人與萬物」共好價值的新能，也驗證「知能創價」是教育最為深層的本質。

4.新「進升動能」之美（新能）：新課綱的九大核心素養中，第一個素養「身心素質與自我精進」，代表人的「素質素養、知能學識」可以自我超越，永續創新進升；王國維的「人生三境界說」、「工業4.0」、「教育4.0」、「進升領導」、「築梯論」，相繼指出「人、萬物、萬事」也都具有「進升動能」，教育創新人的生命，人的「作物生新」、「智德生新」也都是「創新‧創價‧

進升」動能（新能），共同「價值化」的行為表現。

## 第四節　新人道教育的共好價值：築慧

本章闡述「新人道教育」，依「知識生命的軌跡」分四節論述其「新知識（真）」→「含技術（善）」→「組能力（美）」→「展價值（慧）」。本節進入第四節，續談新人道教育的共好價值：築慧，築「全人發展」十二角色責任的「共好價值」：人道的慧能；築新六育對人所產生的價值意涵：教育的慧能；築「人之所以為人」的價值意涵：人生的慧能；也築「知識生命」軌跡的價值意涵：知識的慧能。逐一說明如下。

### ■ 一、人道的慧能：全人發展十二角色責任的共好價值

#### （一）成熟人的價值：身心健康、能量豐足

教育最基本的價值，在幫助人能健康成熟，從未成熟到身心完整成熟的歷程中，也要避免學習不當所造成的傷害，所以成熟人的價值（慧能）在「身心健康、能量豐足」，身體與心理都要完整的健康成熟，並擁有豐足的學識能量，體能和學能都足以經營學業、家業、事業、共業需求。

#### （二）知識人的價值：知能合流、進升人生

教育的實體是「知識」，教育用知識教人，要讓每一個人都成為有知識的人，所以有大學畢業以上學歷的人，就被尊稱為「知識分子」，知識人的價值（慧能）在「知能合流、進升人生」，知識能量共同建構學識素養，永續進升生命事功境界，邁向適配幸福人生。

#### （三）社會人的價值：和諧共榮、共享文明

教育的實質功能也在幫助人的「社會化」，社會化成功的人就稱為「社會

人」，社會人的價值（慧能）在「和諧共榮、共享文明」，在一起生活做事的人，要「你好、我好、大家好」，互相尊重，互助合作，「和諧共榮、共享文明」，共同促成大家都享有個自的「適配幸福人生」。

## （四）獨特人的價值：活出自己、自我實現

學校教育設施基準與課程綱要一致性高，常被誤用為培養「一致性高」的人。事實上課程綱要的精神更在培育「有自己想法、做我自己」的「獨特人」。獨特人的價值（慧能）在「活出自己、自我實現」，用自己的想法表現「德行、作品」的價值行為，讓理想抱負在現實生活中發生（自我實現）。

## （五）價值人的價值：群己共好、慧能常新

教育在促進人的「價值化」，人一生健康成長、累增事功都是人「價值化」的開展。教育更在孕育「有價值判斷」的人，我們稱之為「價值人」。人類共好的生活品質曰價值，價值是一種「共好慧能」，是以「價值人」的教育價值在「群己共好、慧能常新」，用慧能經營「適配幸福人生」。

## （六）永續人的價值：節能適力、生生不息

「永續」原為環保能源的議題，現在已進升為教育的重要課題，教育在確保人類與地球的「永續經營、生生不息」，每一位學生都成為「永續人」。永續人的價值（慧能）在「節能適力、生生不息」，節能適力指選用優質學識系統模組工具（學道、識道）輔助學習，適力永續經營，確保自己學識能量生生不息。

## （七）智慧人的價值：真善美慧、適配幸福

新教育的核心目的在培育「智慧人·做創客」，智慧人係指有智慧的人，做創客則指有作品的人。智慧人的教育價值（慧能）在「真善美慧、適配幸福」，用知識生命的教育元素直接教人「智慧」與「智慧的學習」，這些教育

核心元素是：「真」（新知識）→「善」（含技術）→「美」（組能力）→「慧」（展價值）四位一體成智慧，邁向適配幸福人生。

## （八）做創客的價值：作品生新、定位人生

學生學習的作品概分四大類：立體實物作品、平面圖表作品、動能展演作品、價值對話作品。智慧人一定做創客，做創客是人智慧的出口；是以，做創客的價值（慧能）在「作品生新、定位人生」，人生「學業・家業・事業・共業」一生的作品，定位人一生的成就價值與尊嚴。

## （九）新領導的價值：創新進升、智慧動能

教育領域普遍實施「智慧教育」與「創客教育」之後，各行各業新領導的產生，都會是「智慧人・做創客」的典範，都會領導同仁：用智慧→做中學→有作品（做創客）→論價值→定人生。新領導的價值（慧能）在「創新進升、智慧動能」，會領導組織同仁永續經營「知能創價→智慧創客」的新領導。

## （十）優教師的價值：優勢築梯、點亮專長

優教師指能善盡職責，師生知識遞移流量大，每天創新學生生命的老師。優教師的價值（慧能）在「優勢築梯、點亮專長」，優教師能依班級學生特質，編寫築梯式教材，引導學生有效學習，築夢有梯，日益彰顯各自的「優勢智能明朗化」，點亮每位學生的專長亮點。

## （十一）能家長的價值：愛家旺業、成就家人

能家長指能夠成就自己及成就家人的家長，也就是能量豐沛、有能力經營一個家庭的父母。能家長的價值（慧能）在「愛家旺業、成就家人」，能為家人提供有能力的愛，能暢旺本業及家業，能順性揚才，關照支持家中每一位成員，成就家人的自我實現與智慧資本，大家都有適配幸福人生。

## （十二）行國民的價值：責任公民、智慧創客

行國民指能夠實踐力行公民責任的國民，行國民的價值（慧能）在「責任公民、智慧創客」，行國民善盡「工作、納稅、接受教育、維護公共安全、選賢與能」的責任，每天力行「智慧人・做創客」，用智慧（德行）彩繪生命，用作品定位人生，努力與大眾共築「適配幸福人生」。

## 二、教育的慧能：新六育對人的共好價值

教育在育人成人，教人之所以為人，教育的慧能，可再用「新六育」對人的共好價值（築慧）來表達。逐一說明如下。

## （一）新德育的價值：盡性達德・貢獻家國

新德育產出的新動能在：新等差之愛的美德、新價值實踐的美德、新品味風格的美德、新公義共榮的美德。這些新動能共築的新價值（慧能）則在「盡性達德、貢獻家國」，每位學習者都能活出自己（盡性達德・自我實現），並將自己的慧能，優先造福自己的親人、家庭、組織、國家、社會（貢獻家國・成為有效智慧資本）。

## （二）新智育的價值：知能素養、學識創價

新智育產出的新動能在：新知識價值的美智、新智慧動能的美智、新作品生新的美智、新專長亮點的美智，這些新動能共築的新價值（慧能）則在「知能素養、學識創價」，學習者的「知・能・學・識・素・養」遞移豐足，新學識動能永續創新自己的生命價值及組織的教育價值，共好慧能長新。

## （三）新體育的價值：遞移適能、優勢永續

新體育產出的新動能在：新健康適能的美體、新行業適能的美體、新專長適能的美體、新亮點適能的美體，這些新動能共築的新價值（慧能）則在「遞移適能、優勢永續」，學習者擁有健康身心素質，永續經營「學業・家業・事

業・共業」優勢適能，演繹創新「生命、志業、事功（知識）」新價值。

### （四）新群育的價值：動能展慧、慧能旺群

新群育產出的新動能在：新群組動能的美群、新團隊動能的美群、新智慧動能的美群、新價值動能的美群，這些新動能共築的新價值（慧能）則在「動能展慧、慧能旺群」，學習者與學習者之間的「互動共好價值」量能綿延旺盛，智慧能量產出「系統重組・創新進升」，完成組織新使命，暢旺個人、群組、團隊、組織，新共好價值（慧能旺群）。

### （五）新美育的價值：美學藝能、物我共好

新美育產出的新動能在：新覺知動能之美、新意願動能之美、新視野動能之美、新作品動能之美，這些新動能共築的新價值（慧能）則在「美學藝能、物我共好」，人類的美學「知能、見識、才藝」，促成人與人、人與物、人與環境、人與自然（生態）「共美、共好、共融、共榮」，彩繪彼此光亮。

### （六）新新育的價值：創新生命、新心欣馨

新新育產出的新動能在：新生命動能之新、新創新動能之新、新創價動能之新、新進升動能之新，這些新動能共築的新價值（慧能）則在「創新生命、新心欣馨」，教育最核心的本質在「創新生命，永續不息」、「從心開始，內構外築」、「欣欣向榮，知識遞移」、「智慧創客，幸福人生」。

## 三、人生的慧能：人之所以為人（適配幸福人生）的價值意涵

教育在教「人之所以為人」，教育在「育人成人」，教育在「創新生命、全人發展」，教育在把每一個人都教成「智慧人・做創客」，大家都能過著「適配幸福人生」，「人之所以為人（適配幸福人生）」是教育最深層的本質與目的。然而就當前世界人類整體文明文化觀之，有「適配幸福人生」感覺的人比

率並不高；就台灣而言，教育普及、機制靈活，人人都有接受高等教育的機會，但有「適配幸福人生（活得人之所以為人）」感覺的人，比率一樣不是很高（有幸福感的研究，但還沒有適配幸福人生主題的研究），亟待大家共同繼續努力。

適配幸福人生是「人生慧能（人的共好價值行為）」的具體展現，人生的慧能概要有五：

1.能認識：能認識知識，認識知識滋長（慧能）所形成的「知能→學識→素養」。

2.能創價：能用習得的「知能‧學識‧素養」創新生命價值，並拿物做事，永續創新「學業→家業→事業→共業」新價值（慧能）。

3.能進升：能用新知能演繹「新生命→新事功→新境界→新價值」（慧能滋長），創新進升「人生‧教育‧知識」新境界（2.0→3.0；3.0→4.0）。

4.能適配：能審度自己的本性條件，「適性→適時→適量→適力」經營自己的「學習‧志業‧伴侶‧職位」，邁向適配幸福人生。「適配經營」也是一種高智慧的「共好慧能」，讓自己的天賦學識開展到最精采（適配幸福）的光亮。

5.能幸福：自己能享有自己定義的高品質生活意境稱之為幸福。幸福是「快樂自主、健康精進、自我實現、智慧資本」四種「身心素質」能量（慧能）共築而成的，教育永續實施「智慧創客教育」，培育「智慧人‧做創客」，就能幫助每一個人「邁向適配幸福人生」。

## 四、知識的慧能：「知識生命軌跡」的價值意涵

教育用「知識」創新人的生命，知識本身也是有生命的，知識生命的滋長與發展軌跡，都是「知識與人共舞」之後所產生的慧能，我們就稱之為：知識的慧能。鄭崇趁（2017，2018，2020，2022）明確指出：知識生命有四大軌跡循環：元素構築、知識遞移、知能創價、全人進升（識道的四大知能模組循環）：

1.元素構築：指人的學識素養來自教育的 56 個大小元素「內構外築」永續

循環，「螺旋重組・創新進升」而成的（第一條知識生命軌跡）。

2.知識遞移：指師生之間的知識遞移要完整成功，需「新知識（真）→含技術（善）→組能力（美）→展價值（慧）」四位一體的教與學，並運作四個核心技術：「知識解碼→知識螺旋→知識重組→知識創新」才能完成（第二條知識生命軌跡）。

3.知能創價：指師生知識遞移成功後，共同用「新知識＋新能力（量）」創新「生命＋教育」的新價值，用德行（智慧人）作品（做創客）展現新價值行為，知能創價（第三條知識生命軌跡）在「知識學習→知能融合→知能創價→智慧創客」。

4.全人進升：指人的十二個角色責任發展到位的同時，每一個人都永續的在自己的學習、志業、休閒、生活上「拿物做事・智慧人做創客」，共同創造了人類今日的文明文化，成為第四條知識生命軌跡，知識又從人的身上跑到文明文化的「萬物・萬事・萬德・萬人・事功」之上，伴隨著人類「共活・共存・共榮」，永續生生不息，欣欣向榮。

## （一）元素構築軌跡的慧能：知源築慧，學識素養

知識生命的滋長是八個「核心元素（真・善・美・慧・力・行・教・育）」暨其次級系統元素（$8 + 6×8 = 56$），「內構」新知能模組→「外築」新價值行為，內構創新人的生命，外築成就「智慧人・做創客（全人發展）」，元素構築軌跡的共好價值（慧能）在「知源築慧，學識素養」，人類用知識學知識，知道知識生命的滋長源頭係這 56 個元素，會更加善用它們築慧，增益「知能融合・螺旋重組」，快速成就人的學識素養。

## （二）知識遞移軌跡的慧能：遞移知識，智慧創客

知識遞移軌跡的特質有二：(1)用 KTAV 學習食譜帶動「新知識→含技術→組能力→展價值」四位一體的教與學；(2)強調遞移成功是「真→善→美→慧」

知識生命的小循環。是以，知識遞移軌跡的共好價值（慧能）在「遞移知識，智慧創客」，「真・善・美・慧」四位一體小循環教學，增益遞移知識流量，進而「成智慧→達創客」，學校每年皆可選出師生百大「智慧創客」作品。

## （三）知能創價軌跡的慧能：教育創價，適配幸福

知能創價軌跡的特質有三：

1.強調新知能永續創價係「真→善→美→慧→力→行→教→育」知識生命大循環。

2.知識生命大循環適用「K（新覺識）→C（新動能）→C（新創意）→V（新價值）」創新進升規劃模式。

3.教育經營知識生命大小循環交織，邁向全人發展與適配幸福人生。是以，知能創價軌跡的共好價值（慧能）在「教育創價，適配幸福」。

## （四）全人進升軌跡的慧能：創新文明，進升機制

全人進升軌跡特質有二：(1)屬進升型軌跡，指人全人發展後對知識生命的永續貢獻；(2)指人的生活做事（拿物做事），永續促進知識生命的大小循環流動。是以，全人進升軌跡的共好價值（慧能）在「創新文明，進升機制」，人類的學識素養永續創新文明，進升教育機制及各種百業機制，讓人類的文明文化永續創新進升，生生不息。

# 第二章　新「師道」教育：

## 實踐人師典範新使命

## 【導論】

　　本章為第二章，是全書的「書眼」（全書的縮影），因為「教師學」是「師道教育」的巨觀開展，「師道教育」則是「新教師學」的微觀焦點，是以本章章名定為「新『師道』教育：實踐人師典範新使命」。全章四節的撰寫體例也使用「立真」（新致用知識）→「達善」（新經營技術）→「臻美」（新實踐動能）→「築慧」（新共好價值—慧能）模式撰寫，再一次示範「KTAV 教學模式」的妙用，引導讀者『新知識（K ·真）→含技術（T ·善）→組能力（A ·美）→展價值（V ·慧）」巨觀「知能模組」的建構（有別於 KTAV 單元學習食譜──微觀知能模組的建構）。

　　本書作者曾出版國內第一本「教師學」專書，命名為《教師學：鐸聲五曲》（鄭崇趁，2014），其核心學識有五：(1)教師的生命願景與教育志業（首部曲，鐘鳴大地·人師）；(2)教師的核心價值與專業示範（二部曲，朝陽東昇·使命）；(3)教師的核心能力與智慧資本（三部曲，春風化雨·動能）；(4)教師的教育品質與績效責任（四部曲，明月長空·品質）；(5)教師的系統思考與順性揚才（五部曲，繁星爭輝·風格）。這本書有效運作「時空律則的知識」，深化詮釋韓愈〈師說〉的現代意涵，創新進升「師道」新使命為：傳「生命創新」之道、授「知識藝能」之業、解「全人發展」之惑、領「適配生涯」之航。這是「教育3.0」世代，台灣教育學者嘗試建構「教師學」系統學識，正式出版的「領航創新」版本。

本書（《新教師學：素養四道・學識六能》）是國內第二本「教師學」專書，融入「新育」、「素養取向教育」、「教育 4.0」、「演繹法」、「知識生命論」、「台灣版學習羅盤」、「智慧創客整合教學模式（KTAV）」的「新學識」，創價進升「新師道・新使命」成為「素養四道・學識六能」。因此，本書作者常向博碩士學生講解「新育創新（創價）素養四道，羅盤演繹（進升）學識六能」，學識六能的前三能（能傳道、能授業、能解惑），是韓愈〈師說〉的深化、系統化、模組化、立體化（教育 4.0）之有效詮釋，學識六能的後三能（能領航、能創價、能進升），則是本書作者用「知識生命論、新育、教育 4.0」共同演繹「新師道」後的「新學識・新產品」。

本書作者主張「教師（教授）」是「師資生」的具體典範，是學生模仿學習的主要對象，師資培育的課程（教育學程）應有「教師學」（2～3 學分）必選修課程（學科），方能統整培育現代化、素養化（3.0→4.0）標準的師資。出版這兩本「教師學」專書，乃善盡「教育學教授」職責而已，撰寫「質量到位」的教材（兩本書共 30 章、約 40 萬字），提供開課教授們選擇使用，也提供現職教師專業成長進修時，有明確的「系統模組・學識素養」教材參照運用。期能幫助台灣教育產業的經營，由目前的「教育 3.0 能力化（特色品牌學校）」，實質進升為「教育 4.0 素養化（新五倫・智慧創客學校）」。

本書係作者出版的第二本「教師學」專書，命名為《新教師學：素養四道・學識六能》；之前在 2014 年出版第一本「教師學」專書，命名為《教師學：鐸聲五曲》。當時將「教師學」定義為：學習成為責任良師的系統知識稱為教師學。兩本書相隔九年，教師學的基本定義並未改變，然教育理論、教學觀念及學習方法卻有突破性的進展與發現，例如：「新育」、「素養教育」、「教

育4.0」、「知識生命論」、「進升領導」、「築梯論」、「動能論」、「適配論」、「典範論」、「幸福論」、「學習食譜」、「學習羅盤」的創發。這些「理論、觀念、方法」的創新進升，都與「新育」的發現並加入營運攸關，是以本書將「有新育」以後的「教師學」稱之為「新教師學」；並將「學習成為責任良師的系統知識」，進一步「系統重組、創新進升」成為「素養四道·學識六能」，作為「新教師學」的書名副標題。

本章談「新師道教育」，副標題使用「實踐人師典範新使命」，有四點積極性的用意：

1.有「新育」以後的師道教育，也適合稱之為「新師道教育」。

2.師道的意涵在「師之所以為師之道」，或者「學為人師（責任良師）之道」。是以本章是為全書的「軸心」與「縮影」，具有「核心體幹」的價值。

3.章名的副標強調「典範論」，主張教師要扮演學生的「生命之師→知識之師→智慧之師→風格之師」的人師典範。

4.新師道教育具有新使命，要實施「新·心·欣·馨」的教育（新育），行「素養四道」，展「學識六能」，培育學生全人發展，邁向適配幸福人生。

本章分四節論述說明：第一節「新師道教育的新致用知識：立真」，分析建構新師道教育的原理學說，尋根探源，立新師道教育知識之真；包含「新育」、「4.0教師」、「元素構築」、「知識遞移」、「知能創價」五個新致用知識。第二節「新師道教育的經營技術：達善」，解碼「素養四道」、「學識六能」、「適配論」、「典範論」的善技術。第三節「新師道教育的實踐能力：臻美」，解析教師扮演學生四大典範：「生命之師→知識之師→智慧之師→風格之師」所產出的美動能。第四節「新師道教育的共好價值：築慧」，築「鐸聲五曲」慧能所展現的共好價值：「鐘鳴大地·人師」→「朝陽東昇·使命」→「春風化雨·動能」→「明月長空·品質」→「繁星爭輝·風格」。

# 第一節　新師道教育的新致用知識：立真

本節分析建構新師道教育的原理學說，尋根探源，立新師道教育之真。建構新師道教育的原理學說主要有「新育」、「4.0 教師」、「元素構築」、「知識遞移」、「知能創價」，逐一說明其對「新師道」的影響如下。

## ■ 一、「新育」創新人的生命與素養四道

《素養教育解碼學：元素構築・知識遞移・知能創價》（鄭崇趁，2020）一書的出版對「新師道」意涵的延伸影響最大，因為發現「新育」及解開素養教育密碼的核心技術：「元素構築」、「知識遞移」及「知能創價」，這些「教育新名詞」都是形成「新教育」的重要原理學說。

「新育」的發現在教育的發展上具有四大意涵：

1.教育從此有六育：德育、智育、體育、群育、美育、新育，教育的主軸由「五育之教」世代進升為「新六育」世代。

2.新育的加入方能完整詮釋教育核心本質：教育在「育人之德」→「育人之智」→「育人之體」→「育人之群」→「育人之美」→「育人之新」，「德・智・體・群・美・新」永續循環，創新人的生命。

3.「新育」關注用「新知識」教育「新學生」產出「新作品」，因此「新育」永續演繹「人・知識・教育」三者的新生命，人類也永續用「活知識」來辦「活教育」。

4.「新育」的深層意涵有四義：新的教育、心的教育、欣的教育、馨的教育（請參考鄭崇趁，2020，頁 419；2022，頁 197-218，有關新育的詳細說明）。

「新育」的存有被認同之後，將帶動整體教育機制的創新與進升，其中最重要的兩點是：

1.新育指出「教育創新人生命」的事實，提高教育價值，讓「教師」成為最受尊敬的專門行業。

2.「新育」與「新六育」交互作用、整合發展，產出「新教育」；「新育」再與「新教育」螺旋重組、創新進升，產出「素養四道」，素養四道指：新人道教育、新師道教育、新學道教育、新識道教育，成為本書第一篇的第一章至第四章核心內容。

## 二、「4.0 教師」進升適配論與典範論領導

「教育 4.0」在台灣從 2018 年啟動，「4.0 教師」的定義是：能傳道、能授業、能解惑、能領航的教師；能傳「生命創新」之道，能授「知識藝能」之業，能解「全人發展」之惑，能領「適配生涯」之航（中國教育學會，2018；鄭崇趁，2018）。「4.0 校長」的定義則進升一級：能傳「學為人師」之道，能授「經營教育」之業，能解「知能創價」之惑，能領「智慧創客」之航。教育 4.0→4.0 教師→4.0 校長→進升領導→進升教育→新校長學：創新進升九論→新領航教師的「動能論‧築梯論‧適配論‧典範論」逐次「創新進升（演繹）」成型，並成為新師道教育的「新名詞」及「新教育原理學說」（參閱鄭崇趁，2022）。新人道教育需要「適配論」領導才能成功；新師道教育則需要「典範論」領導才能成功。

## 三、「元素構築說」轉動知能模組與學識系統

本書作者出版《素養教育解碼學：元素構築‧知識遞移‧知能創價》（鄭崇趁，2020）一書，「元素構築‧知識遞移‧知能創價」三個名詞既是「知識生命的軌跡」，也是解開「素養教育密碼」的關鍵鑰匙（新教育名詞，同時成為新教育原理學說）。這三個專有名詞的意涵與實踐技術本書第一章已詳為說明。

「元素構築說」係指人的素養是由 56 個教育元素構築而成的，狹義的構築說指這 56 個元素的「內構‧外築」，內構新知能模組，外築新價值行為，讓人邁向全人發展。廣義的構築說則含括「識道」的四個「知能模組循環」：元素構築→知識遞移→知能創價→全人進升（四層次模組進升循環）。是以，元素

構築說的八個素養核心元素（真‧善‧美‧慧‧力‧行‧教‧育）及其次級系統 48 個元素，是知識的生命系統，同時也是共構各種「知能模組」及「學識系統」的基石。解開素養教育的三個核心技術（鑰匙）屬於「新知能模組」，本書第五章至第十章的章名「學識六能」（能傳道、能授業、能解惑、能領航、能創價、能進升）則屬於「新學識系統」，它的命名來自本書作者《新校長學：創新進升九論》（鄭崇趁，2022，頁 184）一書，本書開展其「知能→學識→素養」之真實意涵。「知能模組」的運轉，創新進升「學識系統」，以知識累增能量為主軸者稱為「學道」；以新能構築慧能為主軸者稱為「識道」，是以「學道增能」、「識道築慧」。

### ▨ 四、「知識遞移說」遞移知識流量與智慧創客

解開「素養教育」密碼的第二把鑰匙是「知識遞移說」，知識遞移說的緣由比第一把鑰匙「元素構築說」還要早，2014 年在撰寫《教師學：鐸聲五曲》時，開始發現「知識遞移」一詞的重要，發現師生知識遞移成功，學生才真的學會單元教學的核心知識。學生基本能力薄弱係知識遞移流量不足所造成的。本書作者於 2017 年出版《知識教育學：智慧人‧做創客》一書時，正式發表「知識遞移說」理論，主張「知識遞移」係指：教師身上或教材上的知識能夠有效「遞送‧轉移」到學生身上，成為學生帶得走、會用的知識；「帶得走、會用的」知識含括「新知識（K‧真）→含技術（T‧善）→組能力（A‧美）→展價值（V‧慧）」四位一體學習；為確保學生能四位一體學習，教師需運轉「知識遞移」四大核心技術以之配合：「知識解碼」→「知識螺旋」→「知識重組」→「知識創新」，稱之為「知識遞移說」（理論）。

「知識遞移說（理論）」研發的初心，係想藉由「知識生命」的探討能否找到「智慧教育」、「創客教育」及「價值教育」共用的教學模式或學習食譜，結果績效價值豐碩，研發了「KTAV 教學模式」（如圖 2-1 所示）及「KTAV 學習食譜」（如圖 2-2 所示）。

圖 2-1　知識遞移（KTAV）教學模式

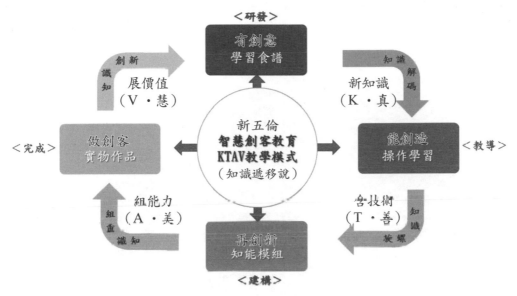

註：引自鄭崇趁（2020，頁 135）。

　　此一新教學模式（如圖 2-1 所示）最大的功能在：準確實施「智慧教育」、「創客教育」及「價值評量」，用智慧創客作品及價值論述來增益「知識遞移」流量。學校教育最具體的檢核點是：(1)畢業生每人展出 10 件智慧創客代表作品；(2)學校每年舉辦智慧創客嘉年華會，選出師生年度百大作品。

　　這一新的學習食譜（如圖 2-2 所示）主要的功能有四：

　　1.引導「新知識→含技術→組能力→展價值」四位一體的教與學（也稱之為「智慧的教」與「智慧的學」）。

　　2.「智慧」串連「創客」的表達，第二欄位強調「操作體驗（做中學）」，第三欄位強調「有作品來自組能力，作品生新（做創客）」。

　　3.食譜導引嶄新的教育模式：「用智慧（KTAV）」→「做中學（操作體驗）」→「有作品（做創客）」→「論價值（價值評量）」。

圖 2-2　KTAV 學習食譜

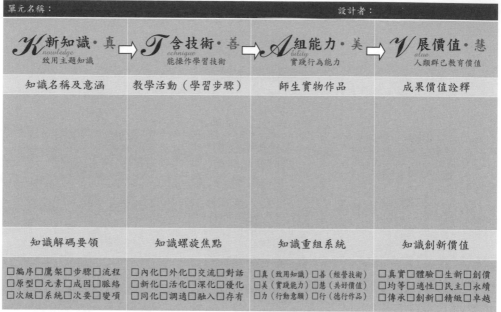

註：引自鄭崇趁（2020，頁 136）。

4.有「知識遞移說（理論）」附陳表格之下，有效引導知識之「解碼→螺旋→重組→創新」技術要領，縝密實踐四位一體及四創一體，增益知識遞移流量。

## 五、「知能創價說」創新教育價值及文明價值

「知能創價說」是解開素養教育的第三把鑰匙，它的直接意涵是（知識＋能力）創新（生命＋教育＋文明）的價值，過去教育界多只討論到「創新生命價值」及「創新教育價值」，本書則兼重它在「創新文明價值」上的貢獻，認為「教育機制」之所以偉大及重要，在於它用「知識」教育人，讓人產出「知能創價」的功能，是教育本身最重要的新本質功能，「新知・識・能・量」創

新人的「生命」價值→創新人的「知能」價值→創新人的「學識」價值→創新人類的「教育」價值→創新人類的「文明」價值→也進升人類的「文化」價值。本書作者持續研究教育，發現「新育」與「演繹法」之後，其新的「知能創價」是：(1)解開素養教育的密碼（鄭崇趁，2020）；(2)研發「台灣版學習羅盤」（鄭崇趁，2022）。這兩本書完成出版之後，再持續的新「知能創價」是：「新育」創新「素養四道」；「羅盤」演繹「學識六能」（著手撰寫本書，企圖創新教育文明新價值，進升台灣教育文化新境界）。

　　「知能創價說」係「知識生命論」（知識生命大循環）對教育產出的貢獻，知識生命大循環其核心元素（真‧善‧美‧慧‧力‧行‧教‧育）的內構外築，先知識遞移成功後，就由師生共同展開「知能創價」，知能創價的核心歷程，需考量「知識學習→知能融合→知能創價→智慧創客」四階段，與八大核心「元素學名」之間的縝密關係，故研發了「知能創價 KCCV 教育模式」（如圖 2-3 所示）及「KCCV 規劃（創新進升）食譜」（如圖 2-4 所示）。

圖 2-3　知能創價 KCCV 教育模式

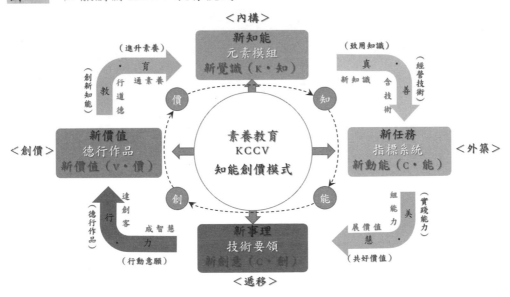

註：引自鄭崇趁（2020，頁 281）。

KCCV 教育模式具有四大特質：

1.用「知識生命大循環系統」作為人類「知能創價」的軌道：素養的八大元素「真→善→美→慧→力→行→教→育」直接鑲在永續循環的軌道之上。

2.KCCV 代表「新覺識（知）→新動能（能）→新創意（創）→新價值（價）」：放置軌道循環的四個邊上，並結合「內構→外築→遞移→創價」歷程加以標示詮釋。

3.內構「知能模組」及外築「價值行為」的命名最清晰。

4.知識生命的大小循環系統，及其交織互動永續循環皆可在圖上表達。

圖 2-4　KCCV 規劃（創新進升）食譜

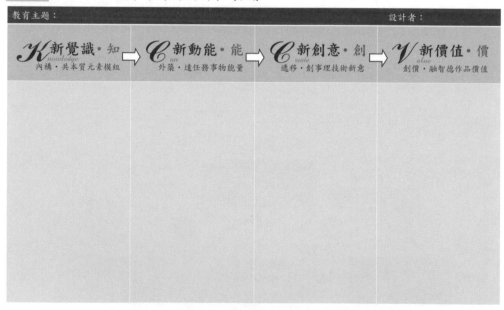

註：命名修改自鄭崇趁（2020，頁 282）。

KCCV 規劃食譜是知能創價模式的實踐，具有三大特質：

1.標示「知、能、創、價」的具體操作事項：知→新覺識（knowledge）；

能→新動能（can）；創→新創意（create）；價→新價值（value）。

2.「規劃食譜」的學識能量來自「學習食譜」知能遞移成功之後，所產出的「新覺識」與「新動能」，是進階型「新知能模組」價值行為的展現，具有「創新進升」的本質，所以原稱「創新進升（規劃）」食譜。

3.KCCV規劃食譜，教師們運用的時機在：發表著作、規劃師本校本特色課程、擬定競爭型班級經營計畫及學校教育主題計畫；教育行政領導運用的時機在：新教育政策的規劃、新教育計畫的策訂、新教育白皮書的撰寫、自己著作文章的發表出版。都是人與組織為了實現「前瞻性、高端性、進升型」新任務，所必須展現的「知能創價」行為表現。

## 第二節　新師道教育的經營技術：達善

新師道教育就是新教師學的實踐。是以，本章是全書的骨架與縮影，新師道教育的經營技術等同於全書的章名：「素養四道」與「學識六能」。新師道教育的實踐作為如圖2-5所示，「素養四道」指：「人道、師道、學道、識道」的教育，「學識六能」指：「能傳道、能授業、能解惑、能領航、能創價、能進升」的實踐。

圖2-5顯示，新師道教育經由「素養四道與學識六能」，培育「人道」的教育目標：全人發展十二個角色責任（成熟人、知識人、社會人、獨特人、價值人、永續人、智慧人、做創客、新領導、優教師、能家長、行國民）。素養四道與學識六能都是「達育人之善」的經營技術，逐一說明論述如下。

### 一、素養四道的善技術

新師道教育的善技術主要有「素養四道」及「學識六能」的知能模組，更廣義的範圍尚含括「適配論」、「典範論」的知能模組；素養四道係指人師的內構「新知能模組」，要有建構人素養的新四個教育模組軌道：新「人道、師

圖 2-5　新師道教育的實踐作為：素養四道與學識六能

註：引自鄭崇趁（2022，頁 184）。

道、學道、識道」教育。「新師道教育」是本章的章名主題，是新的「真知識」，「新知識含技術」，建構它的次級系統知識都稱為「善技術」。說明如下：

1.新人道教育的善技術：一觀、六說、三論。本書第一章圖 1-1（頁 10）新人道教育的實踐作為，明確呈現新人道教育的善技術在：一觀、六說、三論。它們的名稱是：一觀：全人發展觀；六說：順性揚才說、自我實現說、智慧資本說、知識遞移說、知能創價說、優勢築梯說；三論：創新生命論、智慧創客論、適配幸福論。

2.新師道教育的善技術：素養四道、學識六能、適配論、典範論。素養四道指：新人道教育、新師道教育、新學道教育、新識道教育；學識六能指：能傳道、能授業、能解惑、能領航、能創價、能進升。素養四道及學識六能是本書

十章的章名，由各章敘明其「核心善技術」及「操作次級系統名詞的善技術」，本章係全書的骨幹及軸心，僅摘述各章核心善技術的「標題」，以連結全書內涵與知識系統脈絡（表達「新知能模組」的滋長化、結構化、立體化、模組化、循環化，以及大小知能模組交織循環關係）。

3.新學道教育的善技術：學習遷移→學習地圖（含學習步道）→學習食譜→學習羅盤（運用新知能模組「學習工具」的善技術）。

4.新識道教育的善技術：元素構築策略→知識遞移策略→知能創價策略→全人進升策略（運用「知識生命」滋長循環、創新進升模組循環的善技術）。

## 二、學識六能的善技術

學識六能係指人師的外築「新價值行為」，要能實踐優教師的新六個學識模組軌道：能傳道、能授業、能解惑、能領航、能創價、能進升。前三能是韓愈〈師說〉的「新知能模組」詮釋，能傳「生命創新・學為人師・模組學習・認識知識」（人・師・學・識）之道；能授「知識藝能、經營教育、學識系統、知識生命」之業；能解「全人發展、知能創價、學道增能、識道築慧」之惑；後三能乃「創新進升」的「新知能模組」演繹，能領「適配生涯、智慧創客、學識典範、創新進升」之航；能創「能知模組、能學模組、能識模組、能教模組」之價；能進「六育育人、素養四道、學識六能、適配幸福」教育新境界之升。是以學識六能的的善技術概要如下：

1.能傳道的善技術：能傳「生命創新」之道（人道）→能傳「學為人師」之道（師道）→能傳「模組學習」之道（學道）→能傳「認識知識」之道（識道）；「人・師・學・識」四道齊揚，共同孕育學習者的「知能→學識→素養」。

2.能授業的善技術：能授「知識藝能」之業（學業）→能授「經營教育」之業（志業）→能授「學習系統」之業（專業）→能授「知能生命」之業（基業）（穩固優化新知能模組的基業）。

3.能解惑的善技術：能解「全人發展」之惑（生之能）→能解「知能創價」之惑（創之能）→能解「學道增能」之惑（學之能）→能解「識道築慧」之惑（教之能），「生・創・學・教」四種新能量交織解惑，解開人的「知能→學識→素養」滋長建構之惑。

4.能領航的善技術：能領「適配生涯」之航（人道之福）→能領「智慧創客」之航（學道之福）→能領「學識典範」之航（識道之福）→能領「創新進升」之航（師道之福）。人人都有適配幸福人生，共享「學識素養」新境界。

5.能創價的善技術：能創「能知模組」之價（內隱知能創價）→能創「能學模組」之價（外顯知能創價）→能創「能識模組」之價（知識遞移創價）→能創「能教模組」之價（學識系統創價）。師生永續知能創價，帶領人類創新進升文明文化。

6.能進升的善技術：能進「六育育人」之升（新教育機制）→能進「素養四道」之升（新素養動能）→能進「學識六能」之升（新學識模組）→能進「適配幸福」之升（新人生境界）。

## ■ 三、適配論的善技術

優教師對學生「適配論」的善技術有八項：

1.適配的進路選擇：比如說，升學進路、課程進路、社團進路、親師進路（指導教授）的適配選擇。

2.適配的目標設定：比如說，生活學習、學科學習、藝能學習、品格學習都要有適配的目標設定。

3.適配的經營策略：比如說，經營「識道」核心技術的學習「元素構築・知識遞移・知能創價・全人進升」更要有適配的教材難度與之配合（經營策略）。

4.適配的使力焦點：比如說，素養教育的學習焦點在「學學習、學行動、學知識、學價值、學智慧、學創客、學創新、學進升」。

5.適配的人脈關係：比如說，關注自己從小到大參與團隊中的積極表現，就

是經營自己人脈關係的最佳作法。

6.適配的事理要領：比如說，能針對「學業、家業、事業、共業」生活及事業，積極建構自己關鍵事項的標準程序，經營個人適配的事理要領。

7.適配的節奏旋律：比如說，教師應領導學生規劃適配的「生活節奏」及「學習旋律」，應用適配的節奏旋律，平衡生活動靜，提升身心健康，發揮顛峰心智效能，邁向更為成功的人生。

8.適配的平衡機制：比如說，「動靜平衡」外，尚有「智德平衡」、「知行平衡」、「構築平衡」及「創進平衡」，唯有適配的平衡機制，才能真確地將「全人發展」十二角色責任，逐一發展到位（參考鄭崇趁，2022，頁165-169）。

### 四、典範論的善技術

優教師對學生「典範論」的善技術有六項：

1.揭示教育創新生命的事實：比如說，教育用「知識」創新「人」的生命，人用「活知識」辦教育，也創新「教育」的生命。

2.詮釋知識生命流動的軌跡：比如說，知識創新人的「知能、學識、素養」稱為元素構築說（新知能模組說、創新生命說）；師生之間知識的流動稱之為知識遞移說（知識生命小循環說「真‧善‧美‧慧」小循環）；知識遞移成功後師生永續知能創價及智慧創客，稱之為知能創價說（知識生命大循環說「真‧善‧美‧慧‧力‧行‧教‧育」大循環）。

3.示範優勢專長的知能運用：比如說，「講案例、秀才藝、帶比賽、論價值」適時示範優勢專長的知能運用，誘發學生模仿學習的意願。

4.教導學科知能的智慧學習：比如說，運用「KTAV 教學模式」及「KTAV 單元學習食譜」，帶領學生，直接「智慧學習」各學科知能。

5.產出德行作品的創客表現：比如說，教師本身也要常有創客作品表現，每一學科提供 3～5 個示範創客作品。

6.實施價值實踐的素養評量：比如說，引導學生評量作品價值、評量教學歷

程價值、評量教育實踐價值、評量師生動能價值等（參考鄭崇趁，2022，頁188-191）。

## 第三節　新師道教育的實踐能力：臻美

「新師道教育」是一組「系統模組」新知識，「新知識」（新教育專有名詞）本身，要有建構它的原理學說或理論基礎，才能「尋根探源」立知識之真，本章第一節已敘明：建構「新師道教育」的新原理學說主要有：「新育」、「4.0教師」、「元素構築說」、「知識遞移說」及「知能創價說」。「新知識（立真）」→「含技術（達善）」→「組能力（臻美）」→「展價值（築慧）」是本書第一篇「素養四道」章節撰寫體例。本章第二節也已敘明：本章是全書的縮影及軸心，新師道的經營技術（達善）含括「素養四道的善技術」、「學識六能的善技術」、「適配論的善技術」、「典範論的善技術」。

本節接續探討「新師道教育的實踐能力：臻美」，任何「新教育政策」或「主題式教育計畫」之實踐作為，都會產生「新動能」來「活化、優化、新化、創化」原有的組織機制、運作模式、事物結構、績效價值等等，我們稱之為「美能、美力」、「美能力、實踐力、美動能」或者「美的新動能」。「臻美」則指這些新動能將帶動「新師道教育」臻「教育行動意願（力）」之美。本節運用教師對學生的四大典範：「生命之師→知識之師→智慧之師→風格之師」所產出的美動能為例，逐一闡述說明如下。

### 一、「生命之師」的美動能：「人、知識、教育」三者生命交織的美動能

鄭崇趁（2014）出版《教師學：鐸聲五曲》，係國內第一本教師學專書，當時即主張：教師的「師涯願景：構築人師的抱負」（第二章），教師要扮演學生的「生命之師」→「知識之師」→「智慧之師」→「風格之師」。當時「生

命之師」的意涵是：教師要用「生命感動生命」的教育來領航學生，是以「生命之師」的實踐要領（美動能）有四：(1)註解人生意義價值；(2)養成好的生活習慣；(3)開展學習優勢亮點；(4)追求階段自我實現（頁32-34）。

　　本書與第一本教師學的書相隔九年，「新育」與「知識生命論」加入教育產業營運之後，「生命之師」有了全新的美動能，概指「人、知識、教育」三者生命交織，共構活教育的生命、活知識的生命、每日創新人生命的事實。其實踐要領（美動能）進升為：

　　1.指出教育用知識創新人生命的事實。

　　2.教育經營者每天也用「新知識」在經營「活教育」。

　　3.「人、知識、教育」三者都是有生命的，都是活的。

　　4.二者生命的交織，永續創新進升人類的文明與文化。

　　這四點都是彩繪人類生態、生命的美動能。

## 二、「知識之師」的美動能：「知能、學識、素養」增長的美動能

　　本書作者第一本教師學的書對「知識之師」的主張是：教師要扮演「知識傳承與創新」的楷模讓學生學習，是以「知識之師」的經營要領（美動能）在：(1)教學核心知識，讓學生學會必備的知識；(2)示範學習要領，幫助學生有效學習知識；(3)帶動知識螺旋，促進學生融合新舊知識學習；(4)實踐知識管理，儲存運用創新知識（參考鄭崇趁，2014，頁35-38）。

　　本書稱之為「新教師學」，「知識」的性質由平面的進升為立體的、有生命的、活的，「知識之師」的意涵進升為：教師要會操作知識的「構築→遞移→創價→進升」，永續增長學生的「知能→學識→素養→典範」。是以「知識之師」的經營要領（美動能），在於「識道」的四大經營策略：(1)元素構築策略（構築美動能）；(2)知識遞移策略（遞移美動能）；(3)知能創價策略（創價美

動能）；(4)全人進升策略（智慧創客策略‧進升美動能）（參考鄭崇趁，2022，頁 30-34）。

## 三、「智慧之師」的美動能：實踐「智慧創客」教育的美動能

本書作者第一本教師學的書對「智慧之師」的主張是：能用學到的知識，妥適地表現在人生的經營層面上，經營事業主體與人際關係，並獲致滿意豐碩的成果，稱之為「智慧之師」。因此，「智慧之師」的經營要領（美動能）在：(1)學習創新知識，累增智慧資源；(2)布建資源網絡，綿密智慧運用；(3)教導人際技巧，靈活人脈智慧；(4)擴展團隊動能，串連個人集體智慧（參考鄭崇趁，2014，頁 38-41）。

「新教師學」倡導「智慧人‧做創客」的新教育目標，「智慧之師」的意涵進升為：「智慧教師」教導「智慧學生」實踐「智慧創客」教育，定格的教學模式為：「用智慧（KTAV）」→「做中學（操作體驗）」→「有作品（做創客）」→「論價值（價值評量）」，永續產出「智慧創客」作品的美動能，例如：

1.各領域（學科）教師每年輔導學生產出 3～5 件智慧創客作品。

2.每位處室主任能就年度處室計畫（活動）輔導學生合作產出 3～5 件大型智慧創客作品。

3.學校每年舉辦「智慧創客嘉年華會」選出師生年度百大作品。

4.各級學校畢業生均能在畢業週展出 10 件「智慧創客」代表作品。

智慧創客作品的美動能是開展學生「適配幸福人生」的美動能，它們往往扮演著「親密伴侶」及「職涯志業」的紅娘（參考鄭崇趁，2022，頁 199-202，關於新育的論述）

## 四、「風格之師」的美動能：展現「教書匠、教育家、新領導、優教師」風格的美動能

本書作者第一本教師學的書定義的「風格之師」指：教師承擔教育事業，經由專業行為表現結果，所形成之個人生活實踐上的品味文化，這種品味文化是「專業行為表現」與「日常生活實踐」交融，讓大眾感受到的主流典範（鄭崇趁，2014，頁41）。是以，「風格之師」展現的美動能有四：(1)專業自主教師；(2)自編教材教師；(3)課程統整教師；(4)績效價值教師。

本書對於「風格之師」主張新教師「全人發展」的新風格，展現「教書匠→教育家→新領導→優教師」風格的美動能。依據劉真（1991）的觀點，教書匠的條件（美動能）在：(1)法定的教師資格；(2)豐富的教材知識；(3)純熟的教學方法；(4)專業的服務精神。教育家的精神（美動能）在：(1)慈母般的愛心；(2)園丁般的耐心；(3)教士般的熱忱；(4)聖哲般的懷抱。「教書匠」以教「書」為重心，以「言教」為主；「教育家」以教「人」為重心，以「身教」為主。真正的教書匠難求，真正的教育家更難求。

鄭崇趁（2017）出版《知識教育學：智慧人・做創客》一書，曾論述「優教師」的實踐能力（美動能）在：(1)掌握知識遞移說的學理與運用動能；(2)撰寫KTAV單元學習食譜與教學動能；(3)專業示範完成實物作品的動能；(4)價值論述單元學習成果的動能（參考頁321-325）。「新領導」的實踐能力（美動能）則在：(1)新願景領導策略及技術動能；(2)新計畫領導策略及技術動能；(3)新創客領導策略及技術動能；(4)新文化領導策略及技術動能（參考頁293-309）。「新領導」及「優教師」都以教會「人」的「素養四道」為主軸，展現「適配論」及「典範論」的美動能，經營「每一個人」的「適配幸福人生」。

## 第四節　新師道教育的共好價值：築慧

　　鄭崇趁（2014）出版《教師學：鐸聲五曲》一書，用「鐸聲五曲」歌頌教師一生（一日）的共好價值，是新師道教育「築慧」的範例作品，全書二十章，主要內容有五：首部曲「鐘鳴大地・人師」，敘述教師的生命願景與教育志業；二部曲「朝陽東昇・使命」，分析教師的核心價值與專業示範；三部曲「春風化雨・動能」，闡明教師的核心能力與智慧資本；四部曲「明月長空・品質」，探討教師的教育品質與績效責任；五部曲「繁星爭輝・風格」，詮釋教師的系統思考與順性揚才。逐一開展其共好價值（慧能）如下。

### 一、築「鐘鳴大地・人師」之慧（首部曲）

　　教師是人師，像鐘鳴大地。人師情懷的實踐在莫忘初心，在認同教育，在歡喜成長，更在承諾力行。人師的願景抱負在扮演學生的生命之師、知識之師、智慧之師、風格之師。彩繪人師的軌跡，要從「傳生命創新之道」、「授知識藝能之業」、「解全人發展之惑」、「領適配生涯之航」四個面向著力。教師像「晨鐘暮鼓」，是一位「時中其機」的教師；教師像「希望之聲」，是一位「事畢其功」的教師；教師像「醒世清韻」，是一位「人盡其才」的教師；教師像「師道鐸音」，是一位「才盡其用」的教師（鄭崇趁，2014，頁 13-76）。

### 二、築「朝陽東昇・使命」之慧（二部曲）

　　教師有使命，像朝陽東昇。教師是新世紀責任良師，要扮演「教書匠與教育家」、「表演者與大導演」、「選書人與創作師」、「育英才與博濟眾」的角色責任。教師要創新教育的新價值，從教學、研究、輔導、服務四大使命中，彰顯「專業、精緻、責任、價值」四大核心價值。教師要專業示範四大承諾：承諾帶好每位學生、承諾教好每一節課、承諾輔導弱勢學生、承諾承擔績效責任。教師像「啟明之光」，在成就「知識公民」；教師像「希望之光」，在成

就「世界公民」；教師像「溫厚之光」，在成就「自主公民」；教師像「智慧之光」，在成就「責任公民」（鄭崇趁，2014，頁77-154）。

### 🔹 三、築「春風化雨・動能」之慧（三部曲）

教師展動能，像春風化雨。教師要展現自己的核心能力，用能量驅動學生從優勢學習入手，經營師生成為「有能力→有專長→願意做→能創價」的有效智慧資本。教師要帶著學生重構「新五倫及其核心價值」：家人關係（親密、依存），同儕關係（認同、共榮），師生關係（責任、智慧），主雇關係（專業、創價），群己關係（包容、博愛），春風化雨教育新世界。教師「春風送暖」，教育有感的生命；教師「春風傳知」，教育覺識的生涯；教師「春風有情」，教育幸福的生涯；教師「春風帶意」，教育大用的公民（鄭崇趁，2014，頁155-224）。

### 🔹 四、築「明月長空・品質」之慧（四部曲）

教師講品質，像明月長空。教師善於轉化運用「經營管理」、「課程教學」、「輔導學生」、「教育服務」之核心技術，來提升教育品質。教師要創新經營師生的知識遞移、知識管理、核心技術、優質文化、智慧管理，促成「和諧中努力」的教育、「精緻有質感」的教育、「動能具價值」的教育、「知識成智慧」的教育。教師像「皎潔明月」，是學生的常新之師；教師像「達道明月」，是學生的行動之師；教師像「美善明月」，是學生的標竿之師；教師像「永恆明月」，是學生的品質之師（鄭崇趁，2014，頁225-294）。

### 🔹 五、築「繁星爭輝・風格」之慧（五部曲）

教師現風格，像繁星爭輝。教師的風格在系統思考，教師從知識系統、教學系統、經營系統、教育系統，展現交互整合新人生。教師的風格在順性揚才，教師順自己之性，揚卓越專長之才；順學生之性，揚優勢亮點之才；順幹部之

性，揚經營取向之才；順學校之性，揚特色品牌之才。教師的風格在圓融有度，教師圓融有度的修練，創發知識價值新文化，帶來人際圓融新文化，樹立志業有度新文化，開展師道品味新文化。教師的風格在繁星爭輝，教師是精緻之星，是永續之星，是創新之星，是卓越之星，綻現繁星爭輝新風格（鄭崇趁，2014，頁295-362）。

　　第一本教師學的書用「鐸聲五曲」築慧，運作「時空律則的知識」，結合教師「生命系統的知識」、「事理要領的知識」、「人倫綱常的知識」、「物理現象的知識」（五大類知識的交互整合），建構共好價值的「慧能」，並以「五部曲」的優雅旋律表達，它們是：「人師‧鐘鳴大地」→「使命‧朝陽東昇」→「動能‧春風化雨」→「品質‧明月長空」→「風格‧繁星爭輝」。

　　本書係第二本教師學的書，用「素養四道‧學識六能」築慧，運作56顆教育元素的「構築→遞移→創價→進升」（「知能→學識→素養→典範」），創新進升共好價值的「慧能」，並用章名及其副標表達，它們是：

第一章　新「人道」教育：開展適配幸福新人生

第二章　新「師道」教育：實踐人師典範新使命

第三章　新「學道」教育：創新模組學習新技術

第四章　新「識道」教育：認識學識教育新動能

第五章　能傳道：能傳「生命創新、學為人師、模組學習、知識生命」之道

第六章　能授業：能授「知識藝能、知能模組、致用學識、素養典範」之業

第七章　能解惑：能解「全人發展、知能創價、學識模組、適配典範」之惑

第八章　能領航：能領「適配生涯、智慧創客、學識亮點、素養典範」之航

第九章　能創價：能創「人道立真、師道達善、學道增能（臻美）、識道築慧」之價

第十章　能進升：能進「知識生命、知能模組、學識典範、素養境界」之升

# 第三章　新「學道」教育：
## 創新模組學習新技術

## 【導論】

　　本章為第三章，談「學道教育」，「學道」是全新的「教育名詞」，教育書籍首次界定「學道」的概念型定義及操作型定義，是鄭崇趁（2022，頁 23-29）。當時的定義是：學道者，學之所以為學之道也；有四個具體操作變項：「學習遷移」→「學習地圖（含學習步道）」→「學習食譜」→「學習羅盤」；是學習知識方法的創新（工具知識模組的創新運用）。

　　「學道教育」則從本章開始使用，鄭崇趁、鄭依萍（2021）研發「台灣版學習羅盤」成功之後，也確認了「識道」的「知識軌跡模組」（羅盤四個迴圈的命名即「識道」的操作變項），鄭崇趁（2022）撰寫《新校長學：創新進升九論》第一章「新『知識』教育暨『認識論』領導」（頁13-34）時，運用「知識生命論」演繹創新「知識教育」五大學門（發展趨勢）；並將「學道」與「識道」並稱，作為第三節及第四節「認識論領導」之核心內容。是以，在「新校長學」中，「學道」及「識道」都是校長「認識論領導」的實踐。

　　《新校長學：創新進升九論》撰寫至第八章「新『師道』教育暨『典範論』領導」（頁 175-196）時，演繹詮釋「師道教育」經典文獻的現代教育意涵，並釐清「教師及校長」師道「責任‧使命」的不同，確認「新師道教育」的核心內容（主題變項）及系統結構圖示（頁 184，如圖 8-1 所示）。「新師道教育」的核心內容始成為「素養四道」及「學識六能」，

> 本書再將其開展，撰寫成「新教師學」，是以本書的命名為《新教師學：素養四道・學識六能》，本書第二章「新『師道』教育：實踐人師典範新使命」成為全書的「書眼」。
>
> 　本書第三章「新『學道』教育：創新模組學習新技術」及第四章「新『識道』教育：認識學識教育新動能」，引導教師及教育人員運用「知能模組工具」學習，促進「學道增能、識道築慧」效應，期能突破「『認識論』難學・未學」之障礙。

　　「學道」與「學道教育」都是有「新育」以後，所產出的新教育名詞。「新育」在 2020 年發現（鄭崇趁，2020，頁 419）；「學道」在 2022 年發現（鄭崇趁，2022，頁 23-29）；「學道教育」則由本書開始使用，用「專章」予於論述。「學道」者，「學之所以為學」之道也，探討學習模組之方法軌道也。鄭崇趁（2022）主張，學道係由四套「系統知能模組」建構而成的，它們是「學習遷移→學習地圖（含學習步道）→學習食譜→學習羅盤」；用「學習遷移」理論，帶著三套進升型「學習模型」操作工具，建構「學之所以為學」之模組學習軌道，簡稱為「學道」。「學道教育」係指教師教學歷程中，能善用「學道」的「學習遷移」理論與三個學習模組操作工具，創新模組學習新技術，增進學生學習績效價值之謂。

　　本章分四節論述說明「新學道教育」：第一節「學道教育的新原理學說：立真」，論述學道四套新知能模組的理論源頭，驗證它們都已經真實的存在，立學道知識之真。第二節「學道教育的新經營技術：達善」，解析學道四套新知能模組的運作技術，及其次級系統的使力焦點，達學道育才之善。第三節「學道教育的新實踐能量：臻美」，含括「元素組件・價值對話」之美動能、「知能技術・銜接創新」之美動能、「學識能量・系統結構」之美動能、「學識素養・創新進升」之美動能，臻學道教育動能之美。第四節「學道教育的新共好

價值：築慧」，闡明「學習模組」的慧能、「知能融合」的慧能、「學識系統」的慧能、「素養境界」的慧能，築學道教育共好價值之慧。

## 第一節　學道教育的新原理學說：立真

學道教育係指教師在教學歷程中，能善用「學之所以為學之道：學習遷移→學習地圖（含學習步道）→學習食譜→學習羅盤」，運作學習理論的四套「新知能模組」來創新模組教學新技術，增進學生學習績效價值之謂。是以，「學道」的建構，是這四個學習關鍵名詞所共構的「知能學習」軌道模組。教師必先用「實物或圖表」教會學生這四套「新教育專有名詞」的意涵、理論源頭、操作技術，學生才能理解運用，喜歡使用「學道」的「學習工具」輔助，來增益自己的學習能量。本節先說明「學道」四個專有名詞的理論源頭與概念型定義，立學道知識之真。

### 一、「學習遷移」理論的運用與擴能焦點

學道的第一個專有名詞是「學習遷移」，學習遷移原是心理學名詞，指新舊學習之間具有「相互帶動‧彼此玉成」效應者（正向相互影響程度），稱之為學習遷移，例如：已經學會打網球的人，再學習打桌球時，比較容易學會；因為網球與桌球兩種球類運動，具有相似的型態與擊球的核心技術。前後的學習或不同的學習事物，之所以會有「遷移效應」，主要來自四大因素：

1.具有共本質元素：比如說，本書作者將「新育」解釋為「新→心→欣→馨」的教育，因為四種教育具有「同音異字」的共本質元素，一起學習能有最大遷移效應。

2.含有相屬關係技術：比如說，用網子隔開雙方對打的球類運動，多數含有相屬關係或雷同類似的核心技術，開球、接球、做球、攻擊、防守、持拍、技術學習，都容易產生彼此遷移效果，教師教學常交互為例，比較分析精準說明

技術之異同。

3.同在一個模組系統迴圈之動能：以學習羅盤為例，四個迴圈由內而外名稱為「元素構築策略→知識遞移策略→知能創價策略→全人進升策略」，每一等級模組迴圈動能性質都不一樣，扮演創新進升人的「知→能→學→識→素→養」力點有別，相同迴圈內的教育元素組件（系列教育名詞），容易產生實質的學習遷移效應。

4.彰顯相近共好價值的慧能：教育運作的「人・事・時・地・物・空」充滿著共好價值（慧能）的存有，教育經營措施與教學活動，其績效價值成果，能夠彰顯相近核心價值者，也彼此具有較明顯的學習遷移效果。

## 二、「學習地圖」及「學習步道」的知能模組實踐

學習地圖（含學習步道）是學道的第二個教育專有名詞，本書作者認為：善用學習地圖及學習步道的學習，可以增加「學習遷移效應」，快速累增教學及自主學習的績效價值。「學習地圖」流行在中小學的主題教育及大學的系所課表設計，中小學校本課程的體驗場域規劃稱為課程地圖（部分的學校直接稱為學習地圖），大學系所學程的必選修學分表及其選課規範，也稱之為課程地圖，學生依據課表規範真正修習的科目學分路徑，就是學生自己的學習地圖。當前中小校本課程之發展，流行建置學生各種「學習步道」，並且結合「智慧行動學習」（QR Code），也是廣義的「學習地圖」運用。教師依據學校「課程地圖」，輔導學生規劃自己的「學習地圖」，能夠拓增「學習遷移」，協助學生優勢智能明朗化，提早達成學習目標，完備畢結業條件，取得專門職業證照。

學習地圖及學習步道都講究「闖關學習」與「套裝行程（築站系統學習）」，在學理的應用上都是「新知能模組」的布建與學習，校本課程依年級的進升訂定系列主題教學，就是課程內涵「知能模組」由淺層到深部「築梯式」設計，「新知能模組」經由築梯學習及學習遷移的優化，就能幫助學生「優勢智能明朗化」。闖關學習活動，其設計之基本原理是：將活動的主題（巨觀知

能模組）劃分成 5～8 組次級系統知能模組，再依據次級系統知能模組設計問題或活動之價值行為，通過所有關卡，學習者的內在知能模組，就能逐步優化串連為巨觀的知能模組。是以，學習地圖及學習步道都在幫助學生「知能模組‧內構外築」的實踐，也在築站累增「學習遷移」的量能。

## 三、「KTAV 學習食譜」的理論建構

學道的第三個專有名詞是「學習食譜」，係指鄭崇趁（2018，2020）發表的「KTAV 學習食譜」，如圖 3-1 所示。鄭崇趁（2022，頁 23-29）認為，「學習食譜」及「學習羅盤」都是增進學生學習遷移的智慧型工具，所以將「遷移理論」與「遷移模組工具」系統整合成明確的學習軌跡脈絡：「學習遷移→學習地圖→學習食譜→學習羅盤」，並命名為「學道」，學之所以為學之道。

圖 3-1　KTAV 學習食譜

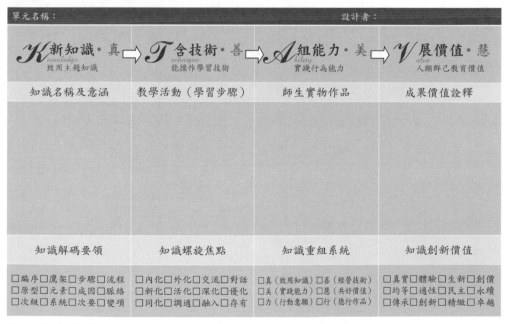

註：引自鄭崇趁（2020，頁 142）。

圖 3-1 呈現四大教育意涵：

1.K（knowledge）→知識；T（technique）→技術；A（ability）→能力；V（value）→價值；主張「新知識（真）→含技術（善）→組能力（美）→展價值（慧）」四位一體的學習，稱為「智慧學習」，因為它是知識生命「真→善→美→慧」（四大教育元素）小循環的學習，學習遷移效果最佳。

2.「新知識→含技術」具有「知識解碼」效應；「含技術→組能力」具有「知識螺旋」效應；「組能力→展價值」具有「知識重組」效應；「展價值」產出「智慧人‧做創客」，具有「知識創新知識」效應，是以學習食譜內含「知識遷移」四個核心技術運作「知識解碼→知識螺旋→知識重組→知識創新」，得以確保單元教學「知識遷移」成功（完整遷移‧流量豐沛）。

3.學習食譜的核心欄位（第二、第三欄位），有效引導「創客教育」的實踐：第二欄位「含技術」導引學生「操作體驗」學習；第三欄位「組能力」引導學生用「完成作品」表達真正習得的「能量‧能力」。

4.學習食譜用「展價值」收尾，引導師生進行「教與學」價值評量，評量作品價值、評量學習價值、評量教學價值，也評量教育價值；每一個單元教學均可實施微型的「價值實踐」教育。

「KTAV 學習食譜」的理論建構來自「KTAV 教學模式」（詳圖 2-1 所示，本書頁 39）這一教學模式係由四套教學「系統模組」建構而成的，包括：

1.智慧教育：「新知識（K‧真）」→「含技術（T‧善）」→「組能力（A‧美）」→「展價值（V‧慧）」四位一體的智慧教育，在圖的內圈四角落，象徵智慧的四根柱子（四個「有生命‧可循環」的教育元素）。

2.創客教育：「研發有創意學習食譜」→「教導能創造操作學習」→「建構再創新知能模組」→「完成做創客實物作品」四創一體的創客教育，在圖的四邊最核心位置，代表四創一體的實踐作為（作品‧德行），就是「智慧四位一體」的出口（內涵→表象；內構→外築）。

3.知識遷移理論：「知識解碼」→「知識螺旋」→「知識重組」→「知識創

新」四步循環，永續遞移師生知識流量，在圖的四個轉彎處，代表運作知識遞移善技術，有效帶動智慧、創客、價值教育的實踐。

4.價值教育：「價值論述」→「價值回饋」→「價值評量」→「價值實踐」四步循環，點亮師生「生命‧教育‧知識」三者共好價值。用「價值」（共好慧能）收尾，代表四大教育經典模式（智慧、創客、價值、遞移）都能共構「人與教育」的慧能，教育長傳，慧能常新。

因此，教師單元教學善用「KTAV學習食譜」規劃教學內容，能夠匯聚單元知能（真→善→美→慧）教育元素，促進全人發展，邁向「智慧人‧做創客」，迎向「適配幸福人生」價值（共好慧能）。

## 四、「台灣版學習羅盤」與「OECD學習羅盤」比較分析

「OECD學習羅盤」（如圖3-2所示）發表於2019年，「台灣版學習羅盤」（如圖3-3所示）發表於2021年；「學道」與「識道」兩個名詞從2022年開始使用，學道與識道都是「認識論」的新教育模組，兩者都需運用「台灣版學習羅盤」為運行工具。

圖 3-2 OECD 學習羅盤

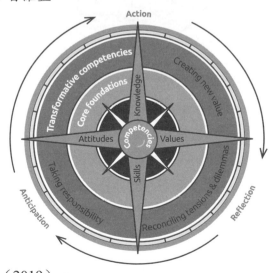

註：引自 OECD（2019）。

**圖 3-3** 台灣版學習羅盤

台灣邁向 2030 教育目標：智慧人・做創客（適配幸福人生）

・民主自由新台灣（3.0）進升智慧創客新台灣（4.0）

**策略一：元素構築（構築軌道循環①）**
8 大元素帶動 48 個次級系統元素，內構外築
內構新知能元素模組，外築新任務價值行為

**策略二：知識遞移（遞移軌道循環②）**
師生 KTAV 模式教與學，知識遞移流量豐沛
知識解碼→知識螺旋→知識重組→知識創新

真〔致用知識〕：人事時地物空
善〔經營技術〕：感知覺識悟達
美〔實踐能力〕：德智體群美新
慧〔共好價值〕：仁義禮法品格
力〔行動意願〕：實用巧妙化生
行〔德行作品〕：意願動脈道德
教〔創新知能〕：構築遞移創價
育〔進升素養〕：知能學識素養

・九大素養直接教的 KTAV 學習食譜
・編撰九大素養直接教的校本課程教材
・實施九大素養直接教的單元教學
・教師運作知識遞移理論及 KTAV 學習
　食譜，全面實施智慧創客教育
・有效能學校（實施教育 111 或優質特
　色品牌學校）

〔台灣版學習羅盤〕

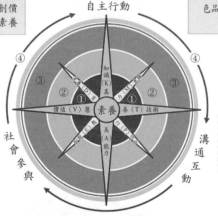

羅盤指針（四大四小）
代表教育學習的核心元素
構築人類知識、能力、
素養、行為的真實養分

①②③④圓形區域
具有共本質元素
運行軌跡、循環統整、
創新、進升之意

**策略四：全人進升（進升軌道循環④）**
基本教育（3.0）到高等教育（4.0）學生全人發展
順性揚才→自我實現→智慧資本→全人發展

**策略三：知能創價（創價軌道循環③）**
師生 KCCV 模式知能創價，永續經營智慧人、做創客
知識學習→知能融合→知能創價→智慧創客

・全人發展的任務指標〔角色責任〕
　(1)成熟人(2)知識人(3)社會人
　(4)獨特人(5)價值人(6)永續人
　「智慧人・做創客」
　(7)智慧人(8)做創客(9)新領導
　(10)優教師(11)能家長(12)行國民
・畢業生展出 10 件智慧創客代表作品
・學校舉辦智慧創客嘉年華會，每年選出師生百
　大作品

・新五倫、新四維、新教育、新台灣
・新育：「新・心・欣・馨」的教育
・素養取向教育：元素構築、知識遞移、知能創價
・教育 4.0：新五倫・智慧創客學校（進升領導）
・知識教育學：智慧人、做創客
・創新領導、創客教師、創意經營的教育

註：部分修正自鄭崇趁（2022，頁 28）。

　　「OECD 學習羅盤」使用到四支羅盤指針及三個圓形迴圈，四支羅盤指針命名為：「知識」（knowledge）→「技能」（skills）→「態度」（attitudes）→「價值」（values）；三個圓形迴圈命名為：「核心基礎」（core foundations）→「轉型素養」（transformative competencies）→「層面素養：行動（action）→反思（reflection）→預想（anticipation）」。三個層面素養與台灣向度素養「自主行動→溝通互動→社會參與」十分接近；顯示「台灣」與「國際社會」一致，均思考運用「羅盤運作」來詮釋「素養」的由來，以及終極教育目標為「全人幸福（well being）」。

　　鄭崇趁、鄭依萍（2019）發表〈展新育、能演繹、行四道、達至德：建構「學習羅盤」的教育學理與指標系統〉一文，台灣教育界從此有「台灣版學習羅盤」。「台灣版學習羅盤」相較於「OECD 學習羅盤」有四個進升點：

　　1.指針命名的進升：OECD 學習羅盤用四個指針，命名為「知識→技能→態度→價值」，台灣版學習羅盤用八個指針，命名為「真→善→美→慧→力→行→教→育」，前者用的是組件（教育名詞），後者用的是元素（教育字根），元素比組件更深層，找到素養的真正源頭。

　　2.動能迴圈的增設與策略進升命名：OECD 學習羅盤有三個動能迴圈，命名為「核心基礎→轉型素養→層面素養」；台灣版學習羅盤設計四個動能迴圈，命名為「元素構築策略→知識遞移策略→知能創價策略→全人進升策略」。四個層次的動能迴圈較能有效表達「群組螺旋→模組循環→創新進升」效應與事實。

　　3.羅盤系統模組動態運轉的優化：台灣版學習羅盤四個動能迴圈具有「築梯進升」意涵：「構築策略→遞移策略→創價策略→進升策略」。

　　4.「知識生命論」（學道‧識道）的融入：台灣版學習羅盤融入「知識生命論」（知識本身有生命，是活的，有軌跡可尋），及其主要的「知能模組軌跡：學道與識道」，創新進升「學習羅盤」的「演繹‧創價」之教育價值。是以，四大經營策略均能標示明確的運行指標系統。

　　台灣版學習羅盤（中間示意圖）如圖 3-4 所示，羅盤指針（四大四小）及羅盤動能迴圈（由內而外四個層級），形成功能超強，能「動態運轉」的「知能系統模組」。

圖 3-4　台灣版學習羅盤（中間示意圖）

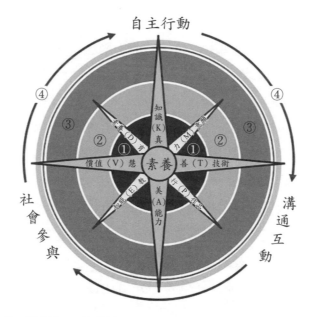

註：引自鄭崇趁（2022，頁 29）。

## 第二節　學道教育的新經營技術：達善

　　學道教育的經營技術可分為「整體的」經營技術，以及「分項的」經營技術。整體的經營技術指「學道」的四個操作變項「學習遷移→學習地圖（含學習步道）→學習食譜→學習羅盤」；分項的經營技術則指四個變項個別的「次級系統操作技術」。主要變項（含其次級系統變項）的操作技術都是「學道的善經營技術」，這些新經營技術「行動鋪軌，達學道育才之善」。

## 一、學習遷移的善經營技術

　　本章第一節已揭示：新舊學習之間，具有正向影響程度，能夠產出「相互帶動‧彼此玉成」效應者，稱之為學習遷移；前後的學習或不同事物的學習，之所以會具有「遷移效應」，主要來自四大因素：(1)具有共本質元素；(2)含有相屬關係技術；(3)同在一個模組系統迴圈之動能；(4)彰顯相近共好價值之慧能。

　　是以，關注「學習遷移」的教與學，可以大幅提升學生學習的「效率」與「效能」，經營「學習遷移」的善技術，得參照下列的作為：

　　1.找出兩種學習之共本質元素：參照「素養的教育元素圖解」（如圖 1-2 所示，本書頁 16），共本質的教育元素愈多，彼此的遷移效應愈明顯，愈容易學會新事物。

　　2.指出新舊學習之共本質價值：共本質元素係「原物料」的同質性；共本質價值係「成品‧事功」績效價值的同質性。是以教師教學時，能夠解析（指出）新舊學習之共本質價值者，學生愈容易把定同　方向經營操作，彰顯「學習遷移」效應。

　　3.分析兩種學習核心技術的同與異：就學習者立場看遷移效果，知道核心技術相同者，遷移效果一定大；知道彼此核心技術不同者，也會因為辨識運作方式之不同，而增加相對的遷移效應。

　　4.演繹前後學習彼此的關係與結構：尤其是當下的學習是巨觀學習還是微觀學習？老師要經常向學生解析演繹各種學習之間的關係與系統結構，學生了解「當下學習」在「知識系統模型」中的定位，學習遷移（學會）的明確性與速度性就會增加（參考鄭崇趁，2022，頁 24）。

## 二、學習地圖與學習步道的善經營技術

　　本章第一節已敘明，學習地圖（含學習步道）是「學道」的第二個步驟，係指學生善用「課程地圖及學習步道」的自主學習實踐；學生的學習地圖規劃

妥適，能夠拓增「學習遷移」能量，促進優勢智能明朗化。學習地圖的「學理基礎」建立在「新知能模組」的「築梯式」布建與「系統銜接」，善用「闖關學習」及「套裝行程」，匯聚「微觀知能模組」成為「巨觀知能模組」。

學習地圖及學習步道的「善經營技術」，得參照下列實踐作為：

1.善用學校空間，設計領域（學科）主題學習地圖或學習步道，例如：空地、空餘教室、大樓牆壁、樓梯廊道等。

2.善用社區文化文明，設計生態文史課程與學習地圖，例如：象山生態學習地圖、大稻埕學習地圖等。

3.善用城市資源，設計多軌優質主題學習地圖，例如：台北 101 一日遊學習地圖、台北捷運一日遊學習地圖等。

4.善用師資專長，設計個殊領域（學科）專門主題學習地圖，例如：唐詩朗誦學習地圖（新北市福和國中）、踢毽子學習地圖（台北市西園國小）等（參考鄭崇趁，2022，頁 24-25）。

### 三、KTAV 學習食譜的善經營技術

學道的第三個步驟是「學習食譜」，本書中的「學習食譜」專指「KTAV 學習食譜」，本章第一節已敘明：「KTAV 學習食譜」建構的理論基礎，來自 KTAV 教學模式，是四套新教育「知能模組」整合共構之「立體系統知能模型」，這四套新教育「知能模組」指的是：智慧教育、創客教育、價值教育、知識遞移。因此，「KTAV 學習食譜」的「善經營技術」，也含括總體及分項的「好的經營技術，總體經營技術指「立體系統知能模型」的「操作變項」，也就是四套知能模組的整合運作模式；分項的經營技術則指這四套模組各自的「次級系統操作變項」。

「KTAV 學習食譜」之總體及分項「經營技術」，統合分類如下。

● 總體的善技術：智慧創客教育（教學）模式

「用智慧（KTAV）」→「做中學（操作體驗）」→「有作品（做創

客）」→「論價值（價值評量）」。

● 分項的善技術：智慧教育、創客教育、價值教育、知識遞移

1. 智慧教育：「新知識（K·真）」→「含技術（T·善）」→「組能力（A·美）」→「展價值（V·慧）」四位一體的智慧教育。

2. 創客教育：研發「有創意」的學習食譜→教導「能創造」的操作學習→建構「再創新」的知能模組→完成「做創客」的實物作品。四創一體的創客教育。

3. 價值教育：「價值論述」→「價值回饋」→「價值評量」→「價值實踐」。

4. 知識遞移：「知識解碼」→「知識螺旋」→「知識重組」→「知識創新」。

● 「知識遞移」次要變項的善技術

1. 知識解碼要領：「編序、鷹架」→「步驟、流程」→「原型、元素」→「成因、脈絡」→「次級、系統」→「次要、變項」。

2. 知識螺旋焦點：「內化、外化」→「交流、對話」→「新化、活化」→「深化、優化」→「同化、調適」→「融入、存有」。

3. 知識重組系統：真（致用知識）→善（經營技術）→美（實踐能力）→慧（共好價值）→力（行動意願）→行（德行作品）。

4. 知識創新價值：「真實、體驗」→「生新、創價」→「均等、適性」→「民主、永續」→「傳承、創新」→「精緻、卓越」。

## 四、台灣版學習羅盤的善經營技術

台灣版學習羅盤如圖 3-3 所示，其表象的經營技術是「四個迴圈（由內而外）」的策略名稱：(1)元素構築策略→(2)知識遞移策略→(3)知能創價策略→(4)全人進升策略。其深層的經營技術則含括：（由外而內）的「人道」→「師道」→「學道」→「識道」之「知能系統模組」。表象的經營技術與深層的經

營技術，都是「好的、良善的」方法技術要領，統稱為「善技術」。這也說明「學習羅盤」同時是「學道」及「識道」最重要的「零組件」，是學道的「結果變項」（統合學習工具）；同時也是識道的「內容變項」（認識知識生命滋長軌跡）。四個分項善技術說明如下：

1.元素構築策略的善技術：「8顆大元素」（指針）帶動「56顆大小元素」（第一動能迴圈）→內構外築→內構「新知能元素模組」→外築「新任務價值行為」。

2.知識遞移策略的善技術：「知識解碼」→「知識螺旋」→「知識重組」→「知識創新」；運作第二動能迴圈，使用「KTAV學習食譜」，開展「九大素養直接教」的「校本、師本、生本」課程教材。

3.知能創價策略的善技術：「知識學習」→「知能融合」→「知能創價」→「智慧創客」；運作第三動能迴圈，使用「KCCV規劃食譜」，開展「知識生命大循環」的「師生永續知能創價」，傳承創新文明文化。

4.全人進升策略的善技術：「順性揚才」→「自我實現」→「智慧資本」→「全人發展」；運作第四動能迴圈，使用「智慧人・做創客」新教育目標，管理學生「小學→國中→高中→大學」畢業展10件「智慧創客」代表作品影音檔案，開展「適配志業・適配伴侶」，邁向「適配幸福人生」。

## 第三節　學道教育的新實踐能量：臻美

知識滋長的核心歷程為「立真」→「達善」→「臻美」→「築慧」（廣義的KTAV），學道教育的「知能模組」開展亦然，第一節「探」學道教育新原理學說「立真」，第二節「論」學道教育新經營技術「達善」，本節為第三節「究」學道教育之新實踐能量「臻美」，下一節為第四節「開」學道教育之新共好價值「築慧」。本節接續探究學道四大核心技術：「學習遷移→學習地圖→學習食譜→學習羅盤」持續滋長的「美動能」，逐一說明如下。

## 一、學習遷移的美動能：「元素組件‧價值對話」之美

「學習遷移效應」形成的動因有四：(1)具有共本質元素；(2)相屬有關係技術；(3)同在共動能迴圈；(4)彰顯能共好價值。是以本章第二節論述學習遷移的「善技術」也有四個可經營事項：(1)找出共本質元素（原物料的同質性）；(2)找出共本質價值（事功同質性）；(3)分析核心技術異同（辨識技術異質性）；(4)演繹關係結構（定位知能模組性質，巨觀微觀系統）。

這些善技術所產出的「美動能」在：「元素組件‧價值對話」之美。「元素」指教育的最基本單位「單字‧字根」；「組件」則指教育的「名詞‧成語」。是以，教育領域中被發現並使用的新「字→名詞→成語→專有名詞」，都稱之為教育新元素及新組件，所有的新「元素組件」都具有「新的能」，「字、詞、成語」的本質意涵就是「新能」的本然存有；字與字的新組合成為「新詞‧新成語‧新專有名詞」它們的詞意及深層意涵，就具有新的動能，我們稱之為新的「美動能」，例如：「新」育元素被發現使用以後，產出諸多零組件：「新‧心‧欣‧馨」的教育，新德育→新智育→新體育→新群育→新美育→新新育→新六育→六育論等等，都具有新動能，我們運用得妥適美妙，這些新「元素組件」就會產出新的「美動能」。

「學習遷移」這一詞意所產出的美動能在：「元素組件‧價值對話」之美，蓋指「學習」與「遷移」、「地圖‧步道」、「食譜‧羅盤」交流對話，所產生的美動能，對於「學道」的「遷移效應」價值最大，是一種「元素組件‧價值對話」之美的高價動能。

## 二、學習地圖（含學習步道）的美動能：「知能技術‧銜接創新」之美

本章第二節已敘明：學習地圖的「學理基礎」建立在「新知能模組」的「築梯式」布建與「系統銜接」，善用「闖關學習」與「套裝行程」，匯聚「微觀

知能模組」成為「巨觀知能模組」。是以，學習地圖（含學習步道）的美動能在：「知能技術・銜接創新」之美。

闖關遊戲類似「設站學習」，將學生應學會的「知能技術」，設計成生活情境問題或課題，要學生啟動舊經驗結合新情境資源完成新任務或新價值作品，是一種「知能技術・銜接創新」之美的動能設計。大學生、碩士生、博士生，依學校系所頒定的「課程地圖」決定自己的「學習地圖」（學生實際必選修課程學分脈絡），就是自己攻讀「學位」的「套裝行程」設計，每一門有學分的課程，都是「微觀的知能技術」，修完規範的課程學分，也是一種「知能技術・銜接創新」之美的動能擴展，能夠取得畢結業證書，就代表自己的「優勢知能（智能）明朗化」，已具有證書等級的「巨觀知能模組」，得以受聘為同等級的專門職能行業成員。

### 三、KTAV 學習食譜的美動能：「學識能量・系統結構」之美

KTAV 學習食譜帶動的學習之美，是多軌知能模組共構的「學識能量・系統結構」之美的美動能。就「育（進升素養）」之次級系統元素而言，包括：「知→能→學→識→素→養」，它們的「語詞動能」就是「知能→學識→素養」，KTAV 的學識能量模組包括：「智慧教育」→「創客教育」→「知識遞移（理論）」→「價值教育」，這四套學識模組美動能，融合成具有系統結構的「KTAV 教育（教學）模式」及「KTAV 學習食譜」，是以學習食譜被師生使用時，所產出的美動能，是一種「學識能量・系統結構」之美的美動能。

KTAV 學習食譜的美動能，也可以結合當前的中小學教案運用，當前教案有「學習內容」→「學習表現」→「學習評量」等重要欄位，將「學習內容」優化為「智慧學習內容」；將「學習表現」優化為「創客學習表現」；再將「學習評量」優化為「價值評量」。也可以產出微型「學識能量・系統結構」之美

的教育美動能，任何教育活動及教學主題都會產出「相對的美動能」，只是以往的教師不擅於「命名」及辨識「不同性質的美動能」。

### 四、台灣版學習羅盤的美動能：「知能素養・創新進升」之美

台灣版學習羅盤的「美動能」最明顯，直接標示在「四個迴圈」的命名上，羅盤四個迴圈的命名，由內而外為「元素構築策略」→「知識遞移策略」→「知能創價策略」→「全人進升策略」，四個運轉策略名稱本身，都是轉動羅盤運行的美動能；羅盤的主要功能在詮釋「知能素養」的形成與「經營運作」要領，是以四大動能「由內而外」均含有「創新進升」之美，第一個策略得簡稱「構築美動能」→第二個策略得簡稱「遞移美動能」→第三個策略得簡稱「創價美動能」→第四個策略得簡稱「進升美動能」。是以，台灣版學習羅盤的美動能統稱為「知能素養・創新進升」之美的美動能。

台灣版學習羅盤的「美動能」，尚有「永續→增能→築慧」之美的外溢美動能，例如：(1)永續內構外築，演繹「新育」新動能→「六育」新動能→「新教育」新動能；(2)永續知識遞移，開展「九大素養直接教」的校本→師本→生本「課程教材」，真實拓增師生素養能量；(3)永續知能創價，築「人・事・時・地・物・空」共好慧能，創新人類新文明文化，人人有適配幸福人生。

## 第四節　學道教育的新共好價值：築慧

學道教育運作四個操作變項來「立真」→「達善」→「臻美」→「築慧」，而這四個核心的操作變項是：「學習遷移」→「學習地圖（含學習步道）」→「學習食譜」→「學習羅盤」，本節敘述這四個操作變項的共同特質，及其為「學之所以為學之道」教育所產出的新共好價值（慧能）。學道教育的共同特質為「學習模組」→「知能融合」→「學識系統」→「素養境界」，它們的「動

能運作」能夠為學習者「築慧」，築下列「新共好價值」之慧能。

## ■ 一、「學習模組」的慧能：築「活·優·美·創」新價值

學道的四個變項第一個共同特質是：四個都是新「學習模組」，學習模組的特性在可以「永續運行·生能築慧」，對學習者的學習歷程與方法要領產出新能量，這些新能量經由「模組運行築慧」，築「活·優·美·創」新價值（共好慧能），例如：

1.知識與教育都是「活的」：知識與教育的本質都是有生命的、活的；教師每天的教學都是用「活知識」實踐「活教育」；學生每天的學習也都在用「活知識」創新「生命價值」與創新「教育價值」，師生都在築「活教育」的新價值（慧能）。

2.這些新「學習模組」版本都是「優的」：學道的四個學習模組版本都是優質的、好的、能夠帶動學生有效系統學習、永續循環、增能築慧的「方法技術」優版本；師生運行「優版本」軌跡，築「好學習」新價值（慧能）。

3.學習模組的運行產出「美的」動能價值：學生的學習要認知新知識，更要產出新能量，學習模組確保產出「美的」動能價值，築「秩序的」動能價值之美；築「循環的」動能價值之美；築「永續的」動能價值之美；築「足量的」動能價值之美。

4.模組動能也具有創新價值之慧：模組動能實質帶動「創新」的慧能、「創價」的慧能、「創化」的慧能、「創生」的慧能；築學習動能之創「新→價→化→生」新價值。

## ■ 二、「知能融合」的慧能：築「會·用·暢·達」新價值

模組學習的第二大功能在增益「知能融合」的效率，「知」和「能」要能真正融合一體，才能重組生新，產出新的「知→能→技→術」，這些新的「知·能·技·術」也都是「共好價值（慧能）」的結晶，內隱的知能融合歷程，

不易觀察說明，從外顯知識的表象觀察：「學會」→「能用」→「通暢」→「達標」，就是「知能融合」動能的「共好價值（慧能）」。是以「知能融合」的慧能，在築教育學習「學會→能用→通暢→達標」新價值。扼要闡明如下：

1.築「學會」新價值：比如說，本書倡導「學道教育」，學道是四組「知能模組」的串連，師資生修習「新教師學」課程學分之後，都知道「學習遷移」→「學習地圖（含學習步道）」→「學習食譜」→「學習羅盤」四個專有名詞的「概念型定義」及「操作型定義」，可謂築「學會（學道）」新價值。

2.築「能用」新價值：比如說，師資生能用學道的「知能融合」，設計授課領域主題學習步道及學習地圖，會用「KTAV學習食譜」及學習羅盤，開展智慧教育、創客教育、價值教育，以及「校本→師本→生本」課程教材。

3.築「通暢」新價值：比如說，師資生能拓展運用學道的「知能融合」技術，將「素養四道」及「學識六能」之「知識系統」與「模組運行技術（能量・力）」輸入「學習食譜」或「學習羅盤」適時自學運用，讓新教師學的「知」與「能」充分暢達日常「學習生活」，築「通暢」學道新價值。

4.築「達標」新價值：比如說，師資生運用學道工具輔助，勤學「素養四道・學識六能」暨其周邊教育專業知能；順利通過「教師資格檢定」考試，取得「教師」專業資格證照，並順利受聘為「正式・專任・專業」教師，此之謂築「學道達標」新價值。

## 三、「學識系統」的慧能：築「廣・深・高・遠」新價值

模組學習的第三大功能在：促成「學識系統」的形成；「教（創新知能）」之次級元素為：構→築→遞→移→創→價→進→升；模組運作動能為：構築→遞移→創價→進升。「育（進升素養）」之次級元素為：知→能→學→識→素→養→典→範；模組運作動能為：知能→學識→素養→典範。是以，「學識能量」的「系統模型脈絡」，來自「新知識（K・真）→含技術（T・善）→組能力（A・美）→展價值（V・慧）」四位一體模組運行的進升。學識能量「結構

模組」永續運行，構築共好價值，可得「廣・深・高・遠」新慧能，扼要說明如下：

1.築學識系統「廣度」新價值：「學識能量」明確化與系統化，是「知能素養」的「中介能量系統」；「知能→學識→素養→典範」（知能模組永續循環進升）滋長而來的，學識能量之「系統模組」持續運行，其首要「慧能」的滋長，即築學識系統「廣度」新價值，例如：教育學識原本僅有「人道教育」、「師道教育」及「傳道・授業・解惑」（韓愈〈師說〉）等重要系統模組，本書開始則進升為「素養四道及學識六能」，築「新教師學」學識系統「廣度」新價值。

2.築學識系統「深度」新價值：比如說，學道的第二步驟及第三步驟「功能價值」仍有不同，第二步驟「學習地圖（含學習步道）」偏重「知能模組廣度」的「系統累增」，企圖建構新「學識模組」；第三個步驟「學習食譜」偏重「知能模組深度」的「螺旋重組」，運作「知識生命（真・善・美・慧）小循環」，深化學識模組（智慧創客能量）的滋長與建構。是以，學識能量「系統模組」持續運行，其次要的「慧能」滋長，在築學識系統「深度」新價值。

3.築學識系統「高度」新價值：比如說，「教育 4.0」任務指標規劃，「教育 1.0：經驗化」（私塾、書院時期的教育；教育目標：脫文盲・求功名）→「教育 2.0：知識化」（公共教育普及化時期的教育；教育目標：知識人・社會人）→「教育 3.0：能力化」（特色品牌學校時期的教育；教育目標：獨特人・永續人）→「教育 4.0：素養化」（新五倫・智慧創客學校時期的教育；教育目標：智慧人・做創客）。用「進升型任務指標設定」→「進升型主題教育計畫」→「築梯論教材編製」，築學識系統「高度」新價值；讓「知能學識」系統化→立體化→模組化→運行化。

4.築學識系統「遠度」新價值：比如說，「可增進學習遷移」的知能模組工具（含學習地圖→學習步道→學習食譜→學習羅盤），都可以長期被當代師生使用，運作這些不同層次的「知能模組」，永續運轉，永續「增能築慧」；築

學識系統「遠度」新價值〔註：在本書中的「遠度」，指「素養四道」及「學識六能」的名稱暨核心內涵，都可以長期被使用。「遠度」與佛教的「無量」意涵十分接近，佛教的「無量」，指很多經文的深意價值，可以超越時空的限制，穿越「過去→現在→未來」。本書「學識六能」中的前三能，運用韓愈〈師說〉的新詮釋：「能傳道→能授業→能解惑」，就是具有千古傳唱的「遠度（無量）」範例〕。

### 四、「素養境界」的慧能：築「專・學・碩・博」新價值

模組學習的第四大功能在：增能築慧，永續進升「素養境界」，過適配幸福人生。當前的教育稱為「素養取向的教育」，「小學→國中→高中→大學」都可以運作學道之「模組學習」，直接教給學生「九大素養」，素養直接教才能永續進升「素養境界」，過適配幸福人生。「素養境界」進升以後，教育的共好價值（慧能），直接表達的價值詮釋為：築「專→學→碩→博」新價值；「專士」→「學士」→「碩士」→「博士」是人的「學歷・學位」名稱，同時也是「素養境界」的代名詞。簡要說明如下：

1.築「專士素養」新價值：小學、國中、高中畢業都只頒發畢業證書，沒有「學位」證書，本書作者倡導「畢業生展出 10 件智慧創客代表作品」來登錄表達其「素養境界」能量。現在的「專科學校畢業生」有部分學校頒給「專士學位」代表其「素養能量」足以從事「專門行業」，國家的高普考規定，高中畢業可以考普考，專科學校畢業以上就可以直接考高考。

2.築「學士素養」新價值：我國大學教育以「研究高深學術，培育專門人才」為宗旨。大學畢業學生都獲頒「畢業證書（含學士學位證明），並戴方帽，有「移穗」儀式。象徵「大學畢業」就是有學問的人，就被尊稱為「知識分子」。是以「大學教育」的慧能，在築「學士素養」新價值，大學是拓展人的「知能→學識→素養」的天堂。

3.築「碩士素養」新價值：大學教育有三個層級學程，大學部稱為「學士學

程」，升讀「研究所」又分為「碩士學程」及「博士學程」；修完碩博士學程必選修學分，通過學位候選人資格考試，並完成碩士、博士論文，依規定審查通過者，得授予碩士、博士學位，通常碩士、博士分階段完成，唯優秀的碩士生，經指導教授推薦，「申請審查通過」者，得逕讀「博士學程」。是以，大學中「研究所教育」的慧能，在築「碩士素養」新價值，也在築「博士素養」新價值。

4.築「博士素養」新價值：大學中的「學士→碩士→博士」三種學程的教育，到底有否異同？鄭崇趁（2016，頁315）認為：它們的同都是在：「知識的傳承與創新」；它們的異是：學士階段在「建構知識」，專門學能有一套（系統結構）；碩士階段在「活用知識」，理論實務結合縝密（學識能量充分表達在事功之上）；博士階段在「創新知識」，對志業的理論理念、經營方法策略、產品研發等「知能模組」有新的發現、詮釋、發明（永續產出與「學識能量・博士素養」等值的智慧創客作品，作品定位人生）。

是以，鄭崇趁、鄭依萍（2021）才會運用「素養教育解碼學」的四個核心技術（元素構築→知識遞移→知能創價→全人進升「四套新知能模組」），設計「台灣版學習羅盤」的「指針」與四個進升型「動能迴圈」的命名及實質的運轉內涵；將台灣邁向2030年的教育總目標定為「智慧人・做創客（適配幸福人生）」。強調學習羅盤的運轉，能夠帶動「教育・教學」產出豐沛「共好慧能」，有效實踐「智慧教育、創客教育、價值教育」等「新知能模組運轉教育」，並登錄各級學校畢業生展出的10件「智慧創客」代表作品。就是在轉動「學習模組」的慧能：築「活・優・美・創」新價值；就是在轉動「知能融合」的慧能：築「會・用・暢・達」新價值；就是在轉動「學識系統」的慧能：築「廣・深・高・遠」新價值；就是在轉動「素養境界」的慧能：築「專・學・碩・博」新價值。也在運轉這些新價值，築梯實現人的「智慧人・做創客（適配幸福人生）」新價值。

# 第四章　新「識道」教育：

## 認識學識教育新動能

## 【導論】

　　本章第四章，談「識道」新教育，「識道」也是全新的教育專有名詞，鄭崇趁（2022）《新校長學：創新進升九論》一書，其第一章「新『知識』教育暨『認識論』領導」，第四節撰寫「『識道』：認識知識生命的軌跡」，將「識道」界定為：「識之所以為識之道」，認識知識生命發展軌跡之道。有四個具體可操作變項：「元素構築策略」→「知識遞移策略」→「知能創價策略」→「全人進升策略」。

　　這四個「知能模組」運轉策略，可直接鑲在「台灣版學習羅盤」的四個「圓形迴圈」之上，由內而外「群組循環・永續運轉・創價進升」，也成為「學道」的一部分，並且是「知識立體化」的「知能運作」系統模組。教師教會學生認識「識道」學理及操作「學道」工具學習（尤其是學習之「地圖→食譜→羅盤」），等同於「認識論（知識生命論）」的直接教學，績效價值最高。

　　「學道」也有四個「知能模組」運轉變項：「學習遷移」→「學習地圖（含學習步道）」→「學習食譜」→「學習羅盤」，它們與「識道」四個「運轉變項」是彼此「交互對應・觀照支援」的，在「羅盤」上同屬一個「運轉迴圈」，「元素構築策略」對應「學習遷移」理論，在最內第一迴圈，「知識遞移策略」對應「學習地圖」及「學習食譜」的前段（KTAV食譜），在由內往外的第二迴圈，運作「地圖及食譜」學習，增益知識遞

移流量。「知能創價策略」對應「學習食譜」的後段（KCCV 食譜），在羅盤的第三個迴圈，促進師生永續知能創價。「全人進升策略」對應「學習羅盤」，放在最外的第四個迴圈，代表四個迴圈要一起「運行轉動・永續循環」（學道結合識道），才能實質發揮「全人進升」價值績效。

「台灣版學習羅盤」的指針運用 8 顆教育大元素（真→善→美→慧→力→行→教→育「知識生命大循環」）命名，暨第一個迴圈「元素構築策略」，運行 56 顆大小元素，產出教育的新「元素→組件→系統→模式」，是「識道」教育的縮影。第二個迴圈「知識遞移策略」運作「KTAV 教學模式（知識生命小循環）」，學校得以開展「九大核心素養直接教」的「校本・師本」課程教材，是「學道」教育的縮影（經典代表）。第三個迴圈「知能創價策略」教師帶領學生實施「素養四道・學識六能」新教育，永續創新學生生命價值及教育價值，則是「師道」教育的縮影。第四個迴圈「全人進升策略」，逐年登錄學生「智慧創客」作品的發展，以及畢業生展出的 10 件「智慧創客」代表作品，得以有效引領學生邁向「智慧人・做創客（適配幸福人生）」，則是「人道」教育的縮影。是以，「新育和學習羅盤」共同演繹「素養四道及學識六能」（本書的新知識、新模組、新教材）。

識道者，識之所以為識之道也，認識「知識生命」發展軌跡之道也。教師指導學生從「元素構築策略」→「知識遞移策略」→「知能創價策略」→「全人進升策略」，認識「知識生命」發展軌跡之道，稱之為「識道」；重視「識道」的教育可直接稱之為「識道教育」。鄭崇趁（2022，頁 23-34）發表「學道」與「識道」，當時將「學道」界定為：學習知識方法的創新；將「識道」界定為：認識知識生命的軌跡；各用一節的篇幅撰述它們的四個「操作變項」。這是「學道」與「識道」教育專有名詞的來源。

　　本書稱之為「新教師學」，計畫用十章的篇幅撰寫「素養四道」與「學識六能」，「學道教育」與「識道教育」皆是「素養四道」之一，並以「學識」動能作為「六能」的源頭，是以本書各以「一章」的篇幅，來撰述「學道教育」（第三章）及「識道教育」（第四章），完整論述它們的「立真」→「達善」→「臻美」→「築慧」。

　　本章為第四章，章名定為「新『識道』教育」，副標使用「認識學識教育新動能」，乃銜接第三章「學道教育」，強調「學道・識道」教育共用的原理學說與學習工具（如學習食譜、學習羅盤等），其主要教育功能均在認識「學識教育」對師生「教與學」所產出的「新動能」貢獻。分四節論述，第一節「識道教育的新原理學說：立真」，針對建構「識道」的新教育名詞，說明其緣由，尤其是「知識生命論」、「解碼素養的核心技術」、「學習羅盤的指針與迴圈設計」等。第二節「識道教育的新經營技術：達善」，說明識道四大「經營策略」及其次級系統，所運用到的「善技術」。第三節「識道教育的新實踐能量：臻美」，接續「善技術」論述其產出的「美動能」，識道的美動能在：創新生命→創新知識→創新教育→進升智慧→進升創客→進升適配幸福人生。第四節「識道教育的新共好價值：築慧」，論述識道教育的六大教育價值（共好慧能），含括：知源築慧價值、握鑰增能價值、遞移創價價值、智慧創客價值、創新進升價值、適配幸福價值。

## 第一節　識道教育的新原理學說：立真

　　識道者，認識「知識生命軌跡」之道也，師生之教學歷程需操作四個連續「策略變項」，才能協助學生真的「認識、知道」：「知識是有生命的、活的」，知識進出人身，知識就附隨著「人的生命」而有它「知識自己的生命」，知識的生命在人的身體內幫助人建構「新知能模組」，這新知能模組永續產出新的「知」、「能」與「量」，「新知・新能」量足成型，豐沛外溢，形成人

的「知→能→學→識→素→養」，世界上每個活著的人都在用自己當下擁有的「知・能・學・識・素・養」拿物做事，滿足自己的「食・衣・住・行・育・樂」，經營自己的「學業・家業・事業・共業」。是以，人的「新知識・新能量」又跑到人的「生活・事功」之上，形成人的「德行・作品」，知識的生命終究又跑到（回到）「萬物・萬事・萬德・萬人」身上；這是「活知識」（知識有生命）真實發展的軌跡，我們命名為「知識生命論」。

「知識生命論」開展了四個新專有名詞，用這四個專有名詞建構了「識道」，它們是：元素構築策略→知識遞移策略→知能創價策略→全人進升策略。也用四個新專有名詞建構了「學道」，它們是：學習遷移→學習地圖（含學習步道）→學習食譜→學習羅盤。因此，學道與識道都是知識生命明確的發展軌跡，明確而定型的發展軌跡，我們就稱之為「道」；本書的第一篇「新育模組」篇，就在闡明「素養四道：人道・師道・學道・識道」教育，論述其核心「原理學說」與「實踐作為」。是以，素養四道也是廣義的「知識生命發展軌跡」。

識道教育的新原理學說，除了「知識生命論」外，尚有「知識生命軌跡系統」、「解碼素養教育的核心技術」、「構築素養的教育元素」、「學習羅盤設計要領技術」，這些原理學說「尋根探源」，立「識道教育」知識之真，逐一說明如下。

## 一、「知識生命論」的起源與開展：知識教育學

「知識生命論」來自鄭崇趁（2017）出版的《知識教育學：智慧人・做創客》一書，本書第一章與本章前述段已有所說明，本段僅摘述其四大要義及其對「識道教育」的重要啟示。「知識生命論」有四大要義：

1.知識有生命：知識是活的，主要滋長歷程為：新知識（真）→含技術（善）→組能力（美）→展價值（慧）→成智慧（力）→達創客（行）→行道德（教）→通素養（育）。

2.知識能遞移：教師身上的知識或教材上的知識，經過「教與學」活動，能

夠「遞送、轉移」到學生身上，成為學生「帶得走、會用」的知識。

3.知識可創價：新知識創新人的「生命」價值，也同時創新「活教育」的價值，更同時創新「活知識」的價值。

4.知識要進升：「人・教育・知識」三者的生命交織，都期待「生命價值化」，進升「新境界」（3.0→4.0新境界）。

「知識生命論」對「識道教育」有四點重要啟示：

1.「56顆」教育元素是構築人「知能素養」的基石：8顆大教育元素＋48顆次級系統元素，共構人一生的知能素養；這56顆教育元素都是教育的最基本單位（單字），它們也都是「知識生命」的原物料（知能元素）。

2.知識遞移需要「知識生命小循環」（KTAV）運作：「用智慧（KTAV），做中學（操作體驗）→有作品（做創客）→論價值（價值評量）」之智慧創客教學模式（KTAV學習食譜），係運作知識生命的小循環（「真・善・美・慧」四位一體），來增進知識遞移流量的有效方法。

3.知能創價遵循「知識生命大循環」（KCCV）運作：「新覺識（K）→新動能（C）→新創意（C）→新價值（V）」之知能創價模式，係運作知識生命大循環，來創新「萬物・萬事・萬德・萬人」新價值。

4.台灣版學習羅盤運作「識道」四組知識生命「循環迴圈」，進升人的「素養境界」：「元素構築」→「知識遞移」→「知能創價」→「全人進升」。

## 二、「知識生命軌跡」的系統脈絡：獲得・優化・外溢・事功

「知識生命流動軌跡」之圖示如圖1-2所示（本書頁16），如以學生為主體，學生從「獲取知識」→「優化知識」→「運用知識」→「創新知識」，其「知識生命流動軌跡」有下列四個系統脈絡（軌跡・軌道）：

1.獲得知識系統軌道（感→知→覺→識→悟→達）：指知識由「身外」進到「身內」的流動軌跡，也就是經由「教育與學習」真實獲取知識的軌道，包括：

感覺而來的知識（感）→知覺而成的知識（知）→概念建構的知識（覺）→現象詮釋的知識（識）→領悟進升的知識（悟）→物我通達的知識（達）。

2.優化知識系統結構（真→善→美→慧→力→行）：指知識在身內「新知能模組」的優化，新舊知與能「對話交流・螺旋重組・創新結構」的歷程軌跡，新知能模組系統優化的軌跡為：新知識（真）→含技術（善）→組能力（美）→展價值（慧）→成智慧（力）→達創客（行），即實施「智慧創客教育」的「知識生命小循環」，驗證知識遞移成功。

3.外溢知識系統軌跡（美→慧→力→行→教→育）：指知識又從「身內」跑出「身外」的價值行為系統，知識遞移成功後的「新知能模組」充滿各種新的「知・能・學・識」能量，這些能量盈滿外溢，永續「知能創價・智慧創客」，表現「智慧人・做創客」價值行為；外溢知識系統的軌跡為：實踐能量（美）→共好價值（慧）→行動意願（力）→德行作品（行）→創新知能（教）→進升素養（育）。即知識生命大循環軌跡（知能創價模式）的「中段・後段」價值行為（表象軌跡）。

4.事功知識系統軌道（遞→移→創→價→進→升）：指人完成學業，就業之後，其運用「知識」（含知・能・學・識）創新「職能事功」（如創新產品、精緻流程品質等）之知識流動系統軌道。以創新產品事功為例，員工要先學會公司「核心產品」的「核心技術」（如原物料、配方、產程S.O.P、關鍵技術），這要由資深員工或幹部帶領教導，才能學會（知識遞移成功）；員工每天產製這些產品時，自己的「新知能模組」（含知・能・學・識），會與之「交流對話・螺旋重組」，進而思考如何「創新產品・知能創價」，時機成熟，員工真的能夠「知能創價・創新產品」，用「新元素・新組件・新動能・新方法・新技術」創新公司產品，進升公司事功品質與競爭實力。事功知識系統的軌道為：「知識遞移」→「知能創價」→「創新進升」。

## ■ 三、「解碼素養」的核心技術：構築→遞移→創價→進升

鄭崇趁（2017）出版《知識教育學：智慧人‧做創客》一書，開啟「知識生命論」，後續的著作都是「知識生命論」創新演繹、智慧進升的作品，這些著作也持續優化「知識生命論」意涵價值與功能價值，例如：2018 年出版《教育 4.0：新五倫‧智慧創客學校》一書，「知識生命論」的運用，產出了「教育 4.0」版本及「素養教育」的三個建構理論（新知能模組說、知識遞移說、知能創價說）、「進升領導」及「築梯論」雛型。2020 年出版《素養教育解碼學：元素構築‧知識遞移‧知能創價》一書，用「知識生命論」的三個核心技術，解開素養教育的密碼。這本書更發現了「新育」與「演繹法」的新元素及其運作的新風貌。2022 年出版《新校長學：創新進升九論》 書，開展校長學識境界說，第一境界「成就人：立己達人」（1.0）；第二境界「旺學校：暢旺學校」（2.0）；第三境界「新教育：創新教育」（3.0）；第四境界「領進升：進升領導」（4.0）。並研發了「人道‧師道‧學道‧識道」（素養四道）暨「台灣版學習羅盤」，作為校長實現四個境界的運行方法與智慧型工具。

這四本書，累進優化了「素養」的教育元素內涵：「教：構→築→遞→移→創→價→進→升」；「育：知→能→學→識→素→養→典→範」。因此，解碼素養的「核心技術」創新為四個：構築→遞移→創價→進升（也就是「台灣版學習羅盤」四個由內而外「運轉迴圈」的策略名稱。

## ■ 四、「構築素養」的教育元素：知能→學識→素養→典範

「教育與學習」讓人孕育「素養」，「教」與「育」的功能性質仍有不同，「教」是「輸入‧指導‧運轉」變項（著力點）；「育」是「結果‧價值‧能量」變項（光亮點）。是以，由本節前文的分析，「解碼素養」的核心技術稍偏教師的「教」，它們的教育元素為：構築→遞移→創價→進升；「構築素養」的教育元素稍偏學生的「育」，它們是：知能→學識→素養→典範。從本書開

始，將「進→升」及「典→範」加入「素養的教育元素」分析，也是廣義「知識生命論」的永續開展與創價，教育本身的「知能素養」也能運作連結其優「元素・組件・系統・模組」，創新進升教育的新「學識能量・文明文化」。

### 五、「學習羅盤」的指針與迴圈：運轉「學道・識道」 教育新動能

本書最重要的學習工具是「台灣版學習羅盤」，作者的期待是：每一位教師都能教會每位學生，如何運用「學習羅盤」來有效學習，在教學運用學習羅盤的「操作學習」中，同時習得素養四道「人道・師道・學道・識道」的學理與操作技術。「台灣版學習羅盤」的八個指針是：「真（知識）」→「善（技術）」→「美（能力）」→「慧（價值）」→「力（意願）」→「行（作品）」→「教（知能）」→「育（素養）」。羅盤的四個動能迴圈（由內而外）是：「元素構築策略」→「知識遞移策略」→「知能創價策略」→「全人進升策略」。是以，羅盤運轉，演繹「素養四道」；尤其運轉滋養「學道・識道」教育新動能。

## 第二節　識道教育的新經營技術：達善

從「學→識」能量的開展順序而言，先有「學」後有「識」，「學」是有系統的知識，「識」是有自己觀點見識（優知能模組）；「學」是客觀的知識（人類共同的知識，存在世界上），本身浩瀚無涯，本書指的「學能」是狹義的「學」，指學習者已經「學會・能用」的「學術・學問」；「識」是主觀的知識（學習者主觀認同使用並含有自己觀點的見識），學而有識，其學術價值更大，是以本書對於素養的形成才會主張「知→能→學→識→素→養」。然就「學道」與「識道」形成順序而言，作者要先有「識道」的「見識」，有「識道」的學理基礎，才能研發「學道」的「知能模組」運作工具。

因為「學道」的「學習食譜」，就是「識道」的「知識遞移策略」之操作工具；「學道」的「學習羅盤」，就是「識道」的「元素構築策略」→「知識遞移策略」→「知能創價策略」→「全人進升策略」之操作技術及操作工具。因此，第三章「學道教育」及第四章「識道教育」的第二節「新經營技術：達善」會有類似「重複或重疊」的篇幅，本書第三章第二節「學道的新經營技術：達善」已如前述（以外顯「表象・價值」行為主軸描述）；本節乃第四章第二節「識道教育的新經營技術：達善」，將以內隱「知能模組・優化結構」描述它的善技術，逐一說明如下。

## 一、元素構築策略的善技術：內構七種思考；外築六步要領

「識道」運行的第一個核心技術是「元素構築策略」，也就是 56 顆教育元素形成之「知能模組」；「知能模組」的「內構」，是一種「思考」，具有「整合判斷」及「價值統整」的作用，是人類最抽象的「心識功能」。鄭崇趁（2020，頁 111-115）曾介紹「七種思考」，它們都是「內構」的善技術，它們是：

1.邏輯思考：比如說，語言文字「字・詞・片語・成語・理論・專有名詞」之間關係結構的思考，就是一種邏輯思考，邏輯思考是各種思考的共同基礎。

2.系統思考：比如說，「關照全面→掌握關鍵→形優輔弱→實踐目標」就是系統思考的具體操作變項（次級系統善技術）。

3.策略思考：比如說，「六說、七略、八要」是「教育經營學」的策略思考（鄭崇趁，2012）。

4.創意思考：比如說，專注實踐「實→用→巧→妙→化→生」深耕歷程，百業均可「創意生新」。

5.進升思考：比如說，教育的整體及分項，均可設定 1.0→4.0 發展任務指

標，然後策訂進升型主題計畫，或編製築梯式教材，進升學校教育。

6.模組思考：比如說，教育的實體「知識」，含括「知→能→學→識→素→養→典→範」，是一種系統化、模組化、運行化、立體化的存有實體。

7.價值思考：比如說，人類共好的生活品質曰價值，價值是一種「共好慧能」，「慧能」是德育、群育、態度及情意教學共同的根，因此如何在學校有效實踐「價值教育」的「價值思考」，成為素養取向教育新焦點。

「知能模組」的「外築」，是一種新價值行為，在實際的「教學歷程」中，這些「外築」（目標行為）的技術要領（善技術），得統整為下列六項：

1.解碼元素組件：比如說，「素養教育解碼學」將「素養」解碼為 56 顆教育元素及三大核心技術（零組件）。

2.建立系統模組：比如說，知識的「學識」系統，已經由平面化知識進升為系統化知識、模組化知識。

3.循繹開展脈絡：比如說，元素開展組件→組件開展系統→系統開展模組→「新知能模組」開展「拿新物・做新事」→「拿物做事」開展「新教育・新作品・新文明・新文化」。

4.實踐目標任務：比如說，學生每天完成當天的教育與生活目標任務；實踐學習生活目標→實踐行為目標→實踐教學目標→實踐教育目標→實踐人的價值行為與目標任務。

5.策訂行動方案：比如說，巨觀的教育主題或議題，需要策訂進升型主題計畫，並永續實踐深耕，才得以實質創新進升教育品質。

6.進升德行作品：比如說，學校每年舉辦一次智慧創客嘉年華會，選出師生年度百大作品；以及每年畢業生都展出個人 10 件智慧創客代表作品，學校就可以具體觀察學生「德行・作品」創新進升的事實與能量（趨勢）。

## 二、知識遞移策略的善技術：遞送（解碼・螺旋）→轉移（重組・創新）

識道的第二個核心技術是「知識遞移策略」，策略本身是「善技術」，它的次級系統操作要領，也是「善技術」，知識遞移策略含括四個善技術：「知識解碼」→「知識螺旋」→「知識重組」→「知識創新」。其次級系統善技術解析如下：

1.知識解碼要領：知識解碼的方法，主要在將「新知識（真）」解碼為學生能夠操作學習的「含技術（善）」，解碼新知識的次級系統要領有「三群十二要領」：「編序」→「鷹架」→「步驟」→「流程」（命名為「逐步漸進」群）→「原型」→「元素」→「成因」→「脈絡」（命名為「追根就底」群）→「次級」→「系統」→「次要」→「變項」（命名為「變項結構」群）〔註：這些次級系統善技術之「命名」及「運作意涵」，請參考鄭崇趁（2018，頁149-173）該書第八章〕。

2.知識螺旋焦點：知識螺旋的方法，主要指正在學習中的「新知識・含技術」與身上既有的「知・能・學・識」螺旋對話，讓學習者得以產出「新知識・新能量（力）・新學識」，知識螺旋的技術要領也有「三群十二要領」：「內化→外化→交流→對話」（命名「能量互動」群）→「新化→活化→深化→優化」（命名「知能建構」群）→「同化→調適→融入→存有」（命名「交融程度」群）。

3.知識重組系統：知識重組的方法，主要在建構學習者的「新知能模組」，讓學習者的新「知・能・學・識」能有系統運行，並孕育產出「新德行・新作品」。知識重組的技術指標即為「建構素養」的六大元素（含學名）：「真（致用知識）」→「善（經營技術）」→「美（實踐能力）」→「慧（共好價值）」→「力（行動意願）」→「行（德行作品）」。

4.知識創新價值：「知識創新」有三層教育價值：一為「知識創新學習者新

知識價值（教學的價值）」；二為：「學習者用學會的新知識創新作品的價值」；三為：「師生知識遞移成功，新知識創新教育的價值」。是以，本欄位提列「三群十二價值」以引導師生完成任務行為：「真實→體驗→生新→創價」（作品價值群）→「均等→適性→傳承→創新」（教學價值群）→「精緻→永續→卓越→適配」（教育價值群）。

### 三、知能創價策略的善技術：新覺識→新動能→新創意→新價值

「知能創價策略」是「識道」的第三個核心技術，策略本身就是「善技術」，從「知識表象」看「知能創價」，它有四個次級操作變項（善技術）：「知識學習」→「知能融合」→「知能創價」→「智慧創客」；從「知識生命內涵」看「知能創價」，也有四個次級運作變項（善技術）：「新覺識‧知（真→善）」→「新動能‧能（美→慧）」→「新創意‧創（力→行）」→「新價值‧價（教→育）」。它們是「知識生命的大循環」（如圖 2-3 所示，本書頁 41），逐一闡明如下：

1.新覺識‧知（真→善）：知能創價的「知」，是指人的「新覺識」，覺識是新覺察到的「見識」（有自己成熟觀點、系統結構的知識稱之為「見識‧覺識」）。新覺識（知‧K）的「知識生命」滋長（善技術）含括：「新知識（真）」→「含技術（善）」兩種新知；「新知識（真）」的外顯學名稱「致用知識」，「含技術（善）」的外顯學名稱「經營技術」。

2.新動能‧能（美→慧）：知能創價的「能」，是指人與組織的「新動能」，動能是新要領方法的「能量」，能夠用新方法完成新事物、新任務的新能量就稱之為「新動能」。新動能（能‧C）的「知識生命」滋長（善技術）含括：「組能力（美）」→「展價值（慧）」兩種新能（新知產新能）；「組能力（美）」的外顯學名稱「實踐能力」，「展價值（慧）」的外顯學名稱為「共

好價值」。

3.新創意‧創（力→行）：知能創價的「創」，是指人與產品的「新創意」，用新方法流程做事或「新產品‧新作品」的產出，都會用到新的經營力點，或新的結構技術，稱之為「新創意」。新創意（創‧C）的「知識生命」滋長（善技術）含括：「成智慧（力）」→「達創客（行）」兩種新創意（新動能生新創意）；「成智慧（力）」的外顯學名稱「行動意願」，「達創客（行）」的外顯學名稱「德行作品」。

4.新價值‧價（教→育）：知能創價的「價」，是指人與「知識‧教育」的「新價值」，「新知（覺識）→新能（動能）→新創（創意）」永續經營創新的「新價值」，這新價值含括「知識→人→教育」都有的新價值‧新價值（價‧V）的「知識生命」滋長（善技術）回到「教育」本身，含括：「行道德（教）」→「通素養（育）」兩種「新價值」的滋長；「行道德（教）」的外顯學名稱「創新知能」，「通素養（育）」的外顯學名稱「進升素養」。

## 四、全人進升策略的善技術：登錄人在「各級學校教育」產出的代表性「智慧創客」作品

「識道」的第四個核心技術是「全人進升策略」，指識道教育的終極目標與人道教育的目標一致，在「創新進升」人的「全人發展」，成就十二個角色責任發展到位：成熟人→知識人→社會人→獨特人→價值人→永續人→智慧人→做創客→新領導→優教師→能家長→行國民。是以全人進升策略的善技術（學理操作技術）含括「一觀、六說、三論」，請詳本書第一章第二節的說明。本節強調：登錄學習者在「各級學校教育」產出的代表性「智慧創客」作品，就是「全人進升策略」的善技術。登錄下列兩項作品（運用學習羅盤登錄）：

1.每年學校「智慧創客嘉年華會」師生選送參賽的 1～3 件作品。

2.畢業生畢業展展出的 10 件「智慧創客」代表作品。

因為「作品」是「知識生命」的歸宿，知識本來在身外，教育學習讓知識跑進人身，成為人的「新知能模組（人心）」，且不斷的滋長優化，滋長「新知→新能→新學→新識」能量，知識再從「身內」跑出「身外」，跑到人用知識表現的「德行‧作品」身上。是以，知識是當前人類文明文化「萬物‧萬事‧萬人‧萬德」之母。任何作品（器物‧事功）都可以重新解碼它的「知識生命」，解碼「器物‧事功」所用到的「真（知識）」→「善（技術）」→「美（能力）」→「慧（價值）」→「力（意願）」→「行（作品）」。登錄學習者學習階段的重要代表作品，就是登錄學習者真正學會的「致用知識（真‧K）→經營技術（善‧T）→實踐能力（美‧A）→共好價值（慧‧V）」。

## 第三節　識道教育的新實踐能量：臻美

本節敘述「識道教育」的新「實踐能量」，使用「能量」，而沒有直接使用「能力」，主要原因在於：「認識知識軌跡」多屬「內隱知識的滋長」，先有「新能」的產生，量足才能成為新「力‧能力」。是以本節起多以新的「美動能」來詮釋論述原來「實踐能力：臻美」（配合識道的個殊特質）。識道教育的四個經營策略，個別展現的「美動能」，逐一敘明如下。

### 一、元素構築策略的美動能：創新生命→創新知識→創新教育→創新文明

「元素構築策略」是一種「動態能量的循環」，這種「動能」的來源係56顆教育元素的「內構×外築」所產生的，也就是「內構新知能模組」→「外築新價值行為」永續循環所產生的「美動能」。元素構築策略的美動能有四個層次：創新生命→創新知識→創新教育→創新文明。扼要說明如下：

1.創新生命美動能：教育元素的「內構→外築」歷程中，更新優化人的「知能模組」，人的生命就是新的。是以，教育最大的美動能就是「創新生命」，

教師的天職就是每天「創新學生的生命」，「創新生命」成為教師運作「元素構築策略」首要美動能。

2.創新知識美動能：「新知能模組」被「優化更新」的第二個意涵是「創新知識」，唯有「新知識」的能量才能創新「知能模組」中的元素生命，創新「知能模組」中的新知識能量，是以教育第二大的美動能，就是用「知識創新知識」的動能，教師第二個天職就是每天用「知識創新學生的知識」，「創新知識」成為教師運作「元素構築策略」次要美動能。

3.創新教育美動能：元素構築策略展現的第三種美動能，是「創新教育」的動能。因為「教育教學」的歷程是教師的「知能模組」與學生「知能模組」交流互動，元素的「內構×外築」本身，彼此都在「創新生命」，彼此也都在「創新知識」，具「新知識・新生命」教師教具「新生命・新知識」學生，就是一種「活教育」，教育教學機制是活的，展現一種「創新教育」的美動能。

4.創新文明美動能：元素構築策略展現的第四種美動能，是「創新文明」的動能。因為廣義的教育教學機制，可擴及到人的日常生活，以及各種專門行業中「資深師傅」對「新手員工」的示範教學，這種「內構→外築」的動能，讓員工學會產品核心技術，也孕育創新產品的可能，創新產品的傑出表現就近似「創新百業新文明」。是以「元素構築策略」最高層級的美動能在「創新文明」。

## 二、知識遞移策略的美動能：遞移知能→遞移學識→遞移素養→遞移典範

「知識遞移策略」也是一種「知識動態能量」的循環，從淺層的表象看「知識遞移」，係指教師身上的知識「遞送・轉移」到學生身上，變成學生會用的知識。從深層的歷程看「知識遞移」，係指知識「解碼→螺旋→重組→創新」的歷程。再從「功能價值」層面看「知識遞移」，則指「遞移美動能」對人產

出的「結果功能」，含括：「遞移知能→遞移學識→遞移素養→遞移典範」四個層次，扼要說明如下：

1.遞移知能的美動能：元素構築策略的美動能指「56 顆教育元素」的「內構×外築」動態循環；知識遞移策略的美動能則指「教×育」兩大群組元素，經由師生「教×學」動能所產生的知識「遞送→轉移」效果。「教」的元素動能有：構築→遞移→創價→進升；「育」的元素動能有：知能→學識→素養→典範。是以「知識遞移策略」的首要美動能，指「師生遞移教材原有知識和能量」的美動能，概稱為「遞移知能美動能」。

2.遞移學識的美動能：教材原有的「知識和能量」遞移成功之後，原有的「知‧能」會在師生的身上停留，並永續優化身上的「新知能模組」，產出「滋長→創價→進升」效應，繼續滋長為人的新「知能→學識→素養→典範」。是以「知識遞移策略」第二層級的美動能，在「遞移學識的美動能」，有很多優秀的教師適度的複習舊教材，往往能有效啟發學生，習得新「學問‧見識」，稱之為「遞移學識美動能」。

3.遞移素養的美動能：素養指「修養的元素」，素養也是「元素構築→知識遞移→知能創價」而來的。其中，「知識遞移策略」的第三種美動能最明顯，我們就稱之為「遞移素養美動能」。知識遞移成功後，「新知能模組」之「知→能→學→識」再繼續滋長為「定型的‧恆常的」價值行為模組，就是人的素養，優質的「師生教學」有效增益這些價值行為模組的明確化，即為「遞移素養的美動能」。

4.遞移典範的美動能：「知識遞移策略」第四個層級的美動能，是「遞移典範的美動能」。典型在夙昔，萬世永為歌，教師的價值行為表現，也往往是學生仿效的「典範」，是以「學為人師‧行為世範」常成為師範教育共同的教育目標。教師教學時講述古今中外古聖先賢的「大仁‧大智‧大勇」情操事蹟，例如：史懷哲非洲行醫、司馬遷寫《史記》、文天祥賦〈正氣歌〉等，都能打動學生情懷，立志仿效，雖不能至，心嚮往之。此之謂「遞移典範的美動能」。

## 三、知能創價策略的美動能：能量創價→學識創價→教育創價→百業創價

「知能創價策略」是教育最美、最完整的「美動能」，從表象意涵上看「知能創價」，係指師生的「知識＋能力」創新「生命＋教育」價值。從深層知識上看「知能創價」，係指「知識生命的大循環」（真→善→美→慧→力→行→教→育）動能的大循環。再從教育的「功能價值」上看「知能創價」，係指師生的「新覺識→新動能→新創意→新價值」的永續循環。是以「知能創價策略的美動能」主軸在「創價」的美動能，含括四個層次：能量創價→學識創價→教育創價→百業創價。扼要說明如下：

1.能量創價的美動能：知能創價策略的第一種「美動能」，指「知能創價」的基本意義，教育學習習得的「新知識・新能量」創新價值，創新自己的生命價值，也創新師生直接從事教育的教育價值。

2.學識創價的美動能：知能創價策略的第二種「美動能」，指「知・能」進升為「學・識」之後，所產生的「生命・教育」新動能，例如：完成自己的碩士、博士論文；或者接續出版有自己「見識」的專門專業著作。

3.教育創價的美動能：知能創價策略的第三種「美動能」，指「高階教育機制」完備之後，教育機制本身的「創價進升」，例如：公私立大學有能量普設研究所之後，國民取得碩博士學位的人數占比快速提升，國家「知識・學識」流量暢旺整個社會體質，就是教育創價的美動能。

4.百業創價的美動能：知能創價策略的第四種「美動能」，指「大學普及化」以後，直接提升百業基層人力及領導人力素質，百業永續創新產品，產業不斷升級，百業共同為「員工・組織・國家」創價，經營適配幸福的生活，此之謂百業創價的美動能。

### ■ 四、全人進升策略的美動能：「智慧人・做創客」→「新領導・優教師」→「能家長・行國民」→「適配幸福・世界公民」

全人進升策略的「美動能」係指完備十二角色責任的「動態能量」，全人發展之十二角色責任本身具有「相互滋長・共融共榮」的動態能量，其滋長軌跡概要為：「成熟人・知識人」→「社會人・獨特人」→「價值人・永續人」→「智慧人・做創客」→「新領導・優教師」→「能家長・行國民」。鑑於「智慧人・做創客」是銜接「基本教育」及「高等教育」的共同新教育目標，而其終極目的在孕育「適配幸福人生」，將「全人進升策略的美動能」規劃為下列四種層次的美動能，扼要說明如下：

1.「智慧人・做創客」美動能：鄭崇趁（2017）出版《知識教育學：智慧人・做創客》一書，認為「知識」與「教育」兩個名詞都是有生命的，主張：人用「知識」辦教育，「知識」是活的，「教育」也是活的，知識進入人身以後，知識就附隨著人的生命而有它自己的生命，我們稱之為「知識生命論」（詳本章第一節）。知識生命的出口，就是讓人成為「有智慧的人」；然後有智慧的人用習得的「知・能・學・識」做出「新作品」；造就全人進升策略的第一種美動能：「智慧人・做創客」。「智慧人・做創客」也成為二十一世紀新教育的共同目標。

2.「新領導・優教師」美動能：全人進升策略的第二層次美動能為：「新領導・優教師」。大學教育普及化以後，各行各業領導人及資深員工，有「學士→碩士→博士」學位的人口比例逐漸增加，大家都會使用「智慧人・做創客」的美動能來培育基層員工；這些領導人及資深師傅會善用自己新增的「知・能・學・識」來帶動組織發展，成為百業都有「新領導・優教師」美動能。

3.「能家長・行國民」美動能：全人進升策略的第三層次美動能為：「能家長・行國民」。教育普及之後，人民的基本教育至少十二年（高中畢業），也

有 75 ％的人有機會接受高等教育；人的「知能→學識→素養」全面提升，成年人得以整全觀照人生四業：「學業→事業→家業→共業」，從人的家業視角來看，就是「能家長・行國民」美動能的滋長與運轉。

4.「適配幸福・世界公民」美動能：全人進升策略的第四層次美動能為：「適配幸福・世界公民」。二十一世紀的教育，人人接受「素養四道・學識六能」的教育，人人重視人生四大適配的經營：適配的教育→適配的事業→適配的伴侶→適配的職位。全人發展十二角色責任到位，人人有適配幸福人生，並且能夠自由全球流動，開展「適配幸福・世界公民」美動能。

就「識道教育」四個經營策略之「統整運行」而言，識道的美動能（臻美）在「三創三進」：創新生命→創新教育→創新知識→進升智慧→進升創客→進升適配幸福人生。識道的「美動能」，指認識「知識・能量・學識」如何創新進升（美動能）「人生命滋長」的軌跡。

## 第四節　識道教育的新共好價值：築慧

「知識生命論」的發現在 2017 年，接續的「教學・研究・出版」，讓本書作者逐步確定了「識道」→「台灣版學習羅盤」→「學道」→「素養四道」→「學識六能」版本，前三者的基本意涵寫在《新校長學：創新進升九論》（鄭崇趁，2022）；後兩者則寫在本書《新教師學：素養四道・學識六能》。「識道」的學理基礎與操作技術都設計在「台灣版學習羅盤」中，本書作者期待它們都能「數位化・國際化」，爭取台灣教育學術的國際地位。是以，「識道教育」的新「共好價值：築慧」，都能使用「台灣版學習羅盤」來「運轉築慧」，包含：知源築慧價值、握鑰增能價值、遞移創價價值、智慧創客價值、創新進升價值、適配幸福價值。闡明其「慧能焦點」如下。

## 一、知源築慧價值

識道者「識之所以為識之道」也，認識「知識生命」發展軌跡之道也。知識生命軌跡之道有四個運行軌跡：「元素構築」→「知識遞移」→「知能創價」→「全人進升」。就「識道」第一個運行軌跡「元素構築」而言，人的「素養」是「知識的生命」構築而來的，知識的生命開展指 56 顆大小教育元素構築而成的（如圖 1-2 所示，本書頁 16）。這 56 顆教育元素就是「知能→學識→素養」的總源頭，「知源惜物」×「能源築慧」＝「知源築慧」價值；知道了知識的源頭，就會更加珍惜這些元素（能源），用它來築慧（創新共好價值）。

教師如何創新學生「知源築慧價值」？教導使用「台灣版學習羅盤」來學習，就能創新「知源築慧」價值。羅盤的「指針」具有定向作用，是用八大元素命名的：「真‧善‧美‧慧‧力‧行‧教‧育」；羅盤的第一個運行迴圈（最內圈），是用「元素構築策略」命名的，指的是這 56 顆元素的「群組運行‧統整循環‧創新進升」，學習羅盤「轉動‧演繹」教育（教學）的「知源築慧」新價值。

## 二、握鑰增能價值

識道之四個運行軌跡：「元素構築→知識遞移→知能創價→全人進升（智慧創客）」均為解碼素養教育之核心技術（鄭崇趁，2020），「素養」的形成歷程為「知→能→學→識→素→養」（「育」的次級系統元素）；先有「知‧能」，再滋長「學‧識」，然後才成為人的「素‧養」。再從「教」歷程（次級系統元素）看「素養」的習得，它們是「構→築→遞→移→創→價」，是以學習「識道」的四個操作變項，就是掌握住珍貴的「學習鑰匙」（要領‧技術），獲得「永續增能」的共好價值，具有「慧能築慧」效應。

教師如何創新學生「握鑰增能價值」？教會學生「識道」學理，並善用「學道」學習工具，例如：「學習地圖（含學習步道）」→「學習食譜」→「學習

羅盤」等，就能永續產出「握鑰增能」新價值。尤其是「識道」的核心學理，直接設計在「台灣版學習羅盤」之上，直接使用等同於「理論結合實務」的立體型學習，「握鑰增能新價值」效能、效率最好。

## 三、遞移創價價值

「知識遞移」與「知能創價」是「識道」的第二個和第三個「核心技術」，是教師幫助學生「認識知識生命滋長」的關鍵操作技術，遞移技術是前段，指「知識」從教師身上「遞送‧轉移」到學生身上；創價技術是後段，指「知識遞移成功」後，師生用習得的「新知能」，表現「智慧創客」價值行為，創新自己「生命價值」，也共同創新「教育價值」。前段、後段功能統整運行，幫助學生學習效率提升至最高，稱為「遞移創價新價值」。

識道的「遞移技術」及「創價技術」都設計在「台灣版學習羅盤」第二個動能迴圈及第三個動能迴圈之上，善用羅盤第二個迴圈，可以運轉「九大素養直接教教材」；善用羅盤第三個迴圈，可以轉動「知能創價」（KCCV）規劃模式，創新進升人的「知能→學識→素養→典範」新境界（新價值）。是以，運用學習羅盤學習，無論是「個別迴圈運行」或「整體迴圈運轉」，都能轉動「遞移慧能」及「創價慧能」，共築「遞移創價」新價值，創新進升人生新境界。

## 四、智慧創客價值

識道的第四個核心技術是「全人發展」（全人進升策略），「全人發展」原係「人道教育」的主要教育目標，教育在教「人之所以為人」（全人發展的人），也就是十二個角色責任都發展到位的人：成熟人→知識人→社會人→獨特人→價值人→永續人→智慧人→做創客→新領導→優教師→能家長→行國民。這十二個角色責任又以「智慧人‧做創客」為核心（代表），是「知識生命」滋長的「焦點」，是以本書作者 2017 年出版「知識教育」的專書，才會定名為《知識教育學：智慧人‧做創客》；2018 年出版「教育 4.0」的專書，才會定名

為《教育 4.0：新五倫・智慧創客學校》。

　　鄭崇趁、鄭依萍（2021）研發的「台灣版學習羅盤」，才會將「台灣邁向 2030 教育目標」定為「智慧人・做創客（適配幸福人生）」；並且將「識道」第四個核心技術「全人發展」設定為羅盤的第四個迴圈「全人進升策略」，指標則登錄學習者各級學校畢業時，畢業展展出的 10 件「智慧創客」代表作品。充分表達：「識道」的「築慧」，在築「全人發展之慧」；全人發展的「慧能」在築「智慧創客」新價值，「智慧創客新價值」才能築「適配幸福人生」價值。

## 五、創新進升價值

　　從「識道」的整體運作軌跡觀察，四個「操作技術」之間，具有「創新進升」新價值；「元素構築」→「知識遞移」→「知能創價」→「全人進升」，四個核心技術「本身・次序」都含有「創新系統・進升結構（進升知識生命境界）」新價值，四個技術本身都具有「慧能」，並共同築「創新進升」教育新價值。就「元素構築」而言，創新點在：用「56 個系列元素」解碼素養的源頭；進升點在：知識是有生命的，可以滋養知識生命的長度、深度與高度。就「知識遞移」而言，創新點在：講究遞移技術要領，可以增進師生知識遞移流量；進升點在：發現知識遞移關鍵技術：知識的「解碼→螺旋→重組→創新」。

　　就「知能創價」而言，創新點在：知能永續創新生命價值及教育價值；進升點在：知能進升學識，學識進升素養，素養進升典範，典範進升文明（永續循環）。就「全人進升」而言，創新點在：十二個角色責任完整詮釋「教育育人」的功能價值；進升點在：「智慧人・做創客」是核心角色責任，可以成為二十一世紀教育新目標，也是經營「適配幸福人生」的焦點慧能。

　　就「識道」四個核心技術，整體配置在「台灣版學習羅盤」四個迴圈而言，創新點是：由內而外的秩序邏輯「元素構築策略」→「知識遞移策略」→「知能創價策略」→「全人進升策略」。進升點是：知識生命的「質化進升」，需要「構築→遞移→創價→進升」（慧能）的運轉催化。知識生命的「質化進升」

指「全人發展」內構的「知能→學識→素養→典範」。是以「識道」與「學道」的教育實踐，實質創新進升「知識」與「教育」的生命價值，帶動教育產業升級。此之謂教育的創新進升價值。

## 六、適配幸福價值

「識道」的第四個經營策略用「全人發展」的「進升策略」，強調「識道教育」的終極目的，與「人道教育」的終極目的是一致的，都在培育「人之所以為人」，都在關注「知識生命教育」，經由「智慧人・做創客」，經營「適配幸福人生」的歷程。唯「人道教育」偏重十二角色責任的開展與到位（人為主體）；「識道」則以「認識知識生命開展」來「助人成人」（知識為主體）。人一輩子能習得的「知識能量」總是有限，「夠用」且能「盡性」、「開展」自己生命的意義價值者最珍貴、最幸福。是以，「識道」的第六種「慧能」，在用「知識生命」助人經營「適配幸福人生」共好價值。知識生命慧能「築人」適配幸福價值（人的生命慧能）。

由於中外學習羅盤（「台灣版學習羅盤」暨「OECD 學習羅盤」）都設定「邁向 2030 教育目標」為「well being・全人幸福」暨「智慧人・做創客（適配幸福人生）」，「幸福教育」順勢成為當代教育顯學，吳清山教授於 2018 年出版《幸福教育的實踐》一書；111 教育發展協進會的年度專書定名為《幸福教育的理念與實踐》（黃旭鈞主編，2022）。鄭崇趁、鄭依萍（2022）發表〈幸福教育經營策略之探析〉，列為專書的一章（第二章），文章內容運用「識道」的核心技術「演繹動能・策略策慧」，揭示幸福教育八個經營策略，這些策略都是築「適配幸福人生」的共好慧能，包括：(1)美新實踐策略；(2)慧能永續策略（價值實踐策略）；(3)自我實現策略；(4)適配動能策略；(5)知識遞移策略；(6)智慧創客策略；(7)優勢築梯策略；(8)演繹進升策略。兩本書內容豐厚深入，值得讀者延伸閱讀，深化自己「幸福教育」的實踐與素養。

# 第二篇

# 學識知能篇：學識六能（上）

傳承深耕　深耕傳承

註解　師說　新知能模組

能傳道　能授業　能解惑

能量　學識　知識　新生命

# 第五章　能傳道：

## 能傳「生命創新、學為人師、模組學習、知識生命」之道

## 【導論】

　　本章進入第五章，是「學識六能」的首章，談「能傳道」的具體內容及「四道」知識模組系統結構。章名的決定曾有轉折，本想直接使用「能傳道：能傳『人道、師道、學道、識道』素養四道」，因考慮到讀者會以為「內容重複」，可以省略免閱，所以特意用「素養四道」的核心精神作章名副標：人道→「生命創新」，師道→「學為人師」，學道→「模組學習」，識道→「知識生命」。是以，教師的「能傳道」，旨趣在能傳「生命創新、學為人師、模組學習、知識生命」之道，「新四道」都是「新時代教師」新學識模組的有效發揮。「道」是「知識」滋長為「新學識模組」的軌跡，是可以教、可以學的，我們現在可以這麼說了「道可道：素養四道；德可德：學識六能」。

　　「新學識模組」都要驗證其「立真（新知識・Ｋ）→達善（含技術・Ｔ）→臻美（組能力・Ａ）→築慧（展價值・Ｖ）」的事實（真正的存在）。前四章的撰寫模式，驗證了「新人道教育」、「新師道教育」、「新學道教育」及「新識道教育」都有個別的「知識生命小循環」歷程（「真→善→美→慧」四位一體），都是新時代教師實踐「素養取向教育」，應具備的「新學識模組」，才能合稱為「素養四道」。本章則再運用相同的撰寫模式，驗證「素養四道」綁在一起時，更能「交互支持・創價進升」，提供所有教師「能傳道・行四道」的新學識能量。

是以，本章運用「節名」來連結建構「能傳素養四道」之間的系統結構關係，這一「系統結構關係」的事實，就驗證了「新素養四道」整體就是一個「巨觀」的「新學識模組」。「節名」稍微冗長：第一節「能傳『生命創新』之道：傳『人道』，立『人與萬物』生命之真」→第二節「能傳『學為人師』之道：傳『師道』，達『人師育才』之善」→第三節「能傳『模組學習』之道：傳『學道』，臻『模組動能』之美」→第四節「能傳『知識生命』之道：傳『識道』，築『學識軌跡』之慧」。

本書定名為《新教師學：素養四道・學識六能》，全書分三篇撰述，第一篇「新育模組篇：素養四道」，含四章：第一章「新人道教育」，第二章「新師道教育」，第三章「新學道教育」，第四章「新識道教育」。第二篇「學識知能篇：學識六能（上）」含三章：第五章「能傳道」，第六章「能授業」，第七章「能解惑」。第三篇「學識知能篇：學識六能（下）」也含三章：第八章「能領航」，第九章「能創價」，第十章「能進升」。第二篇及第三篇將「學識六能」分成上下各三章，同屬「教師學識」重要知能，上篇係「深耕傳承，師說新解」；下篇係「領航創價，進升師道」。上篇用「知能→學識→素養→典範」模組，詮釋新解韓愈〈師說〉「傳道、授業、解惑」的現代「學識（能量）意涵」；下篇則用「構築→遞移→創價→進升」模組，系統闡明「學識新能：能領航、能創價、能進升」的實踐作為。

韓愈〈師說〉，最精采的內容在首尾兩段，「首段」：古之學者必有師。師者，所以傳道、授業、解惑也。人非生而知之者，孰能無惑？惑而不從師，其為惑也，終不解矣。「尾段」：李氏子蟠，年十七，好古文。六藝經傳，皆通習之。不拘於時，學於余。余嘉其能行古道，作師說以貽之。

是以，韓愈的「能傳道」，係指「好古文，六藝經傳，皆通習之」。用現代化的語言註解它，就是要能「喜歡古典經藉所傳『人・師・學・識』之道」。

二十至二十一世紀之間，白話文、教育普及，科技文明帶動「知識爆炸」，近百年人類的「知識流量」遠大於前 2000 年流量的總和。「能傳道」要義亦需與時俱進，要能統整古今中外文獻，賦予當代教育意涵，本書將其整併為「人道·師道·學道·識道」，並命名為「新育模組篇：素養四道」（本書前四章內容）。木章為第五章，則用「能傳道：能傳『生命創新、學為人師、模組學習、知識生命』之道」進一步解析「素養四道」核心內涵與「立真→達善→臻美→築慧」之間的關係。

　　本章分四節闡明「能傳道」要義及具體操作變項。第一節「能傳『生命創新』之道：傳『人道』，立『人與萬物』生命之真」。第二節「能傳『學為人師』之道：傳『師道』，達『人師育才』之善」。第三節「能傳『模組學習』之道；傳『學道』，臻『模組動能』之美」。第四節「能傳『知識生命』之道：傳『識道』，築『學識軌跡』之慧」。

## 第一節　能傳「生命創新」之道：傳「人道」，立「人與萬物」生命之真

　　「知識生命論」和「新育」的發現，讓本書作者對「人道教育」有了以下全新的學識觀點：

　　1.詮釋「人道」的新意涵：人道者，人之所以為人之道也，人道有六個新教育意涵：(1)生命有意義；(2)生活有價值；(3)生長有到位；(4)生新有作品；(5)生涯有貢獻；(6)生態有尊嚴（鄭崇趁，2022，頁 155）。

　　2.定義「人道教育」的新意涵：「新育」發現以後，「新六育」成為「人道教育」的新意涵，教育在成就「人之德」→成就「人之智」→成就「人之體」→成就「人之群」→成就「人之美」→成就「人之新」；創新進升「人之所以為人」的「人道教育」新意涵（鄭崇趁，2022，頁157-160；本書第一章第三節）。

3.創新詮釋「新人道教育」的特質：(1)創新人的生命；(2)創新人的經驗；(3)創新人的知識；(4)進升人的能力；(5)進升人的素養；(6)進升人的價值。簡稱「三創‧三進」的新人道教育（鄭崇趁，2022，頁160）。

4.揭示「新人道教育」的實踐作為：「一觀→六說→三論」，並兩兩配對轉動全新的人道教育：「順性揚才說到全人發展觀」、「自我實現說到智慧資本說」、「知識遞移說到創新生命論」、「知能創價說到智慧創客論」、「優勢築梯說到適配幸福論」（本書第一章第二節）。

5.開展「新人道教育」的共好價值（築慧）：(1)界定「全人發展」12角色責任的價值（人道的慧能）；(2)界定「新六育」對人的價值（教育的慧能）；(3)界定「人之所以為人」的意義價值（人生的慧能）；(4)界定「知識生命」的價值意涵（知識的慧能）（本書第一章第四節）。

是以，「素養四道」都具有完整而全新的學識能量，個別及整體都可以依「立真→達善→臻美→築慧」體例來撰寫，本書前四章是「素養四道」的個別範例，本章為第五章「能傳道」則為整體範例，新人道教育的主軸在傳「生命創新」之道，立「人與萬物」生命之真；新師道教育的主軸在傳「學為人師」之道，達「人師育才」之善；新學道教育的主軸在傳「模組學習」之道，臻「模組動能」之美；新識道教育的主軸在傳「知識生命」之道，築「學識軌跡」之慧。

本節先敘明能傳「生命創新」之道：傳「人道」，立「人與萬物」生命之真。分四點說明如下。

## 一、教育用「知識」創新「人」的生命

世界上的文明國家，都有健全而完整的教育機制，設學校、聘教師、定課程、教學生；學校教育又分基本教育及高等教育兩大階段，基本教育含「小學→國中→高中」共十二年，為全民義務（基本）教育，學生依年限完成「學校課程綱要」所有法定課程修習者，頒給畢業證書。高等教育含「專科學校及大

學」。大學設學系及研究所，提供三種學程：大學本科（學系）畢業授予「學士」學位，研究所設「碩士學程」及「博士學程」，修畢學程學分，並通過學科考試、完成「碩士或博士」論文並審查通過者，授予「碩士學位」或「博士學位」。

各級學校的老師教學，都在用「知識」創新「人」的生命；每個人的生命都是活的，人的生理生命，每天靠「食物、空氣、水」三者共同創新，所以醫生常告訴我們，我們身體上的細胞，每一天都會有千萬顆細胞更新，然其「細胞死亡→增生」的歷程就像人「活著」一樣自然，我們自己並未覺察到它的更新（習以為常）。人的「心理生命」則靠「教育與學習」得到的「知識」來創新。是以我們才會強調：「教師」的工作是世界上最為「神聖」的工作，因為教師的教育工作，每天都在用「知識」創新學生的「心理生命」，在學習中的人，他的「心」（新知能模組）也處於「隨時被更新」的狀態，所以學生的生命每天都是新的，生理生命是新的，心理的生命也是新的，也因此，教育機制，才用「學歷」（畢業證書・學位）來證明「人被知識創新」的程度及等級。

## 二、人辦「教育」創新「知識」的生命

世界上的文明國家，之所以重視教育，適度的增加教育投資，乃因教育是創新「知識生命」的最直接管道，教育與教學的「核心技術」（學道與識道）之本質，都在創新「知識的生命」：就「學道」而言，「學習遷移」與「學習地圖」在創新知識生命的「廣度」；「學習食譜」在創新知識生命的「深度」與「高度」；「學習羅盤」在創新知識生命的「立體模型」。就「識道」而言，「元素構築」在創新（解碼）「人心」（新知能模組）的知識生命；「知識遞移」在創新（遞移）「學習者」的知識生命；「知能創價」在創新「人與教育」的知識生命；「全人進升」在創新「人與文明」的知識生命。

「教育機制」的運作，永續創新「知識」不同層面的「生命開展」，知識生命也附隨著人的生命，結合人類「拿新物・做新事」的新創價行為，綿延不

絕地跑到「新事・新物・新人・新德」身上，創新自己（知識）的生命，也同時創新「人與萬物、文明文化」的知識生命。這是「教育」創新「知識生命」的事實。師生知道這一事實，有助於「教育」效能、效率的發揮。

## 三、知識經「人」創新「教育」的生命

教育用「知識」創新「人」的生命，人的生命每天都是新的（活的）；人辦教育，「教育」也每天創新「知識」的生命，知識的生命每天也都是新的（活的）。知識再經「人」，「人」又每天創新「教育」的生命，教育的生命每天也都是新的（活的）。是以「知識生命論」，認識了解知識生命軌跡，得以驗證「人、教育、知識」三者彼此交織融合，創新彼此生命的事實。「人類」最了不起，會善用「知識有生命」的本質，再來創新「教育」的生命，讓「活教育」永續創新「人」自己的知識。人是運用「知識創新教育」生命的主導者，人也是活化「教育創新知識」生命的主導者。

本段的主詞是「知識」，中介變項是「人」，結果變項是「教育」；命題是「知識經『人』創新『教育』的生命」，「知識」是客觀的存有，它本身浩瀚無涯，存在「宇宙與人心」之中，要人「用它・養它」，它才會滋長生命，用「知識的生命」，創新「萬物・萬事・萬人・萬德」的生命。「人創新教育的生命」亦然，我們現在看世界各國為何「教育機制」的長相都不太一樣？學制、課程、教材、師資、教學方法技術、教育目標、學校環境設施、核心教育理論理念等等，都同中有異，又異中有同。這關係到國家文明和文化的進程及國民平均所得的「總體能量」，社會經濟條件好的國家一定重視教育，動員國家知識分子，開展「教育機制生命」（重大教育投資與建設），人民接受高等教育「普及化」愈高的國家，國力愈強。教育生命的活絡程度，也是國力強弱的象徵之一。

## 四、「人、知識、教育」三者生命的交織，創新文明文化

人是有「生命的、活的」，這是基本常識，眾人皆知，不用特別「教與學」，然而「人的生命」與「知識的生命」及「教育的生命」有縝密的「連動結構」關係，則要經由教師適度的「教學‧引導‧示範」，學生才能真正理解，知道「人、知識、教育」三者生命的交織，永續創新人類的文明和文化，例如：台北 101 大樓及台灣高鐵，是台灣的文明代表「作品」，這兩件作品都可以解碼出：(1)是哪些人的專業專門的知識生命所搭建的（人的心理生命）；(2)是哪些「新知識→含技術→組能力→展價值」所搭建的（知識的生命）；(3)是怎樣的教育機制可以培育出這些「人與知識」的生命（教育的生命）。「人、知識、教育」三者生命的交織，創新了從古到今的文明和文化。

過去，我們都僅會歌頌「人類的偉大」，都能具體指出「人類如何創造了當前世界的文明和文化」！現在我們更會歌頌「人類之所以偉大的原由」：「教育的生命」及「知識的生命」與「人的生命」共舞，人才能產出創造新文明和新文化的能量，人類將自己習得的知識（知能→學識→素養），再經由「知能創價‧智慧創客」，將這些「致用知識」構築在「新作品‧新事功‧新文明」之上。我們讚嘆著當前五彩繽紛的世界，享受著「新文明‧新文化」的生活果實，除了感恩人自己的「聰明能幹‧互助合作」之外，尚要關注「原物料（知識）」的「遞移‧創新」，以及「產製流程（教育機制）」的「投資與建設」。

## 第二節　能傳「學為人師」之道：傳「師道」，達「人師育才」之善

能傳道的第二種道是「師道」，傳「學為人師」之道，達「人師育才」之善。師道者，「師之所以為師」之道也，就像台北教育大學的願景「良師興國‧敦愛篤行」；也像北京師範大學的願景「學為人師‧行為世範」。描述「師

道」的經典文獻，來自三種來源：(1)政府的教育法令及教育白皮書；(2)師範大學或教育大學（師資培育學校）揭示的教育願景；(3)教育從業者或學者專家對於「師道」的「觀點・學識」。茲再舉五個真實案例，逐一說明如下。

## 一、韓愈〈師說〉：師者，所以傳道、授業、解惑也

《古文觀止》一書是本書作者就讀台北師專時期，國文課教授指定的必讀書籍，其中所收錄的韓愈〈師說〉一文，則是必須全文背誦的文章。其經典名句「師者，所以傳道、授業、解惑也」，見解精闢，傳承千古，歷久彌新。是以，本書的「學識六能」之前三能：「能傳道→能授業→能解惑」，乃以〈師說〉見識為骨幹，註解其現代意涵。〈師說〉全文 565 字，強調師道的四大重點：(1)從師傳道解惑：向老師學習才能傳道解惑；(2)傳古典經籍之道：好古文，六藝經傳通習之；(3)授百工技藝之業：巫、醫、樂師、百工之人，不恥相師學藝；(4)解人生道業之惑：追隨老師解人生「習道、學業」未能明白（不知）之惑。

## 二、劉真（1991）：教書匠與教育家

近代知名教育家劉真（1991）發表專文〈教書匠與教育家〉，深獲教育人員共鳴，被喻為是對「教師的使命」做最好詮釋的重要論著，流行於整個華人社會。一位責任良師要做好「教書匠」的角色，更要同時做好「教育家」的角色。教書匠有四大條件：(1)法定的教師資格；(2)豐富的教材知識；(3)純熟的教學方法；(4)專業的服務精神。教育家則有四項精神：(1)慈母般的愛心；(2)園丁般的耐心；(3)教士般的熱忱；(4)聖哲般的懷抱。教書匠以「書」為重心，「言教」為主；教育家以「人」為重心，「身教」為主。教書匠難求，教育家更難求。

劉真（1972）擔任國立政治大學教育研究所所長期間，更主編出版《師道》一書，邀集當時國內教育學者（46 位），撰寫 50 位中外教育家（本國教育家 30 位及外國教育家 20 位）之教育思想與實踐作為，敘述教育家們傳承「師道」的

貢獻。該書有劉真教授的「序」文，並附錄三篇劉教授經典文獻做總結：(1)中國的教育思想（頁 715-745）；(2)中國的師道（頁 746-759）；(3)師道與儒行（頁 760-767）。這也是劉真教授傳承「師道教育」最具體的貢獻。

鄭崇趁（2014，頁 80-84）曾用更現代化的教育語言，註解「教育家含教書匠」的四大意涵：(1)教育理論的實踐家：教育工作與教學事務都是極為專業、專門的學識，需要理論的有效引導，教師就是教育理論的實踐家；(2)課程教學的執行者：當代的教師要規劃執行校本課程、師本課程，並自編教材，是學校課程教學的執行者；(3)教育問題的解惑師：教育產業是傳承創新知識的專門行業，家長及學生不易理解，是以教育問題層出不窮，都需由教師解惑，教師是教育問題解惑師；(4)生命風格的領航人：知識教育學（鄭崇趁，2017）歸納出現代人的「生命風格」是：智慧人、做創客、新領導、優教師、能家長、行國民；都要由教師專業示範給學生和家長看，教師是生命風格的領航人。

## 三、師資培育白皮書（2012）：富教育愛的人師、具專業力的經師、有執行力的良師

教育部（2012）出版《中華民國師資培育白皮書：發揚師道、百年樹人》一書，頒布師資培育的願景、教師的任務及學校組織的核心價值；願景（vision）是：培育新時代良師以發展品質教育。教師的使命（mission）有三：(1)富教育愛的人師；(2)具專業力的經師；(3)有執行力的良師。核心價值（core value）有四：(1)師道：每位教師發揮出社會典範精神；(2)責任：每位教師致力於帶好每位學生；(3)精緻：每位教師用心在提升教育品質；(4)永續：每位教師熱切傳承與創新文化。

富教育愛的人師要有：洞察、關懷、熱情的核心能力與素養；具專業力的經師要有：國際觀、批判思考力、問題解決力的核心能力與素養；有執行力的良師要有：創新能力、合作能力、實踐智慧的核心能力與素養（教育部，2012，頁 12-13）。

### 四、鄭崇趁（2014）：生命之師、知識之師、智慧之師、風格之師

《教師學：鐸聲五曲》第二章「師涯願景：構築人師的抱負」（鄭崇趁，2014，頁31-44），認為，責任良師的「生命職涯」具有四大願景（使命）：(1)生命之師：如「註解人生意義價值」、「養成良好生活習慣」、「開展學習優勢亮點」、「追求階段自我實現」；(2)知識之師：如「教學核心知識」、「示範學習要領」、「帶動知識螺旋」、「實踐知識管理」；(3)智慧之師：如「學習創新知識」、「布建資源網絡」、「教導人際技巧」、「擴展團隊動能」；(4)風格之師：如「專業自主教師」、「自編教材教師」、「課程統整教師」、「績效價值教師」。

### 五、鄭崇趁（2023）：素養四道・學識六能

本書定名為《新教師學：素養四道・學識六能》，用「素養四道」及「學識六能」為「師道」最核心內涵；素養四道指：「人道教育」、「師道教育」、「學道教育」、「識道教育」。學識六能指：「能傳道」、「能授業」、「能解惑」、「能領航」、「能創價」、「能進升」。共分十章撰寫，章名請參閱本書目次。

## 第三節　能傳「模組學習」之道：傳「學道」，臻「模組動能」之美

能傳道的第三種道是「學道」，傳「模組學習」之道，臻「模組動能」之美。學道者，學之所以為學之道也，運用新「模組學習工具」的軌道（迴圈）循環特質，來拓增「學習遷移」效應之謂。本書第三章已詳為詮釋「學道」四大操作變項「學習遷移→學習地圖（含學習步道）→學習食譜→學習羅盤」的

「立真→達善→臻美→築慧」，本節再針對學道四大變項之「模組學習」所展現的美動能（模組動能），深化詮釋如下。

## 一、「學習遷移」開展「模組學習」美動能

本書「學道」教育的主張，在「創新模組學習新技術」，本書第三章第三節已明確揭示「學道」四個變項美動能：學習遷移展現「元素組件・價值對話」美動能；學習地圖及學習步道展現「知能技術・銜接創新」美動能；學習食譜及規劃食譜展現「學識能量・系統結構」美動能；學習羅盤則展現「學識素養・創新進升」美動能。這些美動能的「新詞命名」都是「模組學習」美動能的一種，但也具不同層次的動能。「元素組件・價值對話」的基本型態，可以當做這些美動能的總稱，是以我們可以總結命名：學習遷移開展「模組學習」美動能。

就本書的撰寫體例與核心內容而言，整本書就是「模組學習」美動能的範例，書名與副標《新教師學：素養四道・學識六能》，本身就是具有系統結構的超大型「知能學識模組」，係新時代教師必須修習的重要教材。每一個章節又各自成為一個中型的「知能學識模組」，就「學道」與「識道」兩章而言，又各自含括四個次級系統（小型）「知能學識模組」。是以本書直接運用三個層次的內文體例，示範「模組學習」美動能的有效運行。

## 二、「學習地圖（含學習步道）」開展「廣度模組學習」美動能

學習地圖（含學習步道）引導學生「分站學習（闖關遊戲）」及「系統修課」，展現「知能技術・銜接創新」美動能；這些美動能得以將「微觀的知能模組學習」累增銜接、重組創新成「巨觀的知能模組學習」。是以，教師指導學生運用「學習地圖及學習步道」的「教與學」，在開展學生「廣度學習模組」美動能。

　　就「廣度模組學習」的擴展而言，比較本書與第一本教師學（鄭崇趁，2014）則：第一本教師學論及「人道教育」及「師道教育」，本書擴展為「人道→師道→學道→識道」教育，合稱「素養四道」的教育；第一本教師學論及「傳道→授業→解惑→領航」（3.0 新責任良師），本書擴增為「能傳道→能授業→能解惑→能領航→能創價→能進升」，並合稱之為「學識六能」（4.0 新學識・新責任・優教師）。「四道・六能」都是經典「模組學習」美動能，也是新時代教師對教育能夠產出的「智慧動能」貢獻。

### 三、「學習食譜及規劃食譜」開展「深度及高度模組學習」美動能

　　學習食譜及規劃食譜展現「學識能量・系統結構」美動能。學習食譜採行 KTAV 教學模式，四個欄位是：「新知識→含技術→組能力→展價值」，是知識生命「真→善→美→慧」小循環，偏學識能量「內構外築」系統結構之形成，屬「深度模組學習」美動能。規劃食譜原稱「知能創價」食譜，採行 KCCV 教學模式，四個欄位是：「新覺識→新動能→新創意→新價值」，是知識生命「真善（知）→美慧（能）→力行（創）→教育（價）」大循環，是學識能量遞移成功後的「知能創價」，屬「高度模組學習」美動能。

　　在本書中「深度的模組學習（KTAV 食譜）美動能」，關注智慧教育、創客教育、價值教育、知識遞移原理的操作實踐；兼及「九大素養直接教」的校本、師本、生本課程發展及教材編製。「高度的模組學習（KCCV 食譜）美動能」，關注「新育」、「4.0 教育」、「創新教育」、「進升領導」、「新五倫・新四維」新教育學理模式，暨「價值論」「築梯論」、「適配論」、「典範論」、「知識生命論」、「適配幸福論」的新實踐美動能。

### 四、「學習羅盤」開展「立體模組學習」美動能

　　學習羅盤展現「學識素養・創新進升」美動能，「台灣版學習羅盤」之「八

根指針」命名為：真（致用知識）→善（經營技術）→美（實踐能力）→慧（共好價值）→力（行動意願）→行（德行作品）→教（創新知能）→育（進升素養）。羅盤之四個「動能迴圈」由內而外命名為：「元素構築策略」→「知識遞移策略」→「知能創價策略」→「全人進升策略」。羅盤指針具有「定位、定向、回饋、校正」功能，用 8 顆最精純教育元素命名，帶動其次級系統的 48 顆元素，共 56 顆教育元素進入第一個動能迴圈啟動「內構外築」，是「人及萬物」知識生命源頭之始。羅盤之動能迴圈具有共本質元素「運行軌跡、循環統整、創新進升」功能。教師指導學生運用羅盤學習，開展「立體模組學習」美動能，知識是有生命的、活的、立體的，羅盤啟動知識立體模組學習動能，學得的知識也能用立體模組表達（德行「智慧人」‧作品「做創客」）。

羅盤的「中心點」標示著「素養」兩個大字；羅盤的「標題」提示著「台灣邁向 2030 教育目標：智慧人‧做創客（適配幸福人生）」。是以，「學習羅盤」的表相象徵教育三大意涵：

1.「素養」的形成來自「知識生命」的教育：「知識」生長在羅盤的「指針與迴圈」之上，羅盤轉動可以演繹每位學習者的「素養」。

2.素養取向教育的新共同目標是：經由「智慧人‧做創客」的價值實踐，邁向「適配幸福人生」（well being）。

3.「立體模組學習」更能有效培育人的素養：經由立體「知能→學識→素養→典範」模組運行，「智慧創客」作品伴隨著學生「全人發展」的「領航→創價→進升」（教師引導示範），師生均能經營「適配幸福人生」。

## 第四節　能傳「知識生命」之道：傳「識道」，築「學識軌跡」之慧

識道是指「識之所以為識之道」，也就是認識「知識生命」發展軌跡之道。認識知識生命軌跡的「技術要領（策略）」系列名稱，我們就稱之為「識道」，

本書第四章的「識道」含括四個明確策略：元素構築策略→知識遞移策略→知能創價策略→全人進升策略。這四個策略直接設計在「台灣版學習羅盤」之上，也就成為「學道」的核心工具與理論基礎。是以「識道」暨「台灣版學習羅盤」的共好價值（慧能），本書第四章第四節已詳以揭示，包含知源築慧價值、握鑰增能價值、遞移創價價值、智慧創客價值、創新進升價值、適配幸福價值。這些都是「識道」發展成「學識模組軌跡」之後的共好價值（慧能）。

　　「知識」是「素養四道」的源頭，從「知識生命論」的觀點來看「人道‧師道‧學道‧識道」的教育，事實上都是「知識生命」開展的「績效價值」之一（也可稱之為「知識價值化歷程」）。本書的撰寫體例「立真→達善→臻美→築慧」也是「知識生命」有效開展的「方法、技術」之一。本節之旨趣在「傳識道‧築慧能」作為「能傳素養四道」的總結。因此，本節再以「五大類知識」為例，逐一論述其「知識生命」開展（知能→學識→素養）的共好價值（慧能力點），期能為「價值教育」教材之研發略盡綿力。

## 一、物理現象知識（知能→學識）之慧能：平衡、共榮、永續、互益

　　鄭崇趁（2017）認為，「知識」是教育的「實體」，本身浩瀚無涯，存在宇宙及人的理性之中，知識可分成五大類：物理現象的知識、事理要領的知識、生命系統的知識、人倫綱常的知識、時空律則的知識。教育即在啟動「生命系統的知識」來學習這五大類知識。鄭崇趁（2020）進一步認為：人用六個管道來「認識知識」，這六個管道是「感→知→覺→識→悟→達」，它們能夠認識不同層次的知識：感覺而來的知識（感）→知覺而成的知識（知）→概念建構的知識（覺）→現象詮釋的知識（識）→領悟進升的知識（悟）→物我合一的知識（達）。人認識獲得的「5類×6層次」知識，經由「解碼→螺旋→重組→創新」才能「真正遞移」成人的新「知→能→學→識→素→養」。

　　物理現象的知識主要含括「物理學、地理學、自然學、動物學、植物學」五種學門知識，習得的這些知識由「知能」進升「學識」，再由「學識」進升「素養」，人用這些「知能→學識」強化「智慧人‧做創客」價值行為表現，創新萬物（作品）、創新引擎、創新能源、創新智慧機具、創新程式語言、創新雲端、創新物理運行模式、創新物理生態學，創新當前文明和文化的「萬物榮景」。這些物理知能學識展現的慧能（共好價值）有四：

　　1.平衡價值：人類用知識創新萬物，創新當前的文明和文化，百業分工，爭榮競秀，形優輔弱，交融互補，產出第一種「慧能」：平衡共好價值。知識的「平衡慧能」會彼此找尋「群組共好」能量，平衡不同知識生命的滋長，創新「新物理生態學」。

　　2.共榮價值：「新物理生態學」需要第二種「慧能」：共榮共好價值。萬物皆生生不息、欣欣向榮的同時，也產生「相互掠奪」（食物鏈）及「交融滋長」（共生鏈），「共榮慧能」的發揮，在抑制「食物鏈」歷程對萬物彼此的傷害，暨優化「共生鏈」歷程對萬物彼此的滋養，「抑制傷害‧優化滋長」，永續滋養萬物共榮共好價值。

　　3.永續價值：「新物理生態學」產出的第三種「慧能」是：永續共好價值。人與萬物生態關係，會隨著人類「文明與文化」的變遷而改變，但「永續共好」能量長存，人與萬物永續共好生態也會永續創新進升，具有永續長新價值。

　　4.互益價值：「新物理生態學」產出的第四種「慧能」是：互益共好價值。萬物的知識生命，會往光明面、互益共好方向生長，這種選擇好方向的能量，就是「互益慧能」，例如：當代智慧型手機及工業4.0產品（萬物邁向智慧化），之所以功能強大，實質進升人類文明和文化，造因於其「零組件」之「互益慧能」的有效連結。是以，工業4.0產品讓萬物的「互益共好價值」也讓人類感受得到。

## 二、事理要領知識（知能→學識）之慧能：立德、立功、立言、行道

事理要領的知識主要含括「政策與計畫的知識」、「程序與標準的知識」、「溝通與篤行的知識」、「實踐與貫徹的知識」、「績效與價值的知識」（參考鄭崇趁，2017，頁 37-43）。國家公務員及各級學校教師，學習及運用「事理要領的知識」最為明確，公務員的高普考及教師資格檢定考試、教師甄試，就是考這些知識在人身上所形成的「知能→學識→素養」。事理要領的知識滋長為人的「知能→學識」，事理要領的知能學識展現的「慧能（共好價值）」最為具體，包括下列四項：

1.立德價值：舉例來說，本書作者服務教育部期間（1982～2000 年），配合當時教育政策「訓育原理輔導化」的實踐，規劃執行六個國家級教育計畫，例如：教育部輔導工作六年計畫、青少年輔導計畫、兩性平等教育實施計畫、教訓輔三合一整合實驗方案等，充實教師輔導知能，完備各級學校輔導機制，全面提升學生情意教育、德育、群育教育品質。此即運作政策與計畫知識（知能→學識），產出「立德共好價值」，是「事理要領知識」的第一種「慧能」。

2.立功價值：舉例來說，各級學校教師均學會「素養四道」的學理與操作技術，就能帶領學生有效運用「學習地圖（步道）」、「學習食譜」、「學習羅盤」等事理要領知識模組工具，落實實踐「校本→師本→生本」課程與教材，暨「九大素養直接教」，創新實踐「素養取向教育」的質量與功能價值，產出「立功共好價值——立『教與學』事功」，此乃「事理要領知識」的第二種「慧能」。

3.立言價值：舉例來說，很多公教人員及學者專家，因為長期就任專門專業行業，對於職務領域「事理要領的知識」特別有心得，常將自己的「學能→見識」發表文章或出版著作，傳承創新專門行業的「知識・技術・能力・價值」；用語言文字留下「知能→學識→智慧」，產出「立言共好價值」，此乃「事理

要領知識」的第三種「慧能」。

4.行道價值：「立德、立功、立言」稱為「三不朽」，是教育前輩的「智慧學識」，我輩自當遵行實踐，經營三不朽的績效價值來彩繪人生。本書作者認為：教師還有「第四個不朽」——「行道」，例如：本書強調每位教師都能行「素養四道：人道・師道・學道・識道」教育，並且用「學識六能」來行四道，帶好這輩子相遇的每位學生，這樣立的功德更大，更有共好價值。是以「事理要領知識」的第四種「慧能」為「行道共好價值」。

## 三、生命系統知識（知能→學識）之慧能：健康、成熟、智慧、素質

生命系統的知識主要含括「生物學、生態學、生命學、認識學、價值學」的知識（鄭崇趁，2017，頁34-37）。「生命」是人與萬物最為珍貴的「能量」，有生命之物就是「活體」，可以永續成長發展，彩繪五彩繽紛的生命（人生）。醫學院學生所學習的知識就是以「生命系統知識」為主軸的「知能→學識」，生命系統知識滋長為人的「知能→學識→素養」，其展現的「共好價值（慧能）」，以下列四項最重要：

1.健康價值：生命系統知識的第一種「慧能（共好價值的能量）」，是「健康成長」的共好價值，建構生命的知識含括「器官、元素、組件、系統、模組」之知識，串連「生理系統」及「心理系統」統整運作，循環不已，才讓人與萬物的「生命」活了下來，是以「生命系統的知識」最優先要學會的「知能→學識」是健康成長的知識，也就是要最優先找到可以幫助人「健康成長——器官與器官之間皆共好價值的慧能」。

2.成熟價值：生命系統知識的第二種「慧能」，是「身心成熟」的共好價值。人從出生到成熟約需二十年，生理成熟指人的身體表象已成長成大人模樣（如身高、體重）；心理的成熟度較難判斷，通常以各年齡層的「基本能力測驗」（習得的知識→能力）來檢核。國家經濟社會的成長有助於人民生理成熟

度的發展；教育機制的普及則有助於人民心理成熟度的發展；生理及心理都成熟才會有公民權（投票、納稅、自主擔責），我國公民權的界定已從二十歲調整為十八歲，大學生已有投票權，這是教育普及，用「知識慧能」幫助人民「心智成熟」的事實判斷。

3.智慧價值：生命系統知識的第三種「慧能」，是「知識成智慧」的共好價值。知識進入人身以後就附隨著人的生命而有自己的生命，「知識生命」滋長的歷程為：「新知識」→「含技術」→「組能力」→「展價值」→「能遞移」→「成智慧」→「達創客」→「行道德」→「通素養」。「知識成智慧」的慧能，讓人成為「有智慧的人」，「智慧人」必然「做創客」，用作品定位人生；人人都有「適配幸福人生」。

4.素質價值：生命系統知識的第四種「慧能」，是「知識展素質」的共好價值。健康的身體及優質的心智效能，稱之為身心素質，身心素質隨著「成熟」及接受「教育」的「知能融合」而永續生長，是以「素養取向教育」的第一個素養即命名為「身心素質及自我精進」，「素質」就是邁向「素養」的第四種「慧能」；人的「學識」回頭帶動「知能」與「身心」整合成為「素質」，它也是共好價值能量的一種「慧能」。

## 四、人倫綱常知識（知能→學識）之慧能：真善、美慧、仁義、禮法

人倫綱常的知識係指人與人互動關係的知識，例如：新新育→新德育→新群育→新五倫價值教育→新四維實踐教育→新情意教育→新態度教育等。是以，人倫綱常的知識主要含括倫理學、價值學、團體動力學、人際關係學、實踐動能學等「知能→學識→素養」。人倫綱常知識的「慧能（共好價值能量）」，以下列四項最為顯著：

1.真善價值：人倫綱常的知識乃規範人性倫理的知識，它的第一種「慧能」是：「真誠・良善」的共好價值。人用語言當做溝通互動的工具，人與人互動

間表現出來的每一句話，都要是「真的」、「誠的」，真實正確的事實，同時也是自己真正的主張；之所以互動溝通的用意也都是「好的」、「純良至善」的，大家都期待互動完成後，可以為大家帶來共好的「生活品質與價值」。「真善的共好價值」即為首要「慧能」。

2.美慧價值：人倫綱常知識的第二種「慧能」是：「美能‧互惠」的共好價值。人與人溝通是世界上最美的事，人是美的、語言文字是美的、聲音是美的、內容也是美的、結果更是美的。人與人溝通主要的目的，都在「共同築慧（互惠）」，築共好價值的慧，築解決問題的慧，築系統思考的慧，也築創新進升的慧。是以「美能‧互惠」的共好能量，即為第二種「慧能」。

3.仁義價值：人倫綱常知識的第三種「慧能」是：「愛人‧行義」的共好價值，例如：儒家的「等差之愛」（仁者愛人，親親而仁民，仁民而愛物），現代我們可以規劃成「愛的 1.0～愛的 4.0」：「愛的 1.0：親愛（愛親人：家人→親朋）」→「愛的 2.0：仁愛（愛師生：同儕→社區）」→「愛的 3.0：博愛（愛大眾：群己→事物）」→「愛的 4.0：大愛（愛生命：生態→天地）」。又如：大家都喜歡看《三國演義》，小說、電影、電視影集都歷久彌新。主要原因在作者偏愛蜀國，整部小說歌頌「仁義治國」的故事，從「劉關張桃園三結義」→「三顧茅廬與隴中對策」→「五虎將義薄雲天」→「關公義放曹操」→「阿斗孔明君臣分際」等都是仁義共好價值的典範。「愛人‧行義」是人倫綱常知識珍貴的「慧能」。

4.禮法價值：人倫綱常知識的第四種「慧能」是：「禮敬‧立法」的共好價值，舉例來說，「禮義廉恥，國之四維，四維既張，國乃復興」，「禮義廉恥」四維匾額要不要重新掛在校園上，困擾很多縣市長及校長們。鑑於「四維版本」是春秋戰國時代的「作品」，「創新版本」運用才有助於復興當前的國家，是以本書建議不妨採用「進升型版本」，例如：「新四維 2.0：仁義禮法」→「新四維 3.0：知能創價」→「新四維 4.0：真善美慧」。「仁義、禮法、知能、創價、真善、美慧」都是人倫綱常知識的「慧能」，我們揭示它，它們就會引導

「心向」滋長「共好價值」的能量（可參閱鄭崇趁，2020，頁401-417）。

## 五、時空律則知識（知能→學識）之慧能：秩序、節奏、旋律、循環

時間與空間是上帝創造萬物時的最高智慧與傑作，人與萬物生靈可以生存在地球上，並且得以充分使用「地球」與「大宇宙：萬物」互動關係，所留出來的「空間與時間」。時空律則的知識主要含括循環的知識、節奏的知識、旋律的知識、模式的知識等（鄭崇趁，2017，頁48-52）。時空律則知識（知能→學識）之「慧能」，以下列四者最重要：

1.秩序價值：時空律則知識的第一種「慧能」，是「秩序」的共好價值。秩序者，「系統結構·定位井然」也，大宇宙中的星球，以太陽系的行星為例，九大行星暨地球和月亮，都圍繞著太陽公轉，秩序井然，循環不已，地球和月亮更有自轉，是以畫夜分明。「時空秩序」的共好價值得貫穿至人類的「生活秩序（好習慣）」→「學習秩序（優要領）」→「做事秩序（S.O.P）」→「人際秩序（新五倫）」，定位「人·事·時·地·物·空」的倫常秩序共好價值。這是時空律則知識的第一種「慧能」。

2.節奏價值：時空律則知識的第二種「慧能」是：「節奏」的共好價值。「節奏」與「旋律」是建構歌曲的兩大元素，較短時間的音符律動循環稱為節奏，例如：2拍、3拍、4拍（砰→洽；砰→洽→洽；砰→洽→砰→洽）的固定循環律動。稍長時間（一句長話或兩句短話）的音符律動循環則稱為旋律，每一首歌，除了固定的節奏外，要結合3～4種旋律，才能譜出動聽的曲調。在現代，能夠掌握「生活節奏」、「比賽節奏」、「任務節奏」、「互動節奏」、「學習節奏」、「表現節奏」的人，容易成功，具有明顯的事功與價值績效。

3.旋律價值：時空律則知識的第三種「慧能」是：「旋律」的共好價值。旋律是較長時間音符的動能循環，例如：每週工作五天休息兩天；設定「每週、每月、每年」重點「生活、學習、工作、任務」目標，並力行實踐；設定每天

寫書 1～2 小時，1～2 週完成一章，一年完成一本書；每個月國內休閒旅遊 1～2
天，每年規劃一次長時間（5～10 天）國內外休閒活動。生活旋律、工作旋律、
任務旋律、休閒旋律交織，可以譜出人生動人的樂章，「譜旋律」的共好價值
是時空律則知識的第三種「慧能」。

4.循環價值：時空律則知識的第四種「慧能」是：「循環」的共好價值。時
空永續循環，一天 24 小時，每小時 60 分鐘，每分鐘 60 秒；一週 7 天，一月 30
天或 31 天，一年 365 天。定量「循環時空」是人類生活運作最關鍵的「知識」
與「智慧產品」，它們的共好價值在「提供標準定量的時空單位與命名」，讓
人類可以記錄人類事功（文明文化）發生的時間地點，可以規劃整體教育機制，
可以永續經營「知識的傳承與創新」，適時進升「教育願景與學校任務目標」。
「循環」（才能支持永續、創價及進升）的共好價值是時空律則知識的第四種
「慧能」。

# 第六章　能授業：

## 能授「知識藝能、知能模組、致用學識、素養典範」之業

　　本章為第六章，談「能授業」。韓愈〈師說〉中的「授業」原指，「巫、醫、樂師、百工之人，不恥相師（習業）。君子不齒，今其智乃反不能及，其可怪也歟」，是強調「從師習藝的重要」，沒有明指「授業」的具體內容；強調「三人行，必有我師」，「師者，所以傳道、授業、解惑也」，「是故弟子不必不如師，師不必賢於弟子，聞道有先後，術業有專攻，如是而已」。

　　教師對學生「授業」，究竟要授「哪種業」？教育文獻很難統整歸納，從教師的責任看，至少有自己應教給學生的「課業」及學生的「學業」；從學生一生的發展責任看則有「四業：學業→事業→家業→共業」，當代教師都在各級學校受聘擔任「教師」，「能授業」的範疇，就得以「學生學業（學校課程）」為主軸，兼及其他三業（事業、家業、共業）之「核心知識」，是以「能授業」的「業」專指教師「事業（專業教學）」及學生「學業（專業學習）」的核心知識，兩者合一，則稱之為師生的「課業」，課業也就是學校用到的「課程與教材」。

　　本章將「授業」視為教師特有「專業・專門・學識」能量，所以命名為「能授業」；又依「知識生命論」在人身上滋長的事實，主張中小學、大學、碩士班、博士班之「課程與教材」，其「知能→學識→素養→典範」的「含量・質量」是有不同的，然而經由教師「能授業」的教學，這些「核

心知識」都能「構築→遞移→創價→進升」，成為學生新的「學識美動能」，然後表現在自己的「學業、事業、家業、共業」之上。

因此，本章四個「節名」之標題採用「能授『知識藝能』之業，學生優勢智能明朗化（中小學教師）」（第一節），「能授『知能模組』之業，學生專業學能證照化（大學教授）」（第二節），「能授『致用學識』之業，學生專門識能實踐化（碩士班教授）」（第三節），「能授『素養典範』之業，學生典範創能風格化（博士班教授）」（第四節）。引導教師掌握「築梯式」學制及「知識生命」創價進升的「典範風格」。

教師的第二個「學識六能」為「能授業」，授給學生「政府及學校」規定的「課程學業」；中小學教師能依據「各級學校課程綱要」，授予學生「知識藝能」之業，幫助學生「優勢智能」明朗化；大學教授能依據「系所學程必選修科目學分表」，授予學生「知能模組」之業（學士），幫助學生「專業學能」證照化；碩士班教授能授予「致用學識」之業，幫助學生「專門識能」實踐化；博士班教授能授予「素養典範」之業，幫助學生「典範創能」風格化。

本章分四節敘明各級學校教師「能授業」的主要內涵：第一節「能授『知識藝能』之業，學生優勢智能明朗化（中小學教師）」，授予領域學科知識、社團動能技術、儀典價值行動、藝文美新慧能。第二節「能授『知能模組』之業，學生專業學能證照化（大學教授）」，授予專業學能系統知識、專門識能模組技術、優勢動能作品創客、學識慧能社會責任。第三節「能授『致用學識』之業，學生專門識能實踐化（碩士班教授）」，授予專業學能系統知識、專門識能模組技術、學識動能價值實踐、學識慧能群己共好。第四節「能授『素養典範』之業，學生典範創能風格化（博士班教授）」，授予學識系統模組的知識及技術、授予學識系統模組的動能及慧能、授予學識創能作品的典範及風格、授予學識素養境界的創新及進升。

## 第一節　能授「知識藝能」之業，學生優勢智能明朗化（中小學教師）

　　台灣自 2014 年起實施十二年國民基本教育，學制明確劃分為兩大階段：基本教育階段及高等教育階段。基本教育階段包括小學、國中、高中之教育，歸屬地方經營權責；高等教育階段則以大學教育為主，歸屬中央經營權責，含括三種學位學程：「學士、碩士、博士」，有特殊需要得申請附設專科部，辦理「二專、三專」教育（發畢業證書、不頒學位；部分學校自頒專士學位）。基本教育授課內容由國家統一規定，教育部（2014）頒布「十二年國民基本教育課程綱要總綱」，並自 2019 年起實施，稱之為「素養取向教育」新課綱。2000 年頒行的「國民教育九年一貫課程綱要」則稱之為「能力取向教育」課綱。是以，台灣的基本教育（有義務教育的意涵，但不強調強迫）自 2014 年起由「九年一貫」進升為「十二年一貫」，並自 2019 年起由「能力取向教育」世代進升為「素養取向教育」世代，與國際文明先進國家相較，「教育機制」毫不遜色；亦可說是「教育產業國際化」的起點。

　　「十二年國民基本教育課程綱要總綱」所訂之核心素養，以「成就每一個孩子：適性揚才、終身學習」為願景，揭示四項課程總體目標：(1)啟發生命潛能；(2)陶冶生活知能；(3)促進生涯發展；(4)涵育公民責任。條列「三面向‧九項目」核心素養內容，並以圖6-1展現其滾動輪轉意象。核心素養具體內容如下：

　　1.自主行動：(1)身心素質與自我精進；(2)系統思考與解決問題；(3)規劃執行與創新應變。

　　2.溝通互動：(4)符號運用與溝通表達；(5)科技資訊與媒體素養；(6)藝術涵養與美感素養。

　　3.社會參與：(7)道德實踐與公民意識；(8)人際關係與團隊合作；(9)多元文化與國際理解。

圖 6-1　台灣教育核心素養架構圖

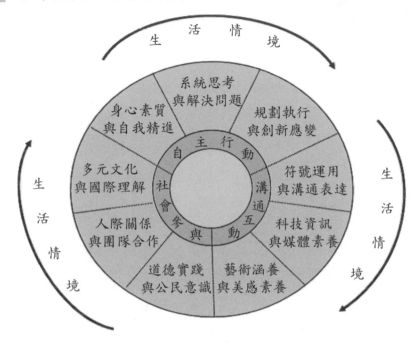

註：引自教育部（2014，頁 3）。

　　中小學教師的法定職責在依據課綱規範的「課程教學主題」，大家分工授課教學，共同教會全校學生的九項素養，學生經由永續「智慧人・做創客」的教育實踐，邁向適配幸福人生。從學生的「學習需求」來看學生的學習焦點是什麼，在「能力取向世代」與「素養取向世代」已有不同，教師要能辨識，並善加掌握運用，才能真正教對素養取向教育；3.0 教育世代的「學習者（學生）」，他們的素養能力有「四力」及「八大核心能力」（如圖 6-2 所示），4.0 教育世代的「學習者（學生）」，核心知能素養則通通用「素養名詞」來表達，「四大素養」和「八大次級系統素養」（如圖 6-3 所示）。

　　圖 6-2 顯示，3.0 世代的學生「素養」與「核心能力」並用，學生應備「四力素養」內涵「八大核心能力」。四力素養是：「學習力」、「知識力」、「藝

圖 6-2　3.0 教育世代學習者（學生）的素養與能力

註：引自鄭崇趁（2018，頁 333）。

圖 6-3　4.0 教育世代學習者（學生）核心素養進升系統與學習焦點

註：引自鄭崇趁（2020，頁 355）。

能力」、「品格力」。學習力含括兩大核心能力：「閱讀寫作能力」及「數學資訊能力」；知識力含括兩大核心能力：「通識經驗能力」及「專門學能能力」；藝能力含括兩大核心能力：「時空美感能力」及「個殊才藝能力」；品格力含括兩大核心能力「優質習慣能力」及「服務助人能力」。

　　圖 6-3 顯示，4.0 教育世代的學生用「素養」表達最後的學習成果，素養含能力，學生應備「四大素養」及其內含之「八大次級系統素養」為：(1)認識素養：包含「感知覺識素養」及「慧能意願素養」；(2)智慧素養：包含「知識技能素養」及「價值實踐素養」；(3)創客素養：包含「操作體驗素養」及「德行作品素養」；(4)六育素養：包含「知識遞移素養」及「知能創價素養」。

　　圖 6-3 更顯示了「八大次級系統素養」均有其相對的學習焦點，掌握這些學習焦點，就更能彰顯素養教育的本質功能：(1)「感知覺識素養」的學習焦點在「學學習」；(2)「慧能意願素養」的學習焦點在「學行動」；(3)「知識技能素養」的學習焦點在「學知識」；(4)「價值實踐素養」的學習焦點在「學價值」；(5)「操作體驗素養」的學習焦點在「學智慧」；(6)「德行作品素養」的學習焦點在「學創客」；(7)「知識遞移素養」的學習焦點在「學創新」；(8)「知能創價素養」的學習焦點在「學進升」。

　　統整國民小學、國民中學、高級中學（含高職）三個層級課程綱要規範，中小學教師要教會學生「傳承創新」下列四種知識。

## 一、教會領域學科致用知識：立真

　　中小學教育採領域學科教學，用領域學科編製課程教材及教科書，每一學科每學期通常有 12～18 單元的主題教學，教師的首要「授業職能」即是教會學生這些致用知識（知道、了解、會用、有作品、帶得走的新知識；知識遞移成功，能知能創價），這些致用知識在「能力取向教育」（3.0）世代，直接稱之為「知識力」，包括兩種核心能力：「通識經驗能力」及「專門學識能力」。在「素養取向教育」（4.0）世代，稱之為「智慧素養」，包括兩種次級素養：

「知識技能素養」及「價值實踐素養」。學生的智慧素養，在經由「知識生命滋長的（KTAV）串連學習」，習得自己會用的真知識，用「致用知識」立新知識之真（鄭崇趁，2020，頁 353-368）。

「知識技能素養」的「知能創價」展現在：「真（致用知識）」、「善（經營技術）」及「美（實踐能力）」三大能量的整合創價，我們可以從下列六點觀察到它們創價的軌跡（學知識）：(1)了解（知悉）單元核心知識的真實意涵；(2)學會（活用）生活學習知能的融合實踐；(3)掌握（操作）單元核心技術的步驟流程；(4)運作（體驗）技術要領知能的美善能量；(5)能夠（實踐）完成任務作品美能結構；(6)善於（表達）肢體美學動能的展演作品（請參閱鄭崇趁，2020，頁 361 的精要說明）。

「價值實踐素養」的知能創價，主要在「學價值」、「知價值」、「有價值」、「行價值」，對於「價值」的「學、知、有、行」就是價值實踐素養的知能創價（請參閱鄭崇趁，2020，頁 361-362 的精要說明）：

1.學價值：價值是「慧能」，是共好「慧」的價值「能量」，需要學習才能認識、了解、珍惜、運用。

2.知價值：價值在創新人類共好的生活品質，大家都了解「互動」、「做事」、「任務」間的核心價值，人類才能和諧興旺。

3.有價值：有共好價值的累增（慧能），才能優化個人及民族意識型態，進而創新人類新文明文化。

4.行價值：實踐力行共好價值行為曰行價值，主要包括：完成作品、實踐德行、完成任務、服務助人。

價值實踐素養也得統稱為「智慧人・做創客」；「價值」是「智慧素養」及「創客素養」共同的「中介・銜接」元素。

## 二、教會社團技藝動能技術：達善

中小學的社團分組學習課程、綜合領域課程，以及部分校本師本課程，重

視學生「技藝動能技術」的學習，在知識的分類上歸屬於「方法・技術・要領」動能產出（會操作）的學習。在「能力取向（3.0）」世代我們稱之為「藝能力」，包含兩個核心能力：「時空美感能力」及「個殊才藝能力」；在「素養取向（4.0）」世代我們稱之為「創客素養」，包含兩種次級系統素養：「操作體驗素養」及「德行作品素養」，創客素養（技藝動能）的產出歷程是：用智慧（KTAV）→做中學（操作體驗）→有作品（做創客）→論價值（價值評量）。用行動鋪軌，達教育育才之善。

「操作體驗素養」的知能創價，主要表現在「智慧素養」到「創客素養」之間的「銜接・中介」功能，例如：

1.增加知識遞移流量：KTAV（新知識→含技術→組能力→展價值）四位一體的學習，「真、善、美、慧」的能量豐沛具足，得以增加師生真實知識遞移流量。

2.體驗做中學得新知：操作善知識（新技術）完成新作品的歷程，直接體驗新知能在新作品上的流動貢獻，習得的新知識、新技術、新能力才能帶得走，才有新價值。

3.作品詮釋人生價值：人一生的作品，含括學習作品、生命作品（兒女）、事業作品、休閒作品等，共同定位人生價值。

4.「智慧人・做創客」是知識教育的出口：有智慧的人必然做創客，創客作品也反映智慧教育的實踐程度，兩者相輔相依，共同成為新的教育目標。這四者，都是「操作體驗素養」（學智慧）能展現的「知能創價」。

「德行作品素養」的知能創價，得用四項發展脈絡來詮釋：

1.共好願行普遍化：品格來自「好習慣」與「服務心」的交織創價，好習慣是對己的「慧能」；服務心是對彼的「慧能」，兩者交織成長，形成「共好願行普遍化」，大眾皆有共好願行（慧能），都願助世界人類共享和平暢旺。

2.助人服務實踐化：助人服務行為已成為師生定期實踐力行的計畫，展現永續循環的「慧能」。

3.學習作品定量化：每一學科領域教師，每一學期都會指導學生完成 1～3 件作品。

4.人生作品價值化：各級學校畢業生，畢業典禮當週展出 10 件「智慧創客」代表作品，這些作品對人生的價值化最高，既可展示各階層學校「智慧人·做創客」的學習程度，又可展示個人優勢智能明朗化的開展（學創客），可對性向職業媒合及親密伴侶橋梁創造最大價值（遇見知音與知己）。

## ▂▂ 三、教會典儀行動美新能量：臻美

中小學教育設計多元典儀教育活動，例如：開學典禮、畢業典禮、校慶運動會、校慶園遊會、音樂會、親師教育日、「秩序、整潔、禮貌」三項競賽、社團才藝比賽、語文書法比賽、詩歌吟唱班際競賽、科學創意競賽、閱讀王、品格達人、一生一專長認證等「計畫性、定期性、永續性」典儀活動，教會學生美新行動能量，經營彩繪適配幸福人生。學生的美新行動能量在知識的分類屬於「人倫綱常的知識」，在能力取向教育（3.0）世代，稱之為「品格力」，含括兩種核心能力：「優質習慣能力」及「服務助人能力」；在素養取向教育（4.0）世代，則稱之為「六育素養」，含括兩種次級系統素養「知識遞移素養」及「知能創價素養」。「六育素養」的「美新行動新能量」，有效詮釋「六育育人」及「育人成人」之「人道教育」完整教育功能。

「知識遞移素養」指師生教育活動的前段，老師幫助學生學會新知識，新知識能夠「遞送·轉移」到學生身上，成為學生帶得走、會用的新能量。從「知識生命論」的視角看「知識遞移」，師生知識遞移要成功並不容易，師生教學歷程需掌握其核心技術：「知識解碼」→「知識螺旋」→「知識重組」→「知識創新」，老師身上的或教材上的知識才能真正創新學生的知識，知識遞移成功成就知識生命小循環（知識生命在學生身上的滋長）：「新知識」（真）→「含技術」（善）→「組能力」（美）→「展價值」（慧）；運用知識生命小循環開展的 KTAV 教學模式，能從「智慧教育」、「創客教育」、「價值教

育」，以及「遞移理論」，完整匯聚「真・善・美・慧」能量，協助學生「成智慧」→「達創客」→「能遞移」，增益師生整體「知識遞移流量」。

「知能創價素養」指師生教育活動的中段及後段，師生知識遞移成功以後，學生會運用學到的「新知識＋新能量」創新「生命＋教育」的新價值，稱之為「知能創價」，單元教學結束前即完成的「智慧創客」作品為立即性的「知能創價」，得以驗證前段的「知識遞移成功」及本單元新知能「能創價」的可欲度。累積學業上的「知識遞移」總量，運用在「事業工作、任務」上，所完成的「智慧創客」作品（含德行），則稱之為「永續性的知能創價」。知能創價的實踐成就知識生命大循環（知識進出人身，再被人運用到文明和文化的萬物、萬事、萬人、萬德之上）。知識生命大循環軌跡是：「新知識」（真）→「含技術」（善）→「組能力」（美）→「展價值」（慧）→「成智慧」（力）→「達創客」（行）→「行道德」（教）→「通素養」（育）。運用知識生命大循環開展的 KCCV 規劃模式，能有效運作「新覺識→新動能→新創意→新價值」，迅速匯聚「真善・美慧・力行・教育」新能量，協助學生在「學業、事業、家業、共業」上永續知能創價，產出智慧創客作品。是以，人一生的作品定位人一生的價值。

## 四、教會人文科學共好價值：築慧

中小學教育稱之為基本教育，也有大學「預備教育」的性質，是以「語言文字素養學科」、「人文素養學科」、「科學素養學科」三者同樣重要，語言文字學科（聽、說、讀、寫、算、閱讀）是「學習與認識」知識的主要工具，基本的人文素養及科學素養也都是下一階段學科學習的基礎，基礎厚實，才得以確保每一階段課程學科的完整學習。這些學習基本學科的設計，在能力取向教育世代（3.0）稱之為「學習力」，含括「閱讀寫作能力」及「數學資訊能力」；在素養取向教育世代（4.0）則稱之為「認識素養」，含括兩個次級系統素養：「感知覺識素養」及「慧能意願素養」，感知覺識素養的學習焦點在「學

學習」，慧能意願素養的學習焦點則在「學行動」。

感知覺識素養指人透過四個管道來認識知識：感覺而來的知識→知覺而成的知識→概念建構的知識→現象詮釋的知識。感知覺識素養的知能創價效應，可以用下列六個學習焦點來描述：

1.善感大地的知識：知識長在人地萬物萬事上，我們感官要善於覺察，有感之後才有知、有覺，然後有識。

2.知覺學習的技術：任何知識都含有可操作的技術，老師要引導學生「知覺學習的技術」，才能順利習得單元主題知能。

3.覺識人倫的美能：師生之間的人倫美能（責任、創新、永續、智慧）是學生有效學習的動能，覺識人倫美能，學生得以專注學習，創新自己生命價值，創新教育價值。

4.詮釋時空的價值：時空律則知識（節奏、旋律、模式、循環）伴隨著人的一生，教師教導學生「關注事理節奏」、「當下學會知能」、「伴隨時空律則」，每天創新自己生命及知能。

5.統整事理的行動：學習也是一種「拿物做事」，「完成智慧創客作品」行為本身也具有「統整事理行動」的要義。

6.進升知能的作品：每一大單元的學習就完成一項作品，永續循環，每次都用進升的知能來完成新作品，學生的感知覺識素養及知能創價也永續進升。

慧能意願素養的學習焦點在「學行動」，慧是「共好價值」元素，能是「純淨善能」元素，意是「心意念頭」元素，願是「發願備行」元素。「慧能」合稱則為「共好價值的能量」，「意願」合稱則為「行動意願」；「慧能意願」四者合一，就是「共好價值能量的行動意願」，這是「力量、能力」的源泉，在知識學理的分類上，屬「知識論」及「認識論」中的「實踐論」。學生學習如何「實踐力行」的行動，簡稱「學行動」，是慧能意願素養的學習焦點。「學學習」及「學行動」成為教育 4.0 世代，「認識素養」的兩大軸線（請參閱鄭崇趁，2020，頁 353-368）。

# 第二節　能授「知能模組」之業，學生專業學能證照化（大學教授）

　　大學的教育目標在「研究高深學術，養成專門人才」，大學的教師稱之為「教授」，教授的薪資分四級：講師→助理教授→副教授→教授。大學教授的核心職能有四：「教學、研究、輔導、服務」，大學設學院，分系所教學，大學本科四年，學生修畢規定 128 學分以上，得畢業授予學士學位。研究所分碩士班及博士班，碩士班二至四年，博士班二至六年，通常要修習「碩士學程」或「博士學程」32 學分，發表學識著作滿 10 點以上，並通過資格考試，才能成為碩士學位候選人或博士學位候選人。碩博士候選人在期限內完成學位論文並依規定通過「研究計畫審查」及「學位論文審查」，始得畢業並獲頒碩士或博士學位。是以，大學教授的「能授業」的「授業對象」有廣狹兩義，狹義專指大學本科「學士學位」學程學生，廣義則含括研究所「碩士學位」及「博士學位」學程學生。

　　「知識」是教育的實體，小學到大學的教師，都在教學生「知識」，教師要「能授業」蓋指能授學生「學業及事業」的知識，是以教育事業的本質是「知識的傳承與創新」，本書鑑於「知識生命論」的發現，以及「基本教育」階段的知識與「高等教育」階段的知識已有層次上不同，又發現：學士「建構知識」→碩士「活用知識」→博士「創新知識」（教育目的的進升）。是以將教師的「能授業」分四個層次（四節）撰寫，第一節寫「中小學教師」，本節（第二節）寫「大學教授」，第三節寫「碩士班教授」，第四節寫「博士班教授」，賦予韓愈〈師說〉「傳道、授業、解惑」的新時代教育意涵。

　　大學教育的課程設計，概分為四類：專業課程、專門課程、通識課程、基礎統整課程。以師範大學及教育大學培育「師資生」為例，專業課程指「教育專業學程學分」（小學師資 40 學分、中學師資 26 學分）。專門課程指主修系所的「必修及應選修學分」，60 學分至 100 學分之間由學校自主決定。通識課

程指跨院校系選修課程及多元社團選修課程各約 10 學分。基礎統整課程必要時開設，例如：大學國文 4 學分、大學英文 4 學分、大學體育 4 學分。國家規定大學生修畢學校規定 128 學分以上得以畢業，由學校授予學士學位。是以大學教授的「能授業」，概指能教授下列四種系列課程：(1)教授「專業學能」系統知識；(2)教授「專門識能」模組技術；(3)教授「優勢動能」創客作品；(4)教授「學識慧能」社會責任。逐一說明如下。

## 一、教授「專業學能」系統知識：立真

　　例如：教育大學培育「小學師資」、「幼兒園師資」、「特教師資」；師範大學及一般大學參與培育「中學師資」，學校教授需優先教授「教育學程必修及選修科目學分表」規範的「專業學能」系統知識，師資生修畢學程課程，能通過教育部每年舉辦一次的「教師資格檢定考試」，取得「教師證照」。又如：經濟部職訓局設有各種專業職能證照，高級職校畢業，得以應丙級考試，大學畢業得以應乙級考試，取得專業職能證照。大學教授如擔任學系班組導師，得指導學生，應用「台灣版學習羅盤」的第二個迴圈「知識遞移策略」，輸入職能證照考試的「核心知識」，如下列五項：(1)經典核心教材 3～5 本；(2)命題委員授課筆記 2～3 份；(3)歷年考題及作答分析 3～6 年；(4)測驗題（選擇題）題庫 500～800 題；(5)申論題焦點題庫及精準答案摘要每科 30～50 題。

　　大學導師應輔導學生以「半年至一年」為期，規劃三次循環精讀「核心知識」時段，每次讀畢定期「模擬考試」，由導師評閱成績並進行解題輔導，模擬考成績及輔導策進摘要，登錄於「台灣版學習羅盤」第三個迴圈「知能創價策略」欄位，學生亦得以適時輸出「回饋、了解、激勵」自己的定位與精進程度。完成三個循環核心知識的精讀及三次的模擬考試（含輔導），80%以上學生，應可在畢業之前順利取得乙級相對職業證照。有職業證照的學士生，代表他在大學四年所學到的「知識（真）、技術（善）、能力（美）、價值（慧）」是一套完整的「知能模組」，這一套「知能模組」也已成為當事人的「致用知

識」，他已經考取了乙級專業職能證照，他的大學教育投資為自己創新了等量的生命價值，也闡釋了大學教育本就具備「學用」合一的教育價值（本質功能）。

## 二、教授「專門識能」模組技術：達善

本節開始出現兩個新專有名詞「專業學能」及「專門識能」；「知識生命論」主張，第八顆教育元素「育（進升素養）」之次級系統元素為：「知→能→學→識→素→養」。意指「新知識」進入人身以後，會與既有「知識、能量」融合重組，永續滋生「新知識→新能量（力）→新學能（系統知能）→新識能（含有自己觀點的模組技術）→新素養」，本書用「專業學能」及「專門識能」來表達「大學專業課程及專門課程」對學生產出的「新學識能量」，並以「專業學能」及「專門識能」稱之，稍作層次上之區隔，例如：國家設考試院、考選部，每年舉辦高普考及各專門技術行業人員特種考試，學生大學畢業得參加高考及乙級以上特種考試，大學主修系所專門課程皆與各專門技術行業職能互通，通過高考及乙級特種考試及格者，取得醫師、律師、會計師、司法官、薦任官、心理師、社工師等證照，取得專門行業開業資格，代表證照持有人，在大學所學的「專業學能」，已能進升為「專門識能」，並能善用這些「模組技術」通過「師級」專門職能驗證。

「專業學能」代表「士級」的學識能量；「專門識能」代表「師級」的學識能量。目前大學教育普及化，三十年前的「高級職業學校」，都不再定位為「終結教育」，條件好的學校都逐年升格為「專科學校」，再升格為「科技學院」，再升格為「科技大學」，部分的科技大學也設「博士班」，整合了「專業學能」與「專門識能」的分流培育。本書作者建議大學班級導師，要對導生實施「學道教育」與「識道教育」，輔導學生認識知識生命論，並善用「學習地圖（含步道）」→「學習食譜」→「學習羅盤」等智慧型學習工具，增益大學生「身心素質與自我精進」素養。並輔導學生在大學畢業時，能同時取得「士

級」及「師級」職能證照。以本書作者親身經驗為例，1974年台北師專畢業，取得小學教師資格（士級證照——擔任小學教師五年）；1981年高等考試「教育行政類科」及格錄取，取得國家公務員薦任資格（師級證照）；1982年分發教育部任職，擔任薦任級公務員；1985年經由在職進修取得台灣師範大學教育學士學位；1987年再經由回流教育機制（在職進修）取得高雄師範大學教育學碩士學位，兼取大學「兼任講師」資格；1999年取得政治大學教育學博士學位，是以自2000年起得應母校（台北教育大學）聘為專任副教授，2006年順利升等教授。終身服務教育產業，迄2019年屆齡退休為止。

### 三、教授「優勢動能」創客作品：臻美

　　大學的每一門課，教授都應要求學生至少完成一項作品，學生的「智慧創客」作品分成四大類：立體實物作品、平面圖表作品、動能展演作品、價值對話作品。每一個作品都是學生學到的「新知識、含技術、組能力、展價值」（真・善・美・慧）四大教育元素的綜合體現，學生喜歡做的作品花樣萬千，什麼都有，愈是精緻高層次的作品，愈能彰顯學生「優勢動能」之所在，是以本書作者主張，大學畢業生應在畢業週，展出10件「智慧創客」代表作品；學校應在每年上學期舉辦一次「智慧創客嘉年華會」，要求學校師生每人送一件作品參賽，每年選出師生百大作品。學校頒發的畢業證書（學位證書），是教育的表象成果，代表學校培育了多少高階人才；學校「數位管理」這兩大類師生「智慧創客」作品，記錄了「作品知識」的傳承與創新，成為學校最重要的「智慧資產」，也具體呈現了學校教育真實的「績效價值」；每年上學期的師生百大作品展（配合校慶週月展出最好），以及下學期畢業生展出的每人10件作品展；將是學校最美的風景，參觀的人潮激勵，以及人際的媒合（如知己、伴侶、業主的出現），將為學校師生產出更為多彩繽紛的「美動能」→明年要展出更新、更美作品的「行動能量」。

## 四、教授「學識慧能」社會責任：築慧

「知識分子的社會責任」應在大學教育中受到重視，社會責任的意願與行動是一種「學識慧能」，是一種「情操」價值行為的展現，從「教（創新知能）——構・築→遞・移→創・價→適・配」及「育（進升素養）——知・能→學・識→素・養→典・範」的教育核心元素分析，「學能」、「識能」加乘「慧能」，才得以滋長成「學識慧能」，例如：史懷哲先生原本是知名的數學家，他為了善盡社會責任，重新學醫，取得醫師證照後，長期在非洲行醫救世，他展現的「學識慧能」成為世人歌頌的「素養典範」，史懷哲的「大仁、大智、大勇」情操長存人間。

史懷哲精神教育常成為大學「善盡社會責任」的典範教材，主要的價值功能有二：一者產出「雖不能至，心嚮往之」的社會責任情懷，因為知識分子的「學識慧能」才得以如此豐沛穩定；二者提醒知識分子「據德無為」有時會造成人類社會更大的包袱，例如：少子化、人口老化、財富落差、文明階級落差、新弱勢族群，少了真正的公平正義等。因此，本書作者建議大學教授肩負教育大學生成為「責任公民」的社會責任，大學生是知識分子的代表，應善盡下類六大社會責任：

1.找到適配伴侶，並願意生兒育女：食色性也，生兒育女是人類本質的社會責任，人類生生不息，才得以永續創新文明與文化。

2.就業適配工作，經營適配幸福人生：有工作，從工作中產出自己對社會的「智慧動能貢獻」，幫助社會安定發展，同時經營家人都有適配幸福人生，成為第二個社會責任。

3.誠實納稅，豐厚社會公共建設資源：比如教育機制普及化、免費化，社福機制優質化、終身化。學識慧能大用者「創價多・不節稅」，誠實納稅成為第三個社會責任。

4.設定「公益服務」時段，用專長亮點善盡社會責任：定期參與各類社會公益團體志工（如一週半天、一月一天、半年一週、一年一週），深入基層，服務助人，找回人類的尊嚴及真正的公平正義。

5.定期布施資源與智慧，增益社會祥和發展：配合社區文化與信仰活動，定期定量布施財力與智力，活絡社區凝聚能量，參與創新社區文明與文化。

## 第三節　能授「致用學識」之業，學生專門識能實踐化（碩士班教授）

碩士學程學生和博士學程學生，在「研究所」中修課，也稱為「研究生」，意指在「專門研究」的學生，是以研究生能否畢業取得學位，除了要修習前段的 32 學分外，還要通過「資格考試」，並在期限內完成「研究論文」，經過嚴謹的「論文計畫」審查及「學位論文」審查，才算「完成學業」，由學校頒授「碩士學位」或「博士學位」。大學研究所教授對於研究生的「授業焦點」，「碩士生」和「博士生」仍有層次的區別，本書作者主張：碩士班教授在能授「致用學識」之業，指導學生專門識能實踐化；博士班教授在能授「素養典範」之業，指導學生典範創能風格化。

碩士班教授要能教授學生下列四組「知‧能→學‧識→素‧養」，其源頭的「新知識→含技術→組能力→展價值」的系列知識（知能模組）：(1)教授「專業學能」系統知識；(2)教授「專門識能」模組技術；(3)教授「學識動能」價值實踐；(4)教授「學識慧能」群己共好。逐一說明如下。

### 一、教授「專業學能」系統知識：立真

大學本科學生的「專業學能」指就業所需「職業證照」（丙級→乙級→甲級）的「專業職能」，「學能」與「職能」互通；碩士班學生的「專業學能」則指完成「碩士論文」所需的「專業學能」，尤其是研究方法學的專業學能，

以「教育學方法論」為例，教育學門碩士論文常用到的研究方法學有：教育統計學、高等教育統計學、質性研究、扎根理論、教育研究法、行動研究法等，透過這些「專業學能」的發揮，學生才能順利完成碩士論文的撰寫，完成的「研究計畫」及「學位論文」才能通過口試委員會的嚴謹審查。

## 二、教授「專門識能」模組技術：達善

大學本科學生的「專門識能」指就學系所必選修學分所提供的「專門學識能量」，以教育經營管理學系而言，核心課程指「教育學」與「管理學」交織的「教育計畫」、「教育組織」、「教育領導」、「教育溝通」、「教育評鑑」、「教育經營學」、「知識教育學」等「專門識能」模組技術，每一專門學科都內含 8～20 個「識能模組」技術（有明確操作型定義的專有名詞，例如：鄭崇趁於 2012 年出版的《教育經營學：六說、七略、八要》就是用 21 個「識能模組技術」撰寫而成教材）。

碩士班學生的「專門識能」模組技術，則專指「碩士論文題目」（通常兩個「教育主題」關係之研究）必須用到的「專門識能」，例如：研究架構之設計（找到兩個主題的概念型定義及操作型定義）、理論基礎之撰寫（專門識能相關名詞之統整串連）、相關研究之分析（專門識能實證研究成果價值之探討，作為自己論文研究的基點）、國際脈絡比較（先進國家在這兩大研究主體開展的前瞻程度）、本土方案的價值分析（結果分析與討論的參照點）、最後的結論與建議之統整表達，都是兩大學門（教育學與管理學交織）「專門識能」模組技術的習得與運用。「論文計畫」及「學位論文」都是學生「專業學能」系統知識與「專門識能」模組技術統整能量發揮完成的作品，能夠經過教授們組成的口試委員會審查通過並指導補正，就代表學生本身及其作品都已具備學位等級的「學識能量」，有能力完成「學位論文」。

## 三、教授「學識動能」價值實踐：臻美

大學本科生習得的「學識美動能」都表現在每一學科的「智慧創客」作品之上，是以學校每年「智慧創客嘉年華會」展出的「年度師生百大作品」就是學校最珍貴的師生「學識動能」資產；學校畢業生配合畢業週展出的 10 件「智慧創客」代表作品展，更是學校及畢業學生個人的「經典學識動能」作品化、資產化、創價化的歷程。作品的產出就是習得的「學識動能」之價值實踐，作品創新學習者的生命價值，作品也創新了師生之間的教育價值。

研究生習得的「學識美動能」大都表現在「論文的撰寫」及主修文章著作的發表，部分學校對於研究生畢業條件有如下較詳細的規範：

1.修畢 32 學分以上規定必選修課程，並通過「學位候選人資格考試」，代表學生習得「專業學能」及「專門識能」已達「碩士・博士」等級水準。

2.參加校內外學術研討會 10 場次以上，撰寫參與心得記 1 點；發表學術論文，壁報論文記 2 點，口頭發表記 3 點；在國內外學術期刊（有審查機制者）發表論文，依評定等級每篇記 2 點至 5 點。碩士研究生要累計 10 點以上，博士研究生要累計 20 點以上，始得畢業，代表研究生本人的「學識美動能」產出經歷，也已達「碩士・博士」水準。

3.在規定年限內完成「碩士・博士」學位論文，其「論文研究計畫」及「學位論文」，經學位論文審查委員會（碩士審查由三位教授組成，博士審查由五位教授組成）口試審查通過，「文字內容」再經學校指定比對系統，進行檢核比對，其文字與「他人論文」重複率小於 20 ％者，始得畢業，由學校頒授「碩士・博士」學位（寫在畢業證書之上）。是以，教授指導研究生學位論文的產出暨學術研討會論文發表及期刊文章著作發表，就是教授「學識美動能」的價值實踐，如若研究生如實完成，指研究生能臻「研究人生」之美（作品定位人生、作品美化人生）。

### 四、教授「學識慧能」群己共好：築慧

大學本科生習得的「學識慧能」表現在「善盡社會責任」的共好價值之上，例如：(1)有適配伴侶，願生而育女；(2)有適配工作，能知能創價；(3)誠實納稅，豐厚國家建設資源；(4)實施公益時段，專長亮點美化群己；(5)布施智慧，創新文化（本章第二節已有較詳細之說明）。研究生習得的「學識慧能」（群己共好價值能量之實踐），則以直接表現在職場職能的「任務深度與高度」，例如：「中小學師資全面碩士化」已成為台灣教育最大的亮點與趨勢（目前小學師資碩士化 65 ％，國中師資碩士化 72 ％，高中職師資碩士化 83 ％），因為碩士化師資的「學識慧能」最明顯：(1)可以直接提升國際教育及創新實驗教育品質；(2)有豐沛的能量發展校本、師本課程及自編教材；(3)能夠進行「行動研究」並發表教育文章、論文、著作，以及產出「智慧創客作品」樣本；(4)能夠實施「立即補救教學」，為所有學生提供高品質教育，且「一個都不少」（教育機會均等與實質公平正義）。

是以，「碩士班教授」教授研究生「學識慧能（群己共好價值・築慧）」，應指導研究生在自己本業職場上發揮，強化自己「學識慧能」對隸屬組織群體的下列「動能貢獻」：

1.研發公司新產品：任何企業組織都以「產品」為公司事業經營命脈，碩士級人力資源已有能量為公司研發新產品，用新產品提升事業競爭力。

2.傳承公司產品核心技術：碩士以上高階人力要能擔任公司員工教育訓練講師，傳承創新公司產品核心技術。

3.優化產製流程標準程序：能夠適時向經營者（老闆）建議，優化產品產製流程標準程序，提升產品產製效能效率及品質。

4.活化產品行銷系統脈絡：配合當代數位雲端系統及傳媒行銷特質，並考量產品最佳物流型態，建置活化產品最佳行銷系統脈絡。

5.增益窗口服務品質：定期培訓第一線交易服務同仁，永續進升窗口服務品

質，增益顧客對公司及產品好感度及忠誠度。

6.管控產品良率與品質保證機制：管制產品零瑕疵、零故障及實踐品質保固維修服務，提高產品的價值度及信任度。

## 第四節　能授「素養典範」之業，學生典範創能風格化（博士班教授）

博士生與碩士生習得的「知→能→學→識→素→養→典→範」之「知識」仍有不同，中小學生以「知識藝能」為主，大學生以「知能學識」為主，碩士生以「學識素養」為主，博士生則以「素養典範」為主，博士班教授從下列四個「學識系統模組」著力，教授「素養典範」之業，指導博士生「典範創能風格化」：(1)教授「學識系統模組」的知識及技術；(2)教授「學識系統模組」的動能及慧能；(3)教授「學識創能作品」的典範及風格；(4)教授「學識素養境界」的創新及進升。逐一扼要說明如下。

### 一、教授「學識系統模組」的知識及技術：立真→達善

博士生的教材可以和碩士生的教材雷同，但教授講授的內容要斟酌學生實際的程度，強化「統整性、發展性、學識性、模組性、永續性（系統模組‧循環永續）」。學識系統模組之「真（新）知識」指「致用教育專有名詞」的「概念型定義」；學識系統模組之「善（含）技術」則指「這些致用教育專有名詞」的「操作型定義」，例如：鄭崇趁（2013）出版《校長學：成人旺校九論》，主張「博士校長」當學「成就人（立己達人）」及「旺學校（暢旺學校）」，是以全書九論的章名系統如下：

● 立己達人篇（成就人）

第一章　自我實現論（成就人的尊嚴價值）

這九章的「章名及副標」明確顯示「博士校長」應備的「學識系統模組」之「新知識」，習得九論之新知識，能立「校長學」知識之真。這九章的新知識內容，每章都分五節敘述「章名（教育專有名詞—學識名詞）」之「操作型定義」及其「具體作法」，是以每章的文本內容也都明確呈現「博士校長」們應在「這一章」得同時學會的「經營技術」，用這些經營技術「行動鋪軌」，達教育育才之善。是以，「章名」——「新知識・立真」、「節名」——「含技術・達善」，似可作為國內教授們開發研究所「博士級教材」參照範例。

## 二、教授「學識系統模組」的動能及慧能：臻美→築慧

學識系統模組之「美動能（能力・能量）」指「新知識（真）・含技術（善）」和學生身上本來就有的「知能→學識→素養→典範」（原本知能模組）經過「交互螺旋・系統重組」效應，所產出之「新美動能」，新美動能滋長豐沛盈滿，牽引「學識系統動能模組運作」，邁向教育任務之完成，並臻教育之美（「美動能」是美育與德育最原始的教育元素，也是「知識」滋長的新能量）。學識系統模組之「慧能」（共好價值的能量），係指永續學習中「新知能模組」滋生的「共好價值能量」，共好價值能量簡稱「慧能」；「慧能」牽引「學識系統動能模組運作」，表現「元素→組件→系統→模組」共好的價值

行為。「美動能」及「慧價值」亦可編撰成具體教材同時教，帶著「博士研究生」經營教育「臻美‧築慧」，例如：鄭崇趁（2022）出版《新校長學：創新進升九論》就是一可參照的範例。

鄭崇趁（2022）主張；現代校長當學「創新教育、進升領導」，是以山版第二本「校長學專書」，定名為《新校長學：創新進升九論》，同樣是「博士級研究生教材」，全書的章名如下：

第一章　新「知識」教育暨「認識論」領導

第二章　新「價值」教育暨「實踐論」領導

第三章　新「智慧」教育暨「動能論」領導

第四章　新「創客」教育暨「作品論」領導

第五章　新「創新」教育暨「模組論」領導

第六章　新「進升」教育暨「築梯論」領導

第七章　新「人道」教育暨「適配論」領導

第八章　新「師道」教育暨「典範論」領導

第九章　新「新育」教育暨「六育論」領導

全書分九章撰寫，每章分四節，第一節及第二節寫「創新教育」，第三節及第四節寫「進升領導」；創新教育的部分有四個重點：「創新主題」的「新教育意涵及特質」、「新概念型定義及操作型定義」、「學識發展軌跡」、「創新實踐作為」；進升領導的部分也有四個重點：「找到進升領導的力點（九論）來回應原始創新名詞的需求」、「九論的概念型定義及操作型定義」、「教師領導學生的專業實踐作為」（每章一論）、「校長領教師的專業實踐作為」（每章一論）。是以，「創新教育」的內涵滋生「博士生」學識系統模組「創新教育美動能（美能）」；「進升領導」的內涵滋生「博士生」學識系統模組「進升專業示範慧價值（慧能）」，教授指導博士生一起經營教育，邁向「臻美→築慧」，創新進升台灣教育產業。

### 三、教授「學識創能作品」的典範及風格：願力→篤行

「博士班學生」是國家學制上「最高層級」的學生，「博士學位」也是每一個人「學識素養」等級最高的榮耀，是以「博士班教授」要教授學生「學識創能作品」的典範及風格，「學識創能作品」有廣狹兩義，狹義指「博士生」為了取得博士學位，撰寫的博士論文，暨其在學期間參加學術研討會發表的論文與期刊著作，這些發表的論文及期刊著作要累積20點，並完成「博士論文」且經「審查通過」才能正式畢業，取得「博士學位」，有博士學位的人「博士論文」均需在國家圖書館「碩博士論文加值系統」網路上公開，供民眾閱覽及博碩士學生後續研究使用，代表博士論文具有「學識創能」的典範及風格。

廣義的「學識創能作品」指「博士生」在取得博士學位之後，永續「知能創價」所產出的文章、論文、著作及「智慧創客」作品，都稱之為「學識創能作品」，著作篇章達同系列 5～8 篇以上者，就可以展現作者作品的典範及風格，例如：何福田（2010）出版《三適連環教育》、吳清山（2018）出版《幸福教育的實踐》等書，都是具有作者自己「典範及風格」的「學識創能作品」。博士生取得博士學位之後，能否永續「知能創價」，接續產出具有典範風格的「學識創能作品」，則要看博士生為學期間，向所有教過他的教授學習所蓄積的「願力與篤行」能量多寡，通常「願有多大，力就有多大」，「為學篤則喜見於言，進道難則憂形於色」（朱熹名言），為學期間學到豐沛的「學識能量」（含表達技術要領——智慧人・做創客），學識創能作品就能永續產出，成為國家社會珍貴的「智慧資本」。

### 四、教授「學識素養境界」的創新及進升：學教→識育

工業層面的系統知識產出了「工業 1.0→工業 4.0」的「知識生命」，「工業 1.0」稱「機械化」（1786年起）→「工業 2.0」稱「電氣化」（1870年起）→「工業 3.0」稱「自動化」（1950年起）→「工業 4.0」稱「智慧化」（2011年

起）；教育層面的系統知識也產出了「教育 1.0→教育 4.0」的「知識生命」，「教育 1.0」稱「經驗化」（指民國以前的教育，以私塾、書院為代表）→「教育 2.0」稱「知識化」（指 1968 年起延長九年國民義務教育，公共教育普及化時期的教育）→「教育 3.0」稱「能力化」（指 2000 年起政府頒布「九年一貫課程綱要」，稱為能力取向的課程設計，實施特色品牌學校時期的教育）→「教育 4.0」稱「素養化」（指 2019 年起政府實施「十二年國民基本教育課程綱要」，稱為素養取向的課程設計，實施新五倫・智慧創客學校時期的教育）。

由「知識生命論」的演繹，「萬物、萬事、萬德、萬人」的系統知識均可「創新及進升」，知識的系統模組是立體的，有它自己的「廣度、長度、深度、高度」，大學部學生探究的「系統學識」，多為「知能模組」廣度與長度的擴展，僅微量的「深度與高度」的探究；碩士・博士生探究的「系統學識」，才有更多「深度及高度」深耕，卓越研究生則能圓滿地壯大自己的「學識素養境界」，例如：下列五本書都是從教育學識的「深度與高度」，探究教育學博士生「學識素養境界」的教材，有助於「教育產業升級」：

1.中國教育學會（2018）《邁向教育 4.0：智慧學校的想像與建構》。

2.鄭崇趁（2018）《教育 4.0：新五倫・智慧創客學校》。

3.鄭崇趁（2020）《素養教育解碼學：元素構築・知識遞移・知能創價》。

4.鄭崇趁（2022）《新校長學：創新進升九論》。

5.鄭崇趁（2023）《新教師學：素養四道・學識六能》（本書）。

這五本書的共同特質有四：

1.用人的「教育學識」取代過去慣用的「教育學術」，因為「學術」多為「技術之廣度、寬度、跨域」的名詞，「學識」較能兼及「深度、高度、創新、進升」意涵的探究。

2.將教育知識的「立體模組」解碼為「焦點元素構築」：教（創新知能）：構築→遞移→創價→進升（新典範）；育（進升素養）：知能→學識→素養→適配→典範。創新輸入「技術要領」的深度，進升產出「學識素養」境界的高度。

3.驗證「人、知識、教育」三者都是有生命的：教育用「知識」創新人的「生命」，人用「活知識」創新進升當代「教育機制」，「知識、教育、人」三者生命的交織，永續創新進升人類的文明和文化。

4.博士生的「學識素養境界」也是可以創新進升的：教育學者已經撰寫出可用教材，前述的五本教材，都有明確操作版本，都是可以教、可以學的。

是以，這五本書可以幫助台灣教育產業真實的升級，由能力取向教育，真實地進升為素養取向教育（3.0 進升 4.0）。

# 第七章　能解惑：

## 能解「全人發展、知能創價、學識模組、適配典範」之惑

　　本章第七章，談教師「學識六能」的第三個「能」──「能解惑」。「解惑」也是韓愈〈師說〉的第二個「重點」，韓愈的主張如下：「古之學者必有師，師者，所以『傳道、授業、解惑』也。人非生而知之者，孰能無惑？惑而不從師，其為惑也，終不解矣。」從文字的表相演繹，有四個意涵：(1)「從師才能解惑」；(2)「解知之惑」；(3)「解為何要『傳道、授業』之惑」；(4)「解『傳道、授業』歷程所產生的疑惑」。這是我國漢唐時代，學校教育不普及，平民少有受教育機會時，韓愈就有的「師道觀」及「解惑論」，是以流傳千古，〈師說〉全文（565 字）收錄於《古文觀止》之中，也是高中、大學國文課及教育學必選的教材。

　　當代的文明國家「教育普及、學校林立」，並且不斷延長「義務教育年限」，台灣已實施十二年國民基本教育，大學教育也對全民開放。人民皆可「選擇學校入學」、「選擇教師修課」，天天可以「從師解惑」，解課業之惑、解人生之惑、解教育之惑、解知識之惑，本書為「新教師學」，運作「新育、知識生命論、教育 4.0、築梯論、演繹法、素養四道、模組論」等教育「新觀點・新元素」，深化詮釋韓愈「師道觀・解惑論」的當代意涵。

　　本章「能解惑」的焦點及其技術要領，用節名來表達呈現：(1)「能解『創新生命，全人發展』之惑」（第一節）；(2)「能解『知識遞移，知能

創價』之惑」（第二節）；(3)「能解『學道模組，識道循環』之惑」（第三節）；(4)「能解『適配幸福，典範風格』之惑」（第四節）。節名揭示「解惑主題」，當節的內文則敘明解此疑惑之可用「技術要領」，是教師主動性的解惑（可預先準備），也是可欲性的解惑（有明確可操作「技術要領」的解惑）。

　　韓愈〈師說〉：師者，所以「傳道、授業、解惑也」。原文揭示如下：「古之學者必有師，師者，所以傳道、授業、解惑也。人非生而知之者，孰能無惑？惑而不從師，其為惑也，終不解矣。」「從師」之目的主要在「解惑」，「解惑」優先於「傳道、授業」。此乃古代教育不普及，只有「書院、私塾、太學」，一般平民根本沒有接受「現代學校教育」的機會，「從師解惑」才成為優先目的。當代的文明國家「教育普及，學校林立」，人民只要依規定進入學校就學，就能「從師解惑」，解課業「知能→學識→素養→典範」暨「育人之德→育人之智→育人之體→育人之群→育人之美→育人之新」所有的疑惑。

　　本書主張，當代教師應備「素養四道、學識六能」之素養典範，方能有效實踐「新六育之教」，從「新德育→新智育→新體育→新群育→新美育→新新育」六層面（新軌道），引導學生「元素構築→知識遞移→知能創價」進而「全人發展」。素養四道指：新「人道教育」、「師道教育」、「學道教育」、「識道教育」，學識六能指：新「能傳道」、「能授業」、「能解惑」、「能領航」、「能創價」、「能進升」。本章續寫「能解惑」，當代教師要能解學生「為學歷程・發展焦點」之惑，要能解「全人發展、知能創價、學識模組、適配典範」四大發展焦點之惑。

　　本章分四節說明當代教師對學生「能解惑」的「學識能量」意涵，第一節「能解『創新生命，全人發展』之惑」，論述「知識」創新人的「生命」，直至「全人發展」十二角色責任圓滿達成。第二節「能解『知識遞移，知能創價』

之惑」，說明「知識生命」小循環與大循環，如何成為「素養直接教」的兩大核心技術。第三節「能解『學道模組，識道循環』之惑」，闡述「學識能量」的來源也是知識，是新舊「知能模組」交互作用，整合發展，「螺旋重組，永續循環」創新進升而來的。第四節「能解『適配幸福，典範風格』之惑」，註解人道教育在孕育學生「適配幸福人生」，闡明師道教育在強調「新領導及優教師」也應專業示範「學識素養‧風格典範」。

## 第一節　能解「創新生命，全人發展」之惑

韓愈〈師說〉：「師者，所以傳道、授業、解惑也。」教師的二大角色責任，均應隨著國家文明和文化之創新與進升，賦予當代「教育學識」意涵，本書將其統整為優教師「素養四道及學識六能」之「前三能」，第五章寫「能傳道」，能傳「生命創新、學為人師、模組學習、知識生命」之道，亦即「人‧師‧學‧識」四道。第六章寫「能授業」，能授「知識藝能、知能模組、致用學識、素養典範」之業，並分「中小學教師→大學教授→碩士班教授→博士班教授」依據「課綱領域學科」授予學生「知能→學識→素養→適配→典範」（知識層級）之不同。本章為第七章，撰寫「能解惑」，期待教師們都有能量解開學生「為學歷程‧生命發展‧學識能量」三者交織創價，所滋生的疑惑。本節先說明教師如何解「創新生命，全人發展」之惑。

### 一、講解「知識生命論」，並指出教育用「知識」創新人生命的事實

「知識生命論」是本書作者近期著作的新「學識主張」，也是歷經三本著作（鄭崇趁，2017，2018，2020）才發展完成的「新教育理論」。「知識生命論」之內容本書第一章及第四章已予詳述，其要義有十：

1.知識有生命：知識是活的，知識進出人身，在身內就附隨著人的生命而有

它自己的生命，再跑到身外時就附隨著人的「德行・作品」，而又回到「萬物、萬事、萬德、萬人」身上，永續「創新進升」人類的新文明文化。

2.知識含技術：真知識都含可操作（次級系統）的經營技術（善）。

3.知識組能力：新知能與既有知能「螺旋・重組」會滋長新「美動能」。

4.知識展價值：「價值觀」與「價值行為」也都是知識的一種，屬「人倫綱常的知識」，是含有「共好慧能」元素滋長的知識。「共好價值（慧能）」是情意、態度、德育、群育、素養的共同「基石（能源）」。

5.知識成智慧：人身內的知識滋長「真・善・美・慧」四位一體，成為人的智慧（智慧人，是具有「力」行動意願的人）。

6.知識達創客：身內的知識繼續滋長「力・行」動能，並統整「真善美慧力行」，完成新「德行・作品」，稱之為「知識達創客」。

7.知識能遞移：教師用知識教會學生習得新知識，成為「智慧人・做創客」（能用看得見的德行作品表達），代表師生知識遞移成功。

8.知識可創價：師生知識遞移成功之後，師生的「新知能學識」就可永續「知能創價」，師生都用「新知識・新能力・新學識」創新自己的「生命價值」（內在的「知能模組」是新的，「心理生命」是新的），也同時創新「教育價值」（智慧教育、創客教育的實踐價值）。

9.知識喜進升：知識本身都有其次級系統元素，元素與元素之間喜歡「循環進升」，讓知識本身進升為高階知識，幫助人類也能永續「創新進升」文明和文化，例如：教（創新知能）：構築→遞移→創價→進升。

10.知識通素養：例如：育（進升素養）：知能→學識→素養→適配→典範。知識是素養的源頭，知識「能遞移、可創價、喜進升」生命滋長，也同時「創新進升」人的「素養境界」，知識通素養。

「知識生命論」對教育最重要貢獻是，證明「教育的實施」是用「知識」教「知識」的事實，也是用「知識」創新「學生生命」的事實，學生每天學會老師教給他的新知識，學生「每天的生命」都是新的。有部分學生將「接受教

育・每天學習」當做苦差事，意願動能不高，是以學習長期落後，成為「學習弱勢學生」。教師在教學歷程中，宜適度的以「當下教學主題」為案例，揭示指出「知識」創新學生「當下生命」的事實，激勵學生熱情地迎接新生命，天天都想著迎接新生命，人人「學習若渴，日日精進」，少有「學習弱勢學生」。

## 二、說明「全人發展說」，並論述「人生命」之十二角色責任

「全人發展說」也是本書作者十分重視的「教育理論」，第一個版本出現在《教育經營學：六說、七略、八要》第五章「發展說」（鄭崇趁，2012，頁91-108）。當時主張：教育經由「成熟化、知識化、社會化、獨特化、價值化、永續化」幫助學生「全人發展」，達成六大角色責任：成熟人、知識人、社會人、獨特人、價值人、永續人。學生這六大角色責任均發展到位者，稱之為「全人發展」，其理論名稱即為「全人發展說」。第二個版本出現在《知識教育學：智慧人・做創客》第三篇第十三章至第十八章（鄭崇趁，2017，頁257-363）。繼續主張：高等教育銜接基本教育之後，教育幫助全人發展的主軸在「智慧人・做創客」（貫穿基本教育到高等教育全程），高等教育還幫學生另四個角色責任的發展：「新領導、優教師、能家長、行國民」。是以「全人發展說」的定義自2017年起「創新進升」為：教育用「知識」開展「人生命」的十二角色責任，十二角色責任均到位稱「全人發展」，本書的「素養四道」都以學生的「全人發展」為教育目標，並以培育「智慧人・做創客」為核心目的（統整總目標），邁向「適配幸福人生」。

本節的標題設定為，教師要能解「創新生命，全人發展」之惑，意指「為何教育在創新學生生命？為何教育在開展學生全人發展？」學生是有疑惑的，是以老師在教學歷程中，要適時的說明這兩個「專有名詞」的概念型定義及操作型定義，並指出「當下教學『主題知識』創新學生生命的事實」，也運用本書第一章及第二章內容教材，適度說明「全人發展說十二角色責任」對人的「立

真→達善→臻美→築慧」歷程價值，讓學生能認同這十二角色責任對人一生的重要性，激發學習的「意願動能」。教師主動解惑相對於被動解惑（學生提問才解答），更能提高「教學的效能效率」。

### 三、詮釋「自我實現說」，及其成就人的「價值尊嚴」

「知識生命論」及「全人發展說」其深層的教育意涵，尚有兩個中介的教育理論，也應一併教給學生，學生才能完整解開「創新生命，全人發展」之惑。這兩個輔助理論是「自我實現說」及「智慧資本說」；「自我實現說」成就學生「人之所以為人」的「價值尊嚴」，「智慧資本說」激發學生對「家、學校、職場、社會、國家」產出「動能貢獻」，圓滿「創新生命，全人發展」之教育目的與價值。

「自我實現」原為心理學理論，Maslow（1954）發表需求層次理論，將自我實現（self-actualization）列為人類五大需求（生理需求、安全需求、愛與隸屬需求、尊榮需求、自我實現需求）的最高層次需求。鄭崇趁（2012，頁 17；2013，頁 20）認為，「自我實現」的教育學意涵遠勝於心理學意涵，主張「自我的理想抱負」與「目前的成就」吻合適配，就是自我實現的人。用口語化的說法就是「自我想要的理想人生，真的在當前發生了」。自我實現的人生，活出自己，成就「人之所以為人」的價值尊嚴，也等同於人類的共同願景，人類的各種組織系統，其主要的目的與功能，也都在促成參與者某一個層面的自我實現，此之謂「自我實現說」。

教師指導學生追求自我實現，得參照下列經營要領：

1.推動「個別化」願景領導與本位經營：教師經常與學生討論「個人的生命願景」及如何實踐，並舉師長或古今中外名人、偉人、聖人生命故事，激勵學生本位經營。

2.策定「階段性」價值目標並實踐篤行：教師常以「週→雙週→月→季→半年→年」設定「生活、學習、事功」階段目標，以階段目標的達成，來累增「自

我實現」的能量。

3.力行「美育‧新育」，創新生命彩繪人生：強化六育中的「美育及新育」之學習與體驗，用「新→心→欣→馨」的教育永續創新生命，用「有美感（覺知）」→「好美知（藝能）」→「豐美能（意願）」→「富美識（視野）」→「優美創（作品）」來彩繪亮麗的人生。

4.練習「演繹法」，演繹「知識、教育、人生」活出自己：教師適時教給學生「演繹六法」，用演「易‧譯‧意‧義‧毅‧繹」之法，演繹自己的生命、演繹自己的致用知識，也演繹自己的教育經驗。三者生命的交織，就是活出自己（自我實現）之焦點。

### 四、闡述「智慧資本說」，及其激發人的「動能貢獻」

「智慧資本」原係「社會學」與「管理學」共用的學術名詞，社會學將「群體人力智慧的總和」稱為「組織的智慧資本」；管理學將「智慧資本」視同為啟動無形資產創造組織價值的重要因素（楊德遠，2011）；近年在教育學領域的運用日益受到重視，其對人之學識「深度與高度」的影響也愈為明顯。教育學觀點的「智慧資本」定義是：「智慧資本係指，一個組織之內所具備開展知識技術的潛在能量，此一潛在能量建立成員的核心能力、認同承諾程度，以及其績效表現的激勵之上」（鄭崇趁，2013，頁 47）。是以教師要從「有能力→有專長→願意做→能創價」四個焦點，著力經營師生都成為有效智慧資本，激發學生對「家、學校、職場、社會、國家」產出「動能貢獻」，實踐「責任大用公民」。

鄭崇趁（2020，頁 154）認為，廣義的智慧資本說，在進升組織群體及成員的智慧動能，發揮集體智慧，增進組織「知能創價」的效能和效率，是以其經營實踐的「善技術」有下列四項可參照：

1.提升成員的核心能力：能力是智慧資本的根。

2.認同組織（學校、任務）願景價值：師生價值認同之後，才願意做、肯

奉獻。

　　3.策定進升型主題計畫，引導篤行實踐動能：有計畫才能專業示範，帶動力行。

　　4.傳承「智慧創客」作品：師生智慧創客作品是個人及集體「智慧動能」的出口，有效呈現教育的績效價值，作品愈多動能愈旺。

## 第二節　能解「知識遞移，知能創價」之惑

　　本書「知識生命論」主張：「知識生命」的軌跡有兩個循環，「小循環」與「大循環」，知識生命小循環建構「知識遞移」教學模式及KTAV學習食譜；知識生命大循環建構「知能創價」KCCV教育模式及KCCV創新進升食譜。這對學生而言，定當充滿疑惑，是以本節闡述教師能解惑的第二個重點，能解「知識遞移，知能創價」之惑。教師可循下列途徑為學生解惑。

### 一、「知識遞移說」運作「知識生命小循環」，增益「知識遞移」流量

　　「知識遞移」及「知能創價」都是素養取向教育最核心、最關鍵的教育專有名詞，它們有三個共同特質：

　　1.兩者都是「素養化」及「知識生命論」的教育模式，教育模式呈現知識的立體結構。

　　2.兩者都有「學習食譜」提供師生「教與學」之操作學習（也成為「學道」操作工具之一）。

　　3.兩者都是「台灣本土發現」的新教育（教學）理論，推廣不易，需要融入「新進升型主題教育計畫」務實實踐，方能逐漸普及化。

　　是以，教師對學生的解惑應針對這三個特質，用圖示解釋三者（理論模式、知識生命系統、食譜內容變項）之間的明確關係。有超過一半以上教師能解學

生「知識遞移，知能創價」之惑，台灣的教育才能真正進升素養取向教育。

　　知識遞移KTAV教學模式如圖2-1所示（本書頁39），KTAV學習食譜如圖2-2所示（本書頁40），它們是四套新教育「知識系統」所建構的教育（教學）模式，這四套知識系統本身都是「知識生命」的小循環，分別說明如下。

　　圖2-1顯示四套新教育知識系統，包括「智慧教育」、「創客教育」、「價值教育」、「知識遞移說（理論）」：

　　1.「智慧教育」在圖的四個角落，象徵四根柱子，這四根柱子的「知識生命小循環」是：「新知識（K·真）」→「含技術（T·善）」→「組能力（A·美）」→「展價值（V·慧）」（真善美慧四位一體，永續循環稱之為智慧教育）。

　　2.「創客教育」在圖的四個邊，象徵「北東南西」核心方位，四大方位「知識生命小循環」是：「研發有創意學習食譜」→「教導能創造操作學習」→「建構再創新知能模組」→「完成做創客實物作品」（北東南西「有創意→能創造→再創新→做創客」四創一體永續循環稱之為創客教育）。

　　3.「價值教育（展價值）」在圖形循環的尾端（也是循環的銜接起始點），象徵智慧教育及創客教育，都要結合「價值評量」或「價值教育」才得以圓滿永續循環，「價值教育」知識生命的小循環是：「價值論述」→「價值回饋」→「價值評量」→「價值實踐」。單指「價值評量」知識生命小循環是：評量「作品價值」→評量「學習價值」→評量「教學價值」→評量「教育價值」。

　　4.「知識遞移說（理論）」在循環圖的「四個轉彎」處，代表「知識遞移理論」是轉動智慧教育、創客教育、價值教育的「善技術（方法·要領·技術）」，「知識遞移說」之知識生命小循環是：「知識解碼」→「知識螺旋」→「知識重組」→「知識創新」，這16個字就鑲入四個「轉彎軸線」之中，用「解碼→螺旋→重組→創新」動能，轉動精準的「智慧→創客→價值」教育，讓教師身上的知識真正地遞送、轉移到學生身上，成為學生「帶得走·能致用」的知識，此之謂「知識遞移KTAV教育（教學）模式」。

　　圖 2-2 稱「KTAV 學習食譜」，是立體的「知識遞移KTAV教學模式」平面圖表的開展，用平面的四個欄位（智慧教育）結合「知識生命小循環」學理，統整為「智慧教育・創客教育・價值教育・知識遞移說」均可適用之教學簡案（學習食譜）。KTAV 學習食譜呈現的「新教學系統模組」是：「用智慧（KTAV）」→「做中學（操作體驗）」→「有作品（做創客）」→「論價值（價值評量）」。KTAV 學習食譜具有四項「新教育」功能價值：(1)統整「新課程設計」；(2)聚焦「新單元教學」；(3)引領「新智慧創客」；(4)實踐「新價值評量」。鄭崇趁（2020，頁 141-280）曾專業示範，運用「KTAV 學習食譜」研發「九項素養直接教」的「校本、師本」課程教材設計，每一項素養如何直接教，都設計了一張內容精緻的「學習食譜」（約 200～300 字、含圖），再用約一萬字（一章）的篇幅撰寫「四個欄位的文字內涵」，如何「立真→達善→臻美→築慧」，然後孕育「人的素養」（九項素養的命名），提供教師們「有範例・得參照」的運用。

## 二、「知能創價說」運作「知識生命大循環」，拓增師生知能創價作品

　　鄭崇趁（2018，頁 21-41，第二章）發表：建構「核心素養」的元素及零組件。揭示素養的六大元素為：真→善→美→慧→力→行；建構素養的零組件有三：「新知能模組說」→「知識遞移說」→「知能創價說」，這是「知能創價」專有名詞原典的出處。「知能創價說」的概念型定義是：師生知識遞移成功後，師生的「新知識＋新能力」即能進一步創新「生命價值＋教育價值」；操作型定義是：「知識學習」→「知能融合」→「知能創價」→「智慧創客」。是以「知能創價」一詞說出了「教育最深層的本質」，用「新知識＋新能力」永續創新「生命價值＋教育價值」。知能創價也有廣狹二義，狹義的「知能創價」指師生單元教學「知識遞移成功後」立即的「知能創價」，即單元結束時完成的「作品・德行」；廣義的知能創價，則指師生一輩子的「知能創價」，指人

一輩子習得的「知能→學識→素養」，在「學業→家業→事業→共業」所完成的「智慧創客」作品（含立德‧立言‧事功‧行道）。

鄭崇趁（2020，頁281-420，第三篇）用「知識生命大循環」建構「知能創價（KCCV）教育模式」〔如圖2-3所示（本書頁41）〕，暨「KCCV創新進升食譜」〔如圖2-4所示（本書頁42）〕，教師展示「知識生命大循環」圖解，並適度說明「知識生命大小循環」與「KCCV教育模式」、「KCCV創新進升食譜」之間的「系統結構」關係，應可解學生「知識遞移，知能創價」之惑。

圖2-3顯示教育的三大特質：

1.教育的「知識生命」有一大循環：它們鑲在圖的四個轉彎軸線之上，象徵「知識生命大循環」真的轉動人的「知能創價」，「知識生命大循環」之「元素與學名」為：「真（新知識）」→「善（含技術）」→「美（組能力）」→「慧（展價值）」→「力（成智慧）」→「行（達創客）」→「教（行道德）」→「育（通素養）」。

2.「知‧能‧創‧價」各有兩顆應對的「教育元素」滋長：知：「真→善」→能：「美→慧」→創：「力→行」→價：「教→育」，「知識生命小循環」聚焦前四顆元素的「知識遞移→智慧創客」；「知識生命大循環」則聚焦全程八顆元素的「知能創價→智慧創客」。知識生命小大循環交織，永續培育「智慧人‧做創客」，邁向「適配幸福人生」。

3.知識生命大循環建構「KCCV教育模式」：在圖的四個邊構築新教育模式，「新覺識（K‧知）」→「新動能（C‧能）」→「新創意（C‧創）」→「新價值（V‧價）」。

圖2-4「KCCV創新進升食譜」，K（knowledge）指「新覺識‧知」，C（can）指「新動能‧能」，C（create）指「新創意‧創」，V（value）指「新價值‧價」；是立體「知能創價（KCCV）教育模式」的「平面圖表」開展，適合使用在「教師、校長、教育領導人」參與「政策規劃」與承擔「前瞻任務」時使用，因此命名為「KCCV創新進升食譜」，簡稱「規劃食譜」，以有別於

師生教學使用的「KTAV 學習食譜」。

圖 2-4 是「知識生命大循環」縮影之後的「規劃食譜」，KCCV四個欄位要能真正反映出，「知識生命 56 顆教育元素」小大循環之間的系統模組關係；尤其「教（創新知能）：構築→遞移→創價→進升」及「育（進升素養）：知能→學識→素養→典範」。是以食譜的樣張中，「四大欄位」主軸標題下有下列引導語詞：「內構・共本質元素模組（新覺識・新知能）」→「外築・達任務事物能量（新動能・新學識）」→「遞移・創事理技術創意（新創意・新素養）」→「創價・融智德作品價值（新價值・新典範）」。鄭崇趁（2020，頁281-420）專業示範七篇運用「知識生命大循環」暨「知能創價（KCCV）教育模式」撰寫的文章（第十八章到二十四章），每章皆附一張「本章的 KCCV 創新進升食譜」，有需要的讀者可以參照運用。它證明一件事：「知能創價」與「知識生命大循環」都有明確「運行軌跡」，它們都是「真的新知識」，它們是解開「素養教育」密碼的三大「核心技術」之一（從教育知識的「深度」發現素養的本質）。

### 三、「智慧創客論」運用「知識遞移模式」，實踐素養教育核心事務

本書第一章及第二章都用到「智慧創客論」，將「智慧創客」專有名詞提升至「理論・理念・學說」的層次；「智慧創客論」在本書中具有五大教育意涵：

1.實施精準版本的「智慧教育」：智慧教育專指「新知識（K・真）」→「含技術（T・善）」→「組能力（A・美）」→「展價值（V・慧）」四位一體的「智慧教育」。

2.實施正確版本的「創客教育」：創客教育專指「研發〈有創意〉學習食譜」→「教導〈能創造〉操作學習」→「建構〈再創新〉知能模組」→「完成〈做創客〉實物作品」四創一體的「創客教育」。

3.實施有「價值評量」的智慧創客教育：運用知識遞移模式整合的「智慧創客教育」，需有「價值評量」，形成下列全新的教育（教學）模式，「用智慧（KTAV）」→「做中學（操作體驗）」→「有作品（做創客）」→「論價值（價值評量）」。評量「作品」價值→評量「學習」價值→評量「教學」價值→評量「教育」價值。

4.「智慧創客論」是以「智慧教育」知識生命「小循環」為基調，實踐素養教育核心事務：「智慧教育」→「創客教育」→「價值教育」→「知識遞移說（理論）」。

5.「智慧創客論」也強調師生定期產出「智慧創客作品」，永續扮演「智慧人・做創客」，經營「適配幸福人生」：是以建議學校務必貫徹實踐兩件大事，一者畢業學生在畢業週展出 10 件「智慧創客」代表作品；二者學校每年舉辦一次「智慧創客」嘉年華會，選出年度師生「百大作品」。作品得分四大類展出：「立體實物」作品、「平面圖表」作品、「動能展演」作品、「價值對話」作品。

## 四、「教育 4.0」與「人生境界說」運用「知能創價模式」，永續產出「學識創能作品」

鄭崇趁（2022）認為，「教育 4.0」的理論基礎來自「工業發展說（工業4.0）」、「人生境界說（王國維人生三境界）」、「創新進升說（創新進升九論・新校長學）」。是以，「教育 4.0」的明確版本，可以作為「教育產業升級」的「任務規劃指標」；「教育1.0：經驗化」→「教育2.0：知識化」→「教育3.0：能力化」→「教育4.0：素養化」。本書作者能夠出版《教育4.0：新五倫・智慧創客學校》一書（鄭崇趁，2018），運用「知識生命小大循環」教材（知識教育學），持續與「碩博班學生、中小學校長、行政幹部」教學對話、學識辯證，繼續產出的「知能創價」作品，這本書及後續 2020、2022、2023 年之著作，都是本書作者的「學識創能作品」。

　　「教育 4.0」是從「知能學識」的高度，帶動「知識生命」大小循環，建構「進升領導」的任務指標，規劃「進升型主題教育計畫」，編製「築梯式教材」，教育行政領導人、學校校長及教師如能妥善運用，可以幫助教育產業「創新進升」，由「教育 2.0」進升「教育 3.0」（成為「能力化」有特色品牌學校）；再由「教育 3.0」進升「教育 4.0」（成為「素養化」新五倫智慧創客學校）。

## 第三節　能解「學道模組，識道循環」之惑

　　「學道」與「識道」的原典，出自鄭崇趁、鄭依萍（2021）「行四道」的主張，該篇文章用「展新育、能演繹、行四道、達至德」之新學理論述，建構「台灣版學習羅盤」的整體樣貌及指標系統，其中「行四道」指：行「素養取向新教育四道」──「人道、師道、學道、識道」教育。鄭崇趁（2022）出版《新校長學：創新進升九論》，第一章「新『知識』教育暨『認識論』領導」，前兩節寫「創新的知識教育」，後兩節寫「進升的認識論領導」，是以第三節「『學道』：學習知識方法的創新」，第四節「『識道』：認識知識生命的軌跡」，首次將「認識論領導」的核心內容（就是本書作者主張的「知識生命論」），解碼為「學道」與「識道」，並各用一節的篇幅闡明其「概念型定義」及「操作型定義」的具體內容。本書則整併為「新育模組篇」的「素養四道」，並進升為「專章專論」：第三章「新『學道』教育：創新模組學習新技術」。第四章「新『識道』教育：認識學識教育新動能」。

　　前段的敘述乃「學道與識道」的生命簡史，2021 年發現迄今僅短短三年，本書作者就將其列為《新教師學：素養四道・學識六能》（共十章）中的兩章，主要原因在於「學道教育」與「識道教育」的發現係「教育學識發展（尤其是認識論）」具有關鍵性突破，讓「知識生命論」成為「素養取向教育」發展的「藥引」，它化身為「學道與識道」的知識系統模組，就成為可以直接「教與

學」的教材。過去「認識論學術」之所以高不可攀，常成為教育研究者的障礙，主要在欠缺師生可以「操作學習」的教材，「教育元素圖解」、「台灣版學習羅盤」帶著「學道與識道」次級系統操作變項，解決了「認識論」教學不易之障礙。

是以，教師能解「學道模組，識道循環」之惑，最有效的經營方法是，教師進行教室情境布置，在班級授課教室掛上八張「學道・識道」生命源頭重要圖示：(1)知識的生命暨素養的教育元素圖解（知識生命論）；(2)台灣版學習羅盤（素養四道的立體結構）；(3)「學道」知識生命軌跡（操作型定義）；(4)「識道」知識生命軌跡（操作型定義）；(5)知識遞移 KTAV 教學模式（知識生命小循環）；(6)KTAV 單元學習食譜（學習主題知識生命循環）；(7)知能創價 KCCV 教育模式（知識生命大循環）；(8)KCCV 創新進升食譜（規劃任務知識生命循環）。

教師再配合當下「授課主題知識」為例，適度講解教育培育人「知能→學識→素養」歷程中，學識「系統化→模組化→循環化→立體化」的永續開展。逐一扼要說明如下。

## 一、學識系統化

大學教育目標在「研究高深學術，培育專門人才」；本書主張「教育」在培育人的「知能→學識→素養」。「學識」是「學術」的進升意，「學術」指學習中的「真知識」都含有可操作學習的「善技術」，是以凡學術界的專有名詞，都有明確的「概念型定義（真知識）」及「操作型定義（善技術）」。「學識」則指人長期接受教育（學習知識），累增習得的「致用知識（系統學問）」及含有自己觀點的「模組技術（善的見識）」。是以，「有自己見識的學問」稱之為「學識」，「學識」也是知識的一種，它屬於「高階的知識（真）及能量（善・美・慧──動能）」滋長整合的成果。大學以上教育，對於人「學識」的滋長較為明顯，「學識」知識的第一個特質是「學識系統化」，例如：鄭崇

趙（2012）出版《教育經營學：六說、七略、八要》一書（如圖7-1所示），用六個「原理學說」，尋根探源，立經營知識之真（立真）；行七個「經營策略」，行動鋪軌，達教育育才之善（達善）；施八個「實踐要領」，著力焦點，臻圓滿事功之美（臻美），「六說、七略、八要」即為本書作者「學識系統化」滋長整合的成果（含有作者自己見識的系統學問）。

圖 7-1　《教育經營學：六說、七略、八要》學識系統化圖示

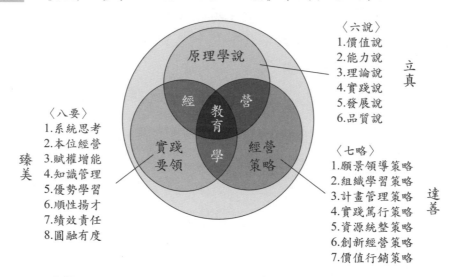

〈六說〉
1.價值說
2.能力說
3.理論說
4.實踐說
5.發展說
6.品質說

立真

〈八要〉
1.系統思考
2.本位經營
3.賦權增能
4.知識管理
5.優勢學習
6.順性揚才
7.績效責任
8.圓融有度

臻美

〈七略〉
1.願景領導策略
2.組織學習策略
3.計畫管理策略
4.實踐篤行策略
5.資源統整策略
6.創新經營策略
7.價值行銷策略

達善

原理學說
經　營
教育
學
實踐要領　經營策略

註：引自《教育經營學：六說、七略、八要》一書封底。

## 二、學識模組化

「學識」知識的第二個特質是「學識模組化」，模組化指多個知識系統串連成具有系統結構的「知能模組」或「知能模式」，例如：鄭崇趁（2013）出版《校長學：成人旺校九論》一書（如圖7-2所示），主張校長當學「成就人‧旺學校」的系統知識，「成就人乃內聖（立己達人）的修為」，在圖的內圈，包含四論（自我實現論、智慧資本論、角色責任論、專業風格論）組成的「學

圖 7-2　《校長學：成人旺校九論》學識模組化圖示

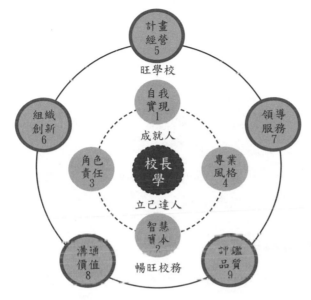

註：引自《校長學：成人旺校九論》　書封底。

識模組」，本書作者命名為「立己達人篇」；「旺學校為外王（暢旺校務）之工夫」，在圖的外圈，包含五論（計畫經營論、組織創新論、領導服務論、溝通價值論、評鑑品質論）組成的「學識模組」。九論分九章撰寫，每章都是完整的「系統知識」，先呈現「學識系統化」，九章再分屬兩大群組（篇名），讓全書的知識系統再進升為「學識模組化」。

### 三、學識循環化

　　「學識」知識的第三個特質是「學識循環化」，循環化係指「知識系統化及模組化」之後，還具有「迴圈循環・永續運行」的性質，例如：「台灣版學習羅盤」之「八個指針」及「四個迴圈」，鑲在「指針」與「迴圈」內的系統知識，可為「學識循環化」的經典範例。羅盤指針有四大指針鑲「真（知識）」→「善（技術）」→「美（能力）→「慧（價值）」，這是「知識生命」

共同的小循環，再加上另四小指針鑲「力（意願）」→「行（作品）」→「教（知能）」→「育（素養）」，則形成「知識生命」共同的大循環。

　　羅盤的四個迴圈由內而外，呈現「群組知識生命」的「螺旋重組·創新進升」，它們的群組知識命名為「元素構築策略（識道循環）」→「知識遞移策略（學道循環）」→「知能創價策略（師道循環）」→「全人進升策略（人道循環）」，是以「知識生命論」永續滋長「新育、演繹法、教育 4.0、素養教育解碼學」等具有「循環化」性質的「學識」，這些學識再引導鄭崇趁及鄭依萍「知能創價」，於 2021 年發表〈展新育、能演繹、行四道、達至德：建構「學習羅盤」的教育學理與指標系統〉專文（研發完成「台灣版學習羅盤」作品）。

### 四、學識立體化

　　「學識」知識的第四個特質是「學識立體化」，立體化指學識的「知能模組」是「有長度、有寬度、有深度、有高度」的知識，同時也是「能運行、能循環、能永續、能遞移、能創價、能進升」的知識。是以，「人有生命（是活的）」、「知識有生命（也是活的）」、「教育也有生命（更是活的）」，當代人類偉大的貢獻之一，乃人類會運用「活知識（知識生命）」來經營「活教育（教育生命）」，彩繪今日大家都看得到的「教育新文明和文化」，從世界各國「教育機制」的總和，就可以看出教育新文明和文化的多彩繽紛，這是「教育學識立體化」的體現。也是「地球村世代」，人類學識的共業之一。

　　「教育學識立體化」最經典的範例是，世界先進國家的「留學制度」，根據新冠肺炎疫情之前的非正式統計，美國每年留學生的學費收入約六千億美元，英國每年留學生學費收入約四千億美元，澳洲每年留學生的學費收入也高達三千億美元，德國最特別，每年也有很多「高等教育留學生」（含學士、碩士、博士），然他們不收學費（留學生只要負擔自己的生活費）。德國將「教育人民」視為國家治理最重要的責任，「人民接受教育的總程度」就是「國力」的基礎，人民接受教育所得的「智慧資本」都是人民共同經營國家的「集體智慧

資本」，是以小學讀到大學、碩士、博士學費全免，外國學生願意到德國留學他們視同為國家榮譽，也是善盡「世界共榮」的社會責任，留學生和本國生一樣，免繳任何學費。

台灣的教育機制也逐漸「國際化」，也有不少外國學生來台灣留學，然以「陸生及東南亞國家」為主，新冠肺炎疫情之前，每年約有上萬名留學生在台灣「留學」。是以，世界先進國家的「留學制度」，共同呈現「教育學識立體化」的事實，每一個現代化國家規劃出來，提供給自己國家人民的「教育機制」及提供給留學生的「教育機制」都是「大同小異」，都可以「連結、交流、互動、循環」，都可以在稍有不同「模組系統」中「運作無礙」，這是「教育學識立體化」的事實。

## 第四節　能解「適配幸福，典範風格」之惑

鄭崇趁、鄭依萍（2021）用「展新育、能演繹、行四道、達至德」建構「台灣版學習羅盤」的教育學理與指標系統，「達至德」係指「基本教育」階段培育學生「全人發展」八達德：成熟人→知識人→社會人→獨特人→價值人→永續人→智慧人→做創客。「高等教育」階段培育學生「全人發展」六至德：智慧人→做創客→新領導→優教師→能家長→行國民。是以，「全人發展」十二角色責任中，唯有「智慧人‧做創客」是基本教育階段與高等教育階段共同的軸心，既是基本教育「全人發展」的「八達德」，同時也是高等教育「全人發展」的「六至德」；因此，「台灣版學習羅盤」的總標題，才會標示「台灣邁向 2030 教育目標：智慧人‧做創客（適配幸福人生）」。

鄭崇趁（2022）出版《新校長學：創新進升九論》，進一步主張：新「人道」教育需要「適配論」領導，方能實質的「創新進升」（第七章）；新「師道」教育需要「典範論」領導，才能真實的「進升創新」（第八章）。此一主張亦呼應「教‧育」知識生命元素表的滋長：「教（創新知能）：構築→遞移→

創價→進升」，暨「育（進升素養）：知能→學識→素養→典範」。因此，「適配幸福，典範風格」成為教師「能解惑」的第四大課題，當代教師也要能解學生「適配幸福，典範風格」之惑。也就是，「學生長期接受教育，其最終的旨趣在造就學生的適配幸福人生嗎？」；「教師經營教育事業一輩子，其最佳教育學生方法是『身教』——專業示範『教師自己之學識表達運用：智慧人‧做創客』典範風格嗎？」。

　　教師能解學生「適配幸福，典範風格」之惑，得參照運用下列四個「善技術（要領）」，逐一說明如下。

### 一、探究「幸福教育」的特質，開展有效「經營策略」

　　鄭崇趁、鄭依萍（2022）認為，「幸福」是一種素養，也是一種「共好價值（慧能）」的感受與認同，是可以「教與學」的，幸福之教育特質有六個可循環的焦點：「情意」的滿足→「情感」的共鳴→「情操」的展現→「亮點」的發揮→「專業」的成就→「事功」的價值。教師能指導學生運用下列策略，經營自己的「適配幸福人生」：

　　1.美新實踐策略：關注「美育」與「新育」在「生活、學習、處世」上的實踐，增進自己的「幸福感」。

　　2.慧能永續策略（價值實踐策略）：教學歷程中常練習「揭示價值→認同價值→實踐價值→創新價值」，讓教育旅途「共好慧能‧永續長新」。

　　3.自我實現策略：幫助學生經常完成階段性的「自我實現」，學生就會長處「活出自己」的幸福。

　　4.適配動能策略：協助學生規劃「生活、學習、做事」自己最適配動能節奏，從增益學習效能、效率中邁向「適配幸福」。

　　5.知識遞移策略：教師常以圖示對學生講解「知識『解碼→螺旋→重組→創新』要領」，促進知識遞移的成功與流量，豐厚「我學會很多知能學識」的幸福感。

6.智慧創客策略：教師的單元教學常實施「智慧創客教育模式」；「用智慧（KTAV）」→「做中學（操作體驗）」→「有作品（做創客）」→「論價值（價值評量）」，指導學生定期產出「智慧創客」作品，用作品經營「適配幸福人生」。

7.優勢築梯策略：教師教學常使用「築梯式教材」，指導學生善用專長優勢，創新進升自己「智慧創客作品」品質與境界，品讀專長亮點「創新進升」的幸福。

8.演繹進升策略：教師常示範簡易的「演繹六法」，運用當下教學案例，帶領學生也會簡易說明「知識、教育、人生」三者「生命的演繹」，學習演繹三者「生命故事」的幸福。

## 二、教導「適配論」領導的技術要領，激勵學生追求「適配幸福人生」

鄭崇趁（2022，頁155-174，第七章）認為：新「人道教育」的創新作為，需要結合進升的「適配論」領導，同時教給學生「創新‧進升」綁在一起的「知能模組（學習軌道）」，學生才能真實開展「人之所以為人之道（人道）」。是以，教師要教導學生「適配論」領導的八項技術要領，方能激勵學生追求實踐「適配幸福人生」：

1.適配的進路選擇：比如說，適配的「升學進路」選擇、適配的「課程進路」選擇、適配的「社團進路」選擇、適配的「指導教授」選擇。

2.適配的目標設定：比如說，適配的「生活學習」目標設定、「學科學習」目標設定、「藝能學習」目標設定、「品格學習」目標設定。

3.適配的經營策略：比如說，妥善運用「台灣版學習羅盤」迴圈的設計，學會「識道」的四個核心技術：適配的「元素構築」策略→適配的「知識遞移」策略→適配的「知能創價」策略→適配的「全人進升」策略。

4.適配的使力焦點：比如說，學生素養系統的學習焦點，依序為：學學習、學行動、學知識、學價值、學智慧、學創客、學創新、學進升。

5.適配的人際關係：比如說，人脈關係乃人際關係的進升，能夠珍惜自己團隊動能經驗，經營自己的學習夥伴、事業夥伴、學識夥伴、休閒夥伴、生活夥伴；這些夥伴的存有與交流，會成為每一個人「適配的人脈關係」。

6.適配的事理要領：比如說，人要能積極建置自己「學業、事業及生活」關鍵事項的「標準程序」（S.O.P），經營個人適配的事理要領。

7.適配的節奏旋律：例如：台灣民智已開，知識分子比率大幅增加，教師應領導學生規劃適配的「生活節奏」及「學習旋律」，邁向更成功的人生。

8.適配的平衡機制：比如說，適配的「動靜平衡」機制，提升「身心健康‧心智效能」；適配的「智德平衡」機制，開展「六育知能‧學識素養」；適配的「知行平衡」機制，實踐「智慧人‧做創客」；適配的「創進平衡」機制，人人可進升「適配幸福‧典範風格」。

### 三、實踐「典範論」領導的具體作為，示範教育人的「專業風格」

鄭崇趁（2022，頁175-196，第八章）認為，新「師道教育」的創新師資培育政策，要結合進升的「典範論」領導，一併教給當代的「教師和師資生」，才能真實地創新進升教師的「典範風格」。教師對學生的「典範論」領導，得以優先實踐下類六項：

1.揭示教育創新生命的事實：比如說，「聽懂了、知道了」是「新名詞」創新人的生命（心理生命）；「明白了、想通了」是「新理論原理」創新人的生命（有新知能模組）；「得到（道）了、進升了」是「新學習方法軌道」創新人的生命（豐厚知能模組的系統結構）；「達成了、達標了」是「任務作品」創新人的生命（生命有新事功作品）。

2.詮釋知識生命流動的軌跡：比如說，學會老師教的知識，知識由身外成功進入身內叫「遞移軌跡」；知識在身內先內構「新知能模組」，再外築「新價值行為」稱「構築軌跡」；師生知識遞移成功後，立即完成「學習作品」暨永續完成的「智慧創客作品、事功」，知識又跑出身外，隨附在「萬物、萬事、萬德、萬人」之上，稱「創價軌跡」；知識在學生身上永續「構築→遞移→創價」（教），滋長「知能→學識→素養」（育），進而「創新生命，全人發展」則稱之為「進升軌跡」（註：這四條知識流動的軌跡就是「台灣版學習羅盤」指針與迴圈設計的學理，又因「元素構築策略」是「識道」的總源頭，因此擺最內圈，由內而外永續「循環螺旋‧創新進升」）。

3.示範優勢專長的知能運用：比如說，「講案例」—— 講教師自己的創意點子，或用優勢專長助人解決問題的故事。「秀才藝」—— 琴棋書畫、球類技藝適時展現給學生欣賞模仿。「帶比賽」——用參與各種比賽競技，示範指導學生專長優勢的發揮。「論價值」——分析各種才藝之「核心知識」及「核心技術」，並論價值激勵學生的意願與動能。

4.教導學科知能的智慧學習：比如說，直接運用「KTAV 教學模式」及「KTAV 單元學習食譜」進行教學，帶領學生直接「智慧學習」各學科知能，學習食譜的四個欄位代表「新知識→含技術→組能力→展價值」四位一體的「智慧教育」，也代表「真→善→美→慧」四位一體的「智慧學習」。

5.產出德行作品的創客表現：比如說，教師也要適時在學生面前，展現自己的新智慧創客作品，或產出型的服務助人價值行為表現（檔案、案例呈現）。自己教授學科或兼任行政職務，每年都要研發 3～5 件「智慧創客」作品樣張，指導學生每年產出 1～3 件學習創客作品，師生都選 1～2 件創客作品參加學校「智慧創客嘉年華會」（讓學校選出年度百大作品）。

6.實施價值實踐的素養評量：比如說，直接實施價值實踐的素養評量，學生學習的績效價值反應最即時，學生價值的體認與實踐也最具體。價值實踐的操作要領如下：揭示價值→體認價值→實踐價值→創新價值。價值評量也含括四

部分：評量作品價值→評量學習價值→評量教學價值→評量教育價值。

### 四、適度展現「學識素養」創價價值，帶動學生產出「智慧創客」作品

教師是學生的典範，教師要適度展現如何運用自己的「學識素養」來創價，教師應以自己成長案例，專業示範「知能→學識→素養」創新自己生命價值、創新教育產業價值、創新學校特色價值、創新學生生命價值、創新社會責任價值，才能真正帶動學生「創價意願」，用行動產出「智慧創客作品」，學習經營自己的「適配幸福、典範風格」人生。

1.創新自己生命的價值（活出自己，自我實現）：例如：教師過去及現在當下的成就，都是教師本人「小學→國中→高中→大學→研究所」接受教育，向師長們習得的「學識素養・知能創價」而來的，它永續創新自己的生命價值，通過學科考試→順利畢業→通過教檢（教師證照）→取得學位→獲聘為專任專業教師。創新自己生命「活出自己，自我實現」的價值。

2.創新教育產業的價值（專業領航，築梯升級）：教師們每天「經營教育事業」，編製「築梯式」新教材，運用「學道、識道」新方法，專業示範「構築→遞移→創價→進升（典範）」領航善技術。創新國家教育產業「專業領航，築梯升級」新價值。

3.創新學校特色的價值（經營本位，品牌獨特）：優教師配合學校「校本課程」規劃，執行系列年級「主題教育」，編製「校本・師本」特色教材，帶著學生有效「知識遞移→知能創價」（智慧學習→創客表現），學生「智慧創客」作品展現獨特風格，創新學校特色「經營本位，品牌獨特」的價值。

4.創新學生生命的價值（順性揚才，亮點專長）：優教師每天與學生互動，經由學科主題教學、社團教學、慶典活動、校本課程教學、競賽活動、作品展示，教給學生「新知識→含技術→組能力→展價值」，創新學生生命「順性揚才，亮點專長」的價值。

5.創新社會責任的價值（智慧動能，慧能長新）：教師的「學識素養」讓教師們充滿「智慧動能」，深覺國家社會要「和諧互助，人人共好」才能「慧能長新，民富國強」。是以，教師每天帶著學生善盡公民責任「選賢與能、勤奮工作、信實繳稅、依法防疫」；也善盡社會責任「布施資源、扶助弱勢、布施智慧、暢旺組織」。永續創新社會責任的「智慧動能，慧能長新」的價值。

6.創新知識生命的價值（學道教育，識道教育）：優教師運作「知識生命」的大循環，研發「識道教育」四個「創新進升・知能模組」相屬迴圈，「元素構築→知識遞移→知能創價→全人進升」；優教師更運作「知識生命」小循環，揭示「學道教育」四個「模組循環・永續進升」核心技術（方法要領・軌道循環），「學習遷移→學習地圖（含學習步道）→學習食譜→學習羅盤」。「學道」創新知能模組學習新技術，「識道」開啟學識教育創進新動能。「學、識」兩大道同時也是「知識本身」生命滋長的新「績效・生命」新價值。是以，優教師之「學識素養」亦永續運轉，創新知識生命「學道教育，識道教育」新價值。教師在學生面前專業示範「適配幸福，典範風格」人生。

# 第三篇

# 學識知能篇：學識六能（下）

開創新局　典範領導

詮釋　學識　新知能模組

能領航　能創價　能進升

教育　知能　素養　新人生

# 第八章　能領航：

## 能領「適配生涯、智慧創客、學識亮點、素養典範」之航

## 【導論】

　　本章第八章，談「能領航」，是進入「第三篇」的首章，第三篇也有三章，指「第八章：能領航」、「第九章：能創價」、「第十章：能進升」。篇名定為「學識知能篇：學識六能（下）」，以有別於第二篇「學識知能篇：學識六能（上）」。本書共十章，分三篇撰寫，第一篇「新育模組篇：素養四道」，第一章至第四章，逐一撰寫「新『人道、師道、學道、識道』教育。第二篇第五章至第七章，撰寫「能傳道」、「能授業」、「能解惑」。是以，整個「學識六能」分成上下兩篇撰寫，上篇（前三能）原典來自韓愈〈師說〉三義；下篇（後三能）原典來自鄭崇趁（2022，頁184，圖8-1）對「新師道」教育的新主張，「學識六能」（這一新教育專有名詞），也才追隨著「素養四道」，一起出現在「新師道‧新教師學」的學識專書之上。

　　「能領航」與「師說三義」的結合，有更早的「歷史軌跡」，鄭崇趁（2014）出版《教師學：鐸聲五曲》時，就主張教師的「教育志業（彩繪人師的軌跡）（第三章）」有四：傳道、授業、解惑、領航。並用四節（約一萬字篇幅）寫明其操做技術要領，當時使用的命名是：「傳生命創新之道（第一節）」→「授知識藝能之業（第二節）」→「解全人發展之惑（第三節）」→「領適配生涯之航（第四節）」。因此當時教師對學生的「能領航」亦指出四個重點：(1)激發優勢智能發展；(2)培育個殊專長優勢；(3)

選擇適配職涯志業；(4)實踐適配幸福人生（參閱該書頁57-60）。

　　本書為「新教師學」，本章「能領航」的篇幅擴展為一萬五千字以上規模，章名明確揭示「教師」能領航（專業示範）「學生」的「學識模組」（名稱），節名則兼及核心操作技術（也是學識模組命名），節名有些冗長：「能領『優勢築梯，適配生涯』之航」（第一節）、「能領『智慧學習，創客表現』之航」（第二節）、「能領『順性揚才，學識亮點』之航」（第三節）、「能領『六育兼備，素養典範』之航」（第四節）。每一節的節名都由兩個「能領航」學識名詞建構而成，第一個詞是第二個詞的「核心技術（要領）」，第二個詞是第一個詞的「領航目標」。這樣的寫法，讓「新教師學」的「學識六能」，都有完整「學識運行邏輯」，驗證這些「新知識」都是「真的、活的、有系統、成模組、能運行、含有學識能量的」，都是當代教師可以學會的、應具備的「新學識能量」。

　　本書主張當代教師應具備「學識六能」的素養，素養是一種「新知能模組」的新能量，它也是「知識生命的教育元素」滋長建構而成的，主要源頭是「教（創新知能）：構築→遞移→創價→進升」及「育（進升素養）：知能→學識→素養→典範」。是以，「學識六能」是韓愈〈師說〉的「創新」與「進升」；第五章「能傳道」、第六章「能授業」、第七章「能解惑」，每章各用「四個新知能模組（新能量——『學』與『識』）」來創新「師說三義」的當代（素養取向教育）全新意涵。本章開始，第八章「能領航」、第九章「能創價」、第十章「能進升」，則是「師說三能」的進升，也是本書作者的「學識」主張，當代教師尚須具備後續三種「學識能量」，能夠專業示範這三種「學識能量」的取得與發揮，培育學生也能「領航→創價→進升」，經營自己「適配幸福人生」。故命名為「學識六能」，「前三能」深耕傳承，創化時代新意，「後三能」開創新局，進升學識價值。

　　領航者，領人生經營方向之航也。「能領航」指教師帶著學生，能「專業示範，領人生方向」之航。「能領航」與「能領導」仍有不同，「教師領導學生」接受教育，學會課業，主體在「教育‧教學」事業的領導，運用的「知識屬性」以「事理要領的知識」為主軸；「教師領航學生」經營教育，獲得學位證照，主體在「人生‧目標」志業的領航，運用的「知識屬性」，除了原本的「教育事理要領的知識」外，兼及「生命系統的知識（行動意願產出「力」、德行作品表達「行」）」暨「人倫綱常的知識（德育、群育）」。

　　本章為第八章「能領航：能領『適配生涯、智慧創客、學識亮點、素養典範』之航」，分四節闡明教師能「專業示範，領學生經營人生四大方向」之航：第一節「能領『優勢築梯，適配生涯』之航」；第二節「能領『智慧學習，創客表現』之航」；第三節「能領『順性揚才，學識亮點』之航」；第四節「能領『六育兼備，素養典範』之航」。逐一說明如次。

## 第一節　能領「優勢築梯，適配生涯」之航

　　二十一世紀的教育總目標在成就每一個人的「適配幸福人生」，是以教師「能領航」學生的第一個航向是：能領「適配生涯」之航。教師帶著學生真實的經營實踐「適配生涯」力點，師生才能一起邁向「適配幸福人生」，實現崇高的教育目標。師生實踐「適配生涯」的經營力點，在於「優勢築梯」，學生的優勢築梯得以讓自己的「優勢智能明朗化」，學生充分發揮自己的「專長→優勢→亮點」，方能點亮自己的「適配生涯」，邁向自己「適配幸福人生」。是以，教師應優先專業示範，經營下列事項，用「身教」引領學生模仿學習。

### 一、教師示範自己「優勢築梯」案例與要領

　　教師自己優勢築梯的案例繁多，自己的「為學、做事、生活、人際」就會有很多事實的經驗，只要經由「優勢築梯」幫助完成的經驗都是，例如：「社

團選擇」、「大學系所選擇」、「個殊作品」、「知識管理」、「座右銘運用」、「自己的生涯故事」等，茲示範本書作者四個曾獲學生較佳回響的案例：

1.本書作者為什麼選擇讀「師專」：我的「教育初心」始於小學三、四年級，當時學校有兩位「師範學校」剛畢業的老師（陳勝助老師與林啟助老師）分發到學校任教，都相繼擔任過我的班級導師，我很崇拜他們的教學與領航做事的要領風格，當時就期許自己將來也要當「老師」，這樣的教育初心迄今從未改變。但讀初中的時候，因為家境過於艱難，媽媽沒辦法讓我繼續升學，所以初二下學期就申請保送「士官學校」（因為全公費又住宿），已獲錄取；那年暑假，導師（廖武雄老師）到家裡做一次家庭訪問，告訴媽媽還有另一個選擇，如果初中三年能夠讀完，這樣應有機會考上「師專」，它也是全公費。這個家庭訪問，圓了我的教育初心，1969 年考上了當時的「台北師專」，造就了這輩子的「教育人生」，永遠感念這三位老師「能領航」的師恩。

2.本書作者的「座右銘」：師專畢業後，分發回雲林縣擔任小學教師，結婚生子後有了第二個抱負：立志通過「教育行政」高等考試，取得薦任級公務員資格。當時中央日報副刊刊了一則很好的座右銘，我覺得很適合用來激勵自己，就剪下來放置於書桌玻璃墊右上角，每天只要坐上書桌就可以「看它→讀它→唸它→思考它」，它只有三句話「最野蠻的身體→最文明的頭腦→永遠不可屈服的意志」，這個座右銘帶著我「天天運動，永續學習，立定人生目標，未達目的絕不終止」。我並非才華橫溢之人，高階的關卡瓶頸，總要多考幾次才能上去，高考考四年、碩士班考三年、博士班也考了四年。這個座右銘更帶著我著力研發「研究所層級本土教材」，本書（教材）是系列出版的第十六本著作，後續還有三、四本，等著逐一完成，我期待這輩子真的可以做到、達成。好的座右銘伴隨著人的一生，讓生命開展得「很有意義、很有價值、很有尊嚴」。

3.本書作者的「社團經驗」：讀師專時四、五年級「分組學習」，我選了「體育組」並參加學校「田徑隊」，奠定我「健康身心」的厚實素質，暨「教學體育」的專長亮點；也選修過「青鳥詩社」及「橋牌社」兩個社團各兩年，

青鳥詩社讓我學會作對聯、作近體詩（唐詩宋詞）、寫駢文的技巧，以及研讀國學、古典文學的興趣與仿作，師專最後一年用導師送的「精美日記本」（四年級校慶運動會奪牌獎品），以簡易文言文寫完一年的日記。橋牌社對訓練我邏輯思考及規劃對策的能力，有長遠性的幫助。選學程及選社團適合自己的性向興趣，就是自己「優勢築梯」的有效案例。

4.「發表文章著作：作品」是最好的「知識管理」：教師與學生都要做好自己的「知識管理」，我學生時代用的「知識管理」方法是「寫筆記，做摘要」，現在有智慧型手機及電腦可立即儲存及搜尋，更為方便。在教育部服務期間，在職進修碩士學位及博士學位，幾乎每位教授都要求期末撰寫一篇「學科報告」（作品評量），我將碩士班兩篇有關「教育哲學」的學科報告投稿期刊，都被接受刊登；從此，我就對同事及學生主張「發表文章著作（完成作品）是最好的知識管理」，並且終身力行，專業示範，作為教材，提供「實物作品」，學生就能夠學習仿作（智慧人・做創客，也完成自己的作品）。這也是能領「優勢築梯，適配生涯」之航的經典案例（教師用作品創新學生作品，人一生的作品定位自己的人生）。

## 二、教師編製「築梯式教材」進行教學

教師直接使用「築梯式教材」進行教學，學生感受最深。築梯式教材指將教學主題的任務指標劃分成四個層次（1.0→2.0→3.0→4.0），都教給學生，讓學生思考自己學習的層次，然後再往更高的層次邁進。舉四個實例（都是本書作者授課時作品），供大家參照選用仿作：

1.例如：「賞月 4.0」（中秋賞月教孩子、親朋好友）

　　　　「賞月 1.0」：我見明月多美麗→

　　　　「賞月 2.0」：月亮代表我的心→

　　　　「賞月 3.0」：思君如滿月，夜夜減清輝→

　　　　「賞月 4.0」：但願人長久，千里共嬋娟。

2.例如：「教育愛 4.0」（《論語》中「仁者愛人，親親而仁民，人民而愛物」，乃儒家「等差之愛」現代化可教版本）

「愛的 1.0」：親愛（愛親人：家人→親友）→

「愛的 2.0」：仁愛（愛師生：同儕→社區）→

「愛的 3.0」：博愛（愛大眾：群己→事物）→

「愛的 4.0」：大愛（愛生命：生態→天地）。

3.例如：「春風化雨 4.0」（《教師學：鐸聲五曲》第十二章）

「春風化雨 1.0」：春風送暖，教育有感的生命（第一節）→

「春風化雨 2.0」：春風傳知，教育覺識的生活（第二節）→

「春風化雨 3.0」：春風有情，教育幸福的生涯（第三節）→

「春風化雨 4.0」：春風帶意，教育大用的公民（第四節）。

4.例如：「築夢踏實 4.0」（《家長教育學》第十三章）

1.0「有夢最美」：生命之夢→能力之夢→事業之夢→功名之夢

2.0「解夢尋根」：尋遺傳秉性之根→尋學習效能之根→
　　　　　　　　　尋文化傳承之根→尋知識通達之根。

3.0「築夢有梯」：築生活安定之梯→築專長技術之梯→
　　　　　　　　　築專門學能之梯→築人脈鷹架之梯。

4.0「適配之夢」：適配經營的夢→適配幸福的夢→
　　　　　　　　　適配貢獻的夢→適配人生的夢。

## 三、教師實踐「適配生涯」事實及技術

教師要經常向學生講解「人生四大適配」的重要性與核心內涵，並以自己的生命經驗為例，說明經營適配生涯的要領與技術，引導學生「築夢踏實」的邁向「適配幸福人生」。人生「四大適配」和「適配幸福」人生的關係與內涵如圖 8-1 所示。

圖 8-1 人生「四大適配」和「適配幸福」人生的關係與內涵

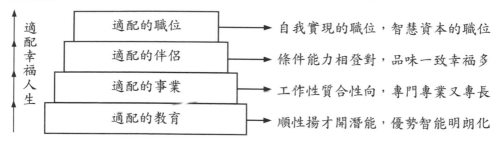

註：引自鄭崇趁（2015，頁131）。

圖 8-1 顯示四個要義：

1.人生「四大適配」的經營，可以幫助每一個人邁向「適配幸福」人生。

2.人生「四大適配」是：適配的教育→適配的事業→適配的伴侶→適配的職位。

3.教師要說明揭示四大適配經營要領：「適配的教育」→順性揚才開潛能，優勢智能明朗化。「適配的事業」→工作性質合性向，專門專業又專長。「適配的伴侶」→條件能力相登對，品味一致幸福多。「適配的職位」→自我實現的職位，智慧資本的職位。

4.人生四大適配的經營具有「順序性」，由下而上，逐一「優勢築梯，築夢踏實」，累增「適配生涯」條件與資源，才得以獲致真實的「適配幸福人生」。

### 四、教師指導學生經營「適配幸福人生」策略要領

鄭崇趁、鄭依萍（2022）認為，「幸福是一種素養」，「幸福」的教育意涵（特質）有六：(1)情意的滿足；(2)情感的共鳴；(3)情操的展現；(4)亮點的發揮；(5)專業的成就；(6)事功的價值。是以，「幸福教育」的「經營策略」以下列八個較為明顯可用：(1)美新實踐策略；(2)慧能永續策略（價值實踐策略）；(3)自我實現策略；(4)適配動能策略；(5)知識遞移策略；(6)智慧創客策略；(7)優勢築梯策略；(8)演繹進升策略。

　　教師指導學生經營「適配幸福人生」策略要領，得配合教學主題進度，選擇前述攸關的「經營策略」，並以師長們經驗或古今中外名人故事為「事實案例」，說明該經營策略的「明確意涵」與「操作事項」，學生才能真實的實踐這些「經營策略」，逐步實現自己的「適配幸福人生」。

## 第二節　能領「智慧學習，創客表現」之航

　　教師能領航的第二個重點是，能領「智慧創客」之航，從教育作為與教師主體看，就是實施「智慧教育」與「創客教育」；從學生為主體的立場看，就是進行「智慧學習」與「創客表現」的「教與學」。本節從「素養教育」及「單元教學」兩個層面，來說明教師能領學生「智慧學習，創客表現」之航的具體作為，逐一闡明如下。

### 一、素養教育「智慧學習」的方法：學道與識道

　　「學道與識道」發明以後，教師指導學生學習成為十分方便的事；只要先教會學生「學道與識道」的設計學理與具體操作變項，配合單元教學的教材，帶著學生「操作學習」，就是實踐素養取向教育「智慧學習」的關鍵方法技術，是以本書才將「學道與識道」列為「素養四道」之一，並且用「第三章（學道）」和「第四章（識道）」整章的篇幅來介紹它。「學道」的操作變項是：「學習遷移」→「學習地圖（含學習步道）」→「學習食譜」→「學習羅盤」；「識道」的操作變項是：「元素構築」→「知識遞移」→「知能創價」→「全人進升」。

　　教師指導學生「學道與識道」的學習，除須詳讀本書第三章及第四章內容外，尚需關照下列事項：

　　1.先講「識道」再講「學道」，因為學道是識道的實踐工具，識道是學道的理論基礎（知識生命論）。

2.用「台灣版學習羅盤」圖樣及「知識生命論」來說明「識道」的軌跡，暨學習羅盤「指針」與「迴圈」的命名。

3.要舉實例（如永樂國小「大稻埕校本課程」），來說明學習地圖及學習步道。

4.要運用KTAV學習食譜來開展「九項素養直接教」的校本特色課程，引導教師編製「九項素養直接教教材」，實施素養取向的「班級經營」。

5.要運用學習羅盤來登錄「校本、師本、生本、證照」課程資料，暨登錄學生歷年智慧創客嘉年華會參賽作品，以及「小學→國中→高中→大學」畢業時展出的 10 件智慧創客代表作品。

6.善用「學習羅盤」四個迴圈的「運轉‧演繹」功能，第一個迴圈「知源築慧‧握鑰增能」，尋繹新任務有效「經營策略」；第二個迴圈「遞移創價‧豐沛流量」，拓增新生命永續「創新實踐」；第三個迴圈「知能創價‧智慧創客」，開展新學識動能「亮點爭輝」；第四迴圈「優勢築梯‧全人進升」，彩繪新人類慧能「適配幸福」。

## ■ 二、單元教學「智慧學習」的技術：智慧創客教學模式

「單元主題教學」是當前「教師教學」及「學生學習」的主要教育型態，是以當前教師們使用的「單元主題教案設計」有：「授課主題名稱」→「適用年級」→「學習目標」→「學習內容」→「學習表現」→「學習評量」等欄位，並無所謂「智慧學習」，目前校園流行的「智慧行動學習」，係指教師指導學生使用「智慧型手機及平板」的輔助學習歷程，並非指導學生用「腦思考（智慧）」的「智慧教育」及「智慧教與學」。是以本書主張的單元教學「智慧學習」技術，即為本書倡導的「智慧創客教學模式」。「智慧創客教學模式」的圖像如圖 2-1 所示（本書頁 39），它的操作型定義是：「用智慧（KTAV）」→「做中學（操作體驗）」→「有作品（做創客）」→「論價值（價值評量）」。如若教師已經了解「知識生命論」暨「智慧創客教學模式」操作變項的核心技

術，就可以直接使用「KTAV 單元學習食譜」（如圖 2-2 所示，本書頁 40）替代原來的教案。

傳統教案與 KTAV 學習食譜並用融合期間，本書作者建議可調整原有教案格式三個地方的「命名」，即能有效融合：

1.將「學習內容」進升為「智慧學習內容」（填入食譜中 K、T 欄位重點）。

2.將「學習表現」進升為「創客學習表現」（填入 A 欄位作品圖像及重要說明）。

3.將「適性評量」進升為「價值評量」（評作品價值、學習價值、教學價值、教育價值）。

### 三、素養教育「創客表現」的實踐：畢業生展出 10 件智慧創客代表作品

鄭崇趁（2020）撰寫《素養教育解碼學：元素構築 • 知識遞移 • 知能創價》一書時，發現「新育」（第六育）的存有，是以在書末附了兩張表格，精要說明「新育的本質與實踐事項（頁 419，表 24-7）」暨「新育的價值暨其對新六育的啟示」（頁 420，表 24-8）。第一張表（表 24-7）將「新育的本質」詮釋為：「新、心、欣、馨」的教育，其中「馨的教育」概指素養教育「創客表現」的實踐，是以有四項具體的實踐事項：

1.畢業生每人展出 10 件「智慧創客」作品的教育。

2.學校每年舉辦一次「智慧創客嘉年華會」，每年選出師生「百大作品」的教育。

3.每個領域（學科）運作「KTAV 學習食譜」，規劃產出 3～5 件學生智慧創客作品的教育。

4.每個處室配合教育活動，規劃產出 3～5 件學生合作智慧創客作品的教育。

「學道教育」與「識道教育」普及之後，教師與學生都會在自己的智慧型手機上，安裝「台灣版學習羅盤」四個迴圈欄位，師生都將自己的作品置於第

四個欄位（全人進升策略）內進行「智慧管理」，學習羅盤可以陪著人一生，幫助每一個人有效學習，並智慧管理一生的重要「智慧創客」作品，從學生個人「國小→國中→高中→大學」畢業時展出的 10 件「智慧創客」代表作品，可以明顯看出人的「性向興趣」、「優勢專長」、「作品亮點」與「發展潛能」。是以，往後學生升學與就業（含伴侶選擇）的參照資料，應直接以「作品」取代過去的「學習歷程檔案」。

### 四、單元教學「創客表現」的作品：四大類作品優勢築梯

　　每個領域（學科）都規劃產出 3～5 件智慧創客作品，每個學生每一學期，至少會學習產出 3～5 件智慧創客作品，學生的智慧創客作品概分為四大類：立體實物作品、平面圖表作品、動能展演作品、價值對話作品。學校領域（學科）課程委員會，應邀集同一學科授課教師一起規劃「年級層次」四大類作品樣本，提供學生「優勢築梯」教材，讓學生的作品與年級教學主題之「核心知識與技術」縝密銜接，避免「高階低就」作品產出。

　　「學道與識道」教育普及化之後，「素養教育直接教」的「校本→師本→生本」課程及「智慧創客」作品，會成為二十一世紀教育發展的主要趨勢；每位教師應針對自己的「師本課程」設計系列「年級教學」主題，並編製系列「築梯式」教材暨學生作品樣本，配合「智慧創客教育」的實踐，才能指導學生「優勢築梯」，均衡產出具有學生個人「優勢亮點」的四大類「智慧創客」作品。

## 第三節　能領「順性揚才，學識亮點」之航

　　教師能領航的第三個重點在，能領「學識亮點」之航，所謂「學識亮點」概指，自己的「優勢智能明朗化」歷程中的「知識遞移」暨「知能創價」，「順性揚才」習得的「含有自己觀點的系統學問與模組見識」，是以本節的節名採用，能領「順性揚才，學識亮點」之航，順性揚才層面敘述教師如何經由「順

性揚才」，獲得現在具有的「學識能量」；學識亮點層面則闡明教師如何運用這些「學識能量」，點亮自己的「優勢專長」暨「專業表現」。

「學識」是：「育（進升素養）：知能→學識→素養→典範」歷程的中介變項（新教育的「元素·組件」），以前學術界不常用，且常與「學問、學術」能力混用，本書配合素養取向教育趨勢，正名稱之為「學識」能量。教師能領「順性揚才，學識亮點」之航，得參照經營下列四項作為。

## 一、開展「順性揚才」案例經驗

「順性揚才」一詞十分特殊，但並沒有被「普遍運用」，在當前教育場域，「順性揚才」、「適性育才」、「適性教育」、「有教無類，因材施教」等理念性名詞，常被混用（一起使用），沒有精準區隔它們的不同與適用對象。教師要用自己的「案例經驗」（自己的生命故事）說明講解，學生才能真的體會它的真實意涵，才能成為自己的學識。例如下列四個案例，都是本書作者的真實生命故事：

1.「順性揚才」的源頭，來自「上善若水」：2009 年，本書作者受聘擔任「師資培育（教育學程）」評鑑委員，訪評中山大學時，在師資培育中心主任研究室中發現一個大幅匾額，上面寫著「上善若水」四個大字，當時有位委員提了疑問，有些房地產的廣告為什麼也用這四個字？當時主人回應他：「這四個字出自《道德經》。」但沒再討論下去。回來後，本書作者發表了〈教育若水，順性揚才〉這篇文章，大意是：上善若水，水可就下，因材器使，成就萬物；教育若水，激發潛能，順性揚才，玉成眾生（見鄭崇趁，2016，頁 299）。

2.「撕開鳳梨酥包裝」的順性揚才：本書作者夫婦平時早餐吃饅頭、蛋、花生，配咖啡及水果。2018 年某日早餐桌上多了幾塊鳳梨酥，我要從包裝的鋸齒撕開它，卻一直不得要領撕不開，就怪廠商包裝粗糙，造成年紀大的人不方便，太太的手比較靈巧，接手過去就都順利撕開，各分一、兩塊食用。太太卻接著回應說：「你平時不是一直在教學生『順性揚才』嗎？撕開鳳梨酥包裝也是一

樣啊！順著它的鋸齒（性），精準的使力，一樣可以揚它的才（撕開食用）。」我對著她微笑著說：「你好有智慧哦！順性揚才我用在對學生的教育上，你卻能進一步用在日常生活事物之上。」那天我們吃了一餐最愉快、最有養分的早餐。

3.「投三分球」的順性揚才：近十年來的清晨運動，本書作者都先到籃球場投籃約 40～45 分鐘，然後慢跑約 20～25 分鐘，讓手腳及心臟都有「真正運動到」，尤其是每天投籃結束前，我都要測一下 10 個三分球今天可以進幾個？曾有博士生問我為何要測三分球？我的說明是：三分球要投進需要「順性揚才」的技術用得最到位，難度最高，要順性的對象包括「球性」、「環境之性」及「人自己身心之性」，球性是圓的、有彈性、會轉動、飽滿度與轉速、方位均與風阻係數有關；環境之性含括距離、出手方位、空氣流動、日照斜度、聲響吵雜干擾、觀眾壓力等；自己身心之性則指當時的專注力、協調力、判斷力、出手力（方位技術選擇及使力量能大小）。三層面的小細節都能觀照，並使出整合性的「順性揚才」，籃球才能找到適配的「軌跡及幅度」，飛進籃框「達標得分‧知能創價」。

4.「選擇運動項目」的順性揚才：2021 及 2022 兩年是世界新冠肺炎大流行時期，台灣的防疫工作做得最好，第一年人民的確診率最低，動能僅縮減 8%，經濟仍有正成長表現，被譽為世界防疫模範生。第二年 5 月、6 月間才逐漸採行「與病毒共存」政策，本書作者夫婦也於 2022 年 9 月初相繼確診，經醫師視訊看診後，在家隔離治療七天，皆順利恢復健康，回復正常生活。本書作者在隔離治療期間，也有四天在家「室內跑步 5 公里」（約 50 分鐘），用每天運動好習慣維護自己身體健康。與朋友分享防疫經驗時，朋友總會追問：「家中室內如何跑步？放一台跑步機嗎？」我說：「不是放跑步機，順性揚才就可以每天跑步；平時跑社區，下小雨撐傘跑步，雨大則在家各房間中規劃一條可來回循環軌道，就可以慢跑。『順性揚才』規劃 3～4 種運動『項目與方式』，就可超越環境限制，天天可運動，永續維護自己身心健康。」

## 二、實踐「順性揚才」方法技術

「順性揚才」在學校中的實踐，有廣狹二義，廣義的「順性揚才」指教育組織人員（校長、主任、教師、家長）之間的互順，共揚優勢亮點，共同帶好校內每位學生之謂。狹義的「順性揚才」專指教師針對每位學生的「順學生之性，揚其優勢智能明朗化之才」。

就廣義的「教育組織」而言，順性揚才的「方法技術」主要有七：(1)家長順自己之性，揚最大貢獻之才；(2)家長順家人之性，揚適配幸福之才；(3)順孩子（學生）之性，揚優勢智能之才；(4)順教師之性，揚專業創新之才；(5)順幹部之性，揚專門識能之才；(6)順校長之性，揚典範風格之航；(7)順學校之性，揚教育特色之才（參閱鄭崇趁，2015，頁 29-56，第一章「順性揚才觀：激發孩子優勢潛能」）。

就狹義的「教師對學生」而言，順性揚才的「方法技術」主要有四：(1)順學習之性，群組動能有亮點；(2)順知識之性，優勢智能有亮點；(3)順藝能之性，運動技藝有亮點；(4)順品格之性，情感共鳴有亮點（參閱鄭崇趁，2014，頁 313-328，第十八章「順性揚才：形優適配新希望」）。

## 三、展現「學識亮點」創價績效

人的「學識亮點」展現在人的「事功」及「作品」之上，教師也要適時向學生展現自己「學識亮點」，在職涯經營上的「創價績效」，例如：

1.參加教育競賽活動得獎的獎牌與作品分享：老師平時參加演講比賽、科展比賽、創新行動研究、教案設計等競賽活動，都是教師個人「學識亮點」有所發揮的「創價績效」，向學生分享作品內涵，並論述成果績效價值，最具楷模學習價值。

2.近期發表出版的文章、書畫、詩詞對聯、書籍等價值對話作品：這些價值對話作品的產出，就是教師個人「學識亮點」創價績效，適時展現給學生知道，並講解它的價值意涵，最能獲得學生的認同共鳴、激勵仿效。

3.布施智慧所產出的事功與價值：比如說，幫助很多學校競爭型計畫文案之修飾，計畫通過審查與獎助，創新進升學校發展與品質。

4.改善空間運用與作業流程所產出的事功與價值：「時空律則」的知識及「事理要領」的知識常被一般人忽略，是以家中和辦公室常有雜亂、動線不良、影響工作效能和效率的現象，教師常指導親戚朋友或學生改善家中空間運用及重要事務的「S.O.P」，增益個人及團體的的運作效益。

## 四、指導「學識亮點」創客作品

教師的「學識亮點」，能夠點亮自己的「優勢專長」及「專業表現」；也能用來點亮學生的「優勢專長」及「創客作品」。教師經由領域（學科）教學及教育活動，先示範要完成作品的樣本或構想，再帶領學生共同完成作品，就是指導學生運作類似的「學識亮點」，完成創客作品，實現創客創價（用作品創新學生生命價值，用作品創新師生共同的教育價值）。是以，很多成功的音樂家及畫家，在舉辦音樂演唱會及畫展時，都會在簡介上，強調演出者個人的「師承」，「師承」的記載在感恩自己「學識技藝亮點」的源頭，也代表「學識技藝亮點」的傳承與創新，「師生關係」能否「深度經營」乃人一輩子的功課，需要師生都善盡「責任・智慧」基本職能之後，才得永續深耕。碩士論文與博士論文的封面，除了研究生本人外，也都記載著「指導教授」大名，更是具體標示「學識亮點的傳承與創新」軌跡。

鄭崇趁（2017，頁117-137，第六章）開始主張「知識創客說」，認為知識進入人身之後，與原有「知能→學識→素養」螺旋重組，構築創新成「新知能模組」，身心裡的「新知識」再以完成新的「智慧創客作品」方式，跑出身外，流動到這些實物作品上。學生用習得的「學識亮點」創新完成的「智慧創客作品」可概分為四大類：

1.立體實物作品：有體積型態的實物作品（物與自然），例如：陶藝作品、沙雕作品、剪紙作品等。

2.平面圖表作品：有圖像表格的平面作品（文字與邏輯），例如：九九乘法表、注音符號表、計畫系統結構表、教育原理學理圖像等。

3.動能展演作品：有動能展演的影音作品（運動、藝術、展能），例如：學生參與比賽的錄影、錄音，將各種才藝的核心技術拍成系列可學習的 QR Code 等。

4.價值對話的作品：有論述價值的對話作品（語言文字與教學），例如：碩博士論文、研究報告、教育計畫、作文、詩詞歌賦、對聯、駢文習作、日記、文學札記、創意點子、新教材教案等。

## 第四節　能領「六育兼修，素養典範」之航

鄭崇趁（2020，頁 419）發現「新育」之後，台灣的教育進升為「六育育人」新教育世代（原本五育：德育、智育、體育、群育、美育，現在增了第六育「新育」）。教育在「教人之所以為人」；教育更在「育人之德」→「育人之智」→「育人之體」→「育人之群」→「育人之美」→「育人之新」。是以，教師「能領航」的第四個重點在，能領「素養典範」之航；本節則以「能領『六育兼修，素養典範』之航」為標題，敘述教師如何「運作新育・六育育人」來形塑自己的「素養典範・典範風格」，然後經由教學歷程，選擇合適教材案例結合教師們己身經驗，示範講解「育（進升素養）：知能→學識→素養→典範」的形成事實；能領學生「素養典範」之航。

### 一、詮釋「六育育人」新知能模組（生命論、模組論）

教師用「六育的知識」教學育人，用知識每天創新學生的生命，「知識」、「教育」、「人（師生）」三者，每天都有「新生命」，這是一種「事實」的存在，教師帶著學生指出這一事實的「存在及發展軌跡」，稱為「知識生命論」、「教育生命論」、「素養生命論」，三者都是「有生命」實體，都是「活

的」，都是可永續「領航→創價→進升」的。

　　知識生命論、教育生命論、素養生命論三者，都以「系統模組」的「型態知識」存在宇宙間及人的理性中，被人類永續地「傳承→創新→領航→創價→進升」，稱之為「知識模組論」、「教育模組論」、「知能模組論」、「學識模組論」、「素養模組論」、「典範模組論」。「六育育人」新知能模組，概指「新育」與原本五育「螺旋重組、創新進升」所產出的「新知能模組」，例如：下列「新六育」滋長的新教育「專有名詞」，都是「六育育人」新知能模組（參閱鄭崇趁，2022，頁207-214）：

　　1.新德育：新五倫、新四維、新價值、新實踐。

　　2.新智育：新智慧、新動能、新創客、新作品。

　　3.新體育：新運動、新遞移、新適能、新習慣。

　　4.新群育：新團隊、新任務、新群組、新標準。

　　5.新美育：新藝能、新演藝、新美學、新美識。

　　6.新新育：新「新」育、新「心」育、新「欣」育、新「馨」育。

## 二、創新「六育育人」新學識系統（系統論、立體論）

　　教師用「六育知識」教學育人，學生成功「建構新知能模組」，稱「生命論」及「模組論」，學生的「新知能模組」如能再「創新進升」為「新學識系統」，則可將此「學識內涵」命名為「學識系統論」及「學識立體論」，「學識」是「知能」的進升，「學」指有系統的知識，指「專有名詞、理論理念」等級的知識，「識」指有自己觀點且具「模組循環」的知識，指自己認同或創新並時常運用的「理論理念」等級的「專有名詞」，例如：本書作者時常在教育現場推動「多元智能理論」及「學習型組織理論（五項修練）」，這是本書作者的「學」（學來的系統知識），也更積極推動「順性揚才說」及「知能創價說」，因為這兩個理論理念名詞是自己創發的（自主觀點濃烈），它們就是本書作者的「識」（有見識的知識）；「學→識」兩字合讀「學識」，概指「有

主見・可循環・能永續」的系統模組知識。人的「知能」要先進升為「學識」，才能再進升為「素養」，沒有「學識成分」的素養近似「本能的習慣」，教育價值較不明顯。

創新「六育育人」新學識系統，可以下列六項為例（參考鄭崇趁，2022，頁 214-218。校長對教師的「六育論」領導，這些對「新六育」學識系統「也是模組知識」的主張，正好用到一節的篇幅，就是本書作者「新學識能量」的創新表達，也是今後「新六育」實踐作為的最精華）：

1.新德育：情意價值教育與「實踐論」領導。

2.新智育：智慧動能教育與「創客論」領導。

3.新體育：適能遞移教育與「知能論」領導。

4.新群育：團隊協作教育與「使命論」領導。

5.新美育：藝能美學教育與「風格論」領導。

6.新新育：生命價值教育與「素養論」領導。

## 三、進升「六育育人」新素養典範（作品論、典範論）

教師用「六育知識」教學育人，教材的知識等級含括「知能→學識→素養→典範」，但每次上課的「主題單元教學」知識「成分與配方」都不一樣，中小學教育常用「知能素養」，就是中小學教育「學識成分」的含量有限（例如：小學 3 ％、國中 5 ％、高中 10 ％）；大學教育本書作者開始使用「學識素養」，因為「學識成分」的含量大幅增加（例如：大學部 20 ％增至 40 ％；碩士班 30 ％增至 50 ％；博士班 40 ％增至 60 ％）。是以，「素養→典範」是「知能→學識」的進升，「素養」係指「修養的元素」，指人的價值行為表現已成為「有教養行為人的共同模式型態」，它用純元精實的「教育元素」存在於每個人的「心・知能模組」之中。「典範」則為「素養」價值行為的「再進升」，指教師教學歷程中，對學生展現的「素養價值」行為模式，已成為學生或其他教師爭相學習仿效的「典範」。人類百業分工，各行各業都會有「新素養典範」的

「達人」，「素養→典範」的價值行為仍然用「作品・德行」表達，用「精緻作品」表達者稱「素養作品論」，用「情操德行」表達者稱「素養典範論」。

「新育」的發現，帶動教師及校長「新素養典範」的進升，例如：鄭崇趁（2014）撰寫的《教師學：鐸聲五曲》，用「教育鐸聲五部曲」描述教師的素養典範，首部曲：「鐘鳴大地・人師」；二部曲：「朝陽東昇・使命」；三部曲：「春風化雨・動能」；四部曲：「明月長空・品質」；五部曲：「繁星爭輝・風格」。本書是「新育」發現以後的「新教師學」，本書作者詮釋新教師的「新素養典範」為「素養四道」及「學識六能」，概指新時代教師應具備教學「新育模組・素養四道」的新素養，並能實踐「創新進升・學識六能」，以作為學生及同儕（教師）之典範。素養四道指「人道、師道、學道、識道」的新教育，學識六能指「能傳道、能授業、能解惑、能領航、能創價、能進升」的新學識典範，正好是本書「第一章至第十章」的章名（主題）之焦點「字眼」（素養典範）。

## 四、通達「六育育人」新典範境界（境界論、風格論）

教師永遠是學生學習模仿的典範，教師「專業自主」教學，常展現自己的「專門學識」風格，教給學生與教師「優勢專長」吻合的「專門專業學能與識能」，稱之為「典範風格論」，像孔子門生三千，大師所至，縱者如雲，此之謂「儒學（學識素養）風格論」。唐代吳道子繪孔子像，題詞曰「德配天地，道貫古今；刪述六經，垂憲萬世」。是以孔子的「智慧創客作品」是「六經」（詩、書、禮、樂、藝、春秋）及《論語》，六經是孔子教學生的「核心教材」，《論語》是孔子教導學生（教學歷程・師生對話）的實況文字紀錄，崇拜儒學的知識分子曾說「一部《論語》足以治天下」。

事實上當代教育（社會科學）研究法中的「質性訪談法」，就是希望經由「直接對話訪談紀錄」，取得類似《論語》或是柏拉圖「對話錄（《理想國》）」中的「知識見識」，但是諸多的博碩士論文研究，很難有這般的成果

價值，原因在於當代的「研究者」及「受訪者」很難有孔子師生般的「學識能量」。這也證明「知識分子」的「學識素養」是有不同等級（境界）的，本書作者命名它為「學識境界論」或「典範境界論」。王國維《人間詞話》的「人生三境界說」可當實際案例，王國維認為：凡人成大事大學問者，必經三境界，第一境界：昨夜西風凋碧樹，獨上高樓，望盡天涯路。第二境界：衣帶漸寬終不悔，為伊消得人憔悴。第三境界：眾裡尋他千百度，驀然回首，那人卻在燈火闌珊處。鄭崇趁（2022，頁 140-141）曾有較明確的詮釋：第一境界是「盼→願」，第二境界是「深→識」，第三境界是「悟→達」；如若「悟」與「達」分開，「達」成為第四境界，第四境界適用的詩文是：但願人長久，千里共嬋娟（蘇軾《水調歌頭》）。是以「人生境界說（論）」進升建構的教育元素為「盼→願→深→識→悟→達」，可以劃分為三境界或四境界。

　　「典範風格論」的案例，仍以春秋戰國時代「諸子百家・學識爭鳴」最為具體，達「典範風格論」水平者至少有四家：「儒、墨、道、法」，分述如下：

　　1. 儒家（孔子）：典範→刪述六經，垂憲萬世；

　　　　　　　　　　　風格→德配天地，道貫古今。

　　2. 墨家（墨子）：典範→鉅子領航，世界共好；

　　　　　　　　　　　風格→兼愛非攻，築梯共榮。

　　3. 道家（老子）：典範→道德厚生，生態共榮；

　　　　　　　　　　　風格→道法自然，無為而治。

　　4. 法家（韓非子）：典範→立法存制，蒼生有道；

　　　　　　　　　　　　風格→遵法而行，共好共榮。

　　佛教引進我國以後，影響國家「學識發展」巨大，成為第五家：

　　5. 釋家（釋迦摩尼）：典範→一切唯心，萬法唯識（玄奘《成唯識論》）；

　　　　　　　　　　　　　風格→明心見性，修法成佛（慧能《六祖壇經》）。

　　「典範風格論」用在「學識素養」的表達形式，尚有一明顯的「案例」，例如：我國的「國學傳承」及「經典文學」之表達形式，國學用「經、史、子、

集」四類來表達不同的「典範風格」，文體撰寫的形式成「典範」；內容學識品質的能量動脈稱「風格」。經典文學，如「詩經」→「楚辭」→「唐詩」→「宋詞」→「明清小說」→「武俠小說」→「傳記」→「雜記」→「對聯」→「駢文」→「新詩」→「繪本」→「電影」→「動畫」→「手遊」→「益智遊戲」等，也都有不同的「典範風格」，表達的體例形式稱「典範」；內容的「知能→學識→素養→典範」之「量能動脈」稱「風格」。

「學識境界論」及「素養境界論」的真實案例，教師得向學生講解「工業4.0」、「人生三境界（四境界）」、「教育4.0」有效版本，證明「人、萬物、萬事」都有「知識生命」在其體內滋長，都含有「知能→學識→素養」能量，尤其是其「學識→素養」是有「境界層級（1.0→4.0）」之劃分的：

1.「工業 4.0」有效版本：「1.0 機械化」→「2.0 電氣化」→「3.0 自動化」→「4.0 智慧化」。

2.「人生三境界」有效版本：第一境界「昨夜西風凋碧樹，獨上高樓，望盡天涯路」（1.0 盼→願）；第二境界「衣帶漸寬終不悔，為伊消得人憔悴」（2.0 深→識）；第三境界「眾裡尋他千百度，驀然回首，那人卻在燈火闌珊處」（3.0 悟→達）。

3.「教育 4.0」有效版本最重要：「1.0 經驗化」→「2.0 知識化」→「3.0 能力化」→「4.0 素養化」。其「學識境界」所展現的「學校典範」及「人的風格」，如圖 8-2 所示。

圖 8-2 顯示教育「發展任務」三大主軸指標：

1.「學識境界（任務層級）」：1.0 經驗化→2.0 知識化→3.0 能力化→4.0 素養化。

2.「學校發展（典範）」：「1.0 私塾‧書院」時期的教育（民國以前）→「2.0 公共學校普及化」時期的教育（1968 年延長九年國民教育）→「3.0 特色品牌學校」時期的教育（2000 年頒布「九年一貫課程綱要」）→「4.0 新五倫‧智慧創客學校」時期的教育（2019 年起實施「108 課綱」）。

圖 8-2　教育 4.0 的任務指標：「學識境界、典範、風格」

| 教育 1.0〈經驗化〉 | 私塾、書院時期〈脫文盲‧求功名〉 |
|---|---|
| 教育 2.0〈知識化〉 | 學校教育公共化時期〈知識人‧社會人〉 |
| 教育 3.0〈能力化〉 | 特色品牌學校時期〈獨特人‧永續人〉 |
| 教育 4.0〈素養化〉 | 新五倫‧智慧創客學校時期〈智慧人‧做創客〉 |

註：引自鄭崇趁（2018，頁 2）。

　　3.「教育目的（典範風格）」：「1.0 脫文盲‧求功名」→「2.0 知識人‧社會人」→「3.0 獨特人‧永續人」→「4.0 智慧人‧做創客」。

　　是以，「台灣版學習羅盤」（鄭崇趁、鄭依萍，2021）標示著「台灣邁向 2030 教育目標：智慧人‧做創客（適配幸福人生）」。將「人、事、物」三者之「學識境界‧典範風格」，用圖 8-2 完整表達即為：「人」指師生教學之間使用到的「知能→學識→素養」境界；「事」指「教育發展」典範風格；「物」指「學校及其設施」型態意涵之典範風格。

　　是以，「人、教育、知識」三者都是「活的」，都是「有生命的」，「教育的事」它的生命已滋長為「素養四道」（教師用知識辦好教育的典範風格）；「教師的學識」它的生命也已滋長為「學識六能」（知識生命滋長成六大學識能量，進駐教師體內，成為教師自己能夠教好每位學生的學識能量，得以展現「春風化雨」之「學識境界‧典範風格」）。「人、教育、知識」三者的生命都可以永續「創新（領航）→創價→進升」，幫助人人都經「智慧人‧做創客」而有「適配幸福人生」。

# 第九章　能創價：

## 能創「人道立真、師道達善、學道增能（臻美）、識道築慧」之價

## 【導論】

　　本章第九章，談「能創價」，概念型定義是：教師每入教導學生學習「新知識」，更要能夠指導學生「用知識創新知識生命的價值」→「用知識創新人（學生）生命價值」→「用知識創新教育新生命的價值」→「用知識永續經由教育，持續創新人類新文明和文化新價值」。「人、知識、教育」三者新生命的交織，能永續創價，創新人家看得到的「文明‧文化」新價值。

　　台灣人的「價值意識」薄弱，知道「知識」的重要，但不知道知識的價值在哪裡；知道人的「生命」最重要，但很少探討人活著的「意義、價值、目的」是什麼？知道會為孩子找明星學校，重視孩子教育，很喜歡翻翻「親職教育雜誌」但很少真的看進去，類似《家長教育學：「順性揚才」一路發》之類的書，更望而生畏，不知「校本課程‧師本教材」的價值在哪裡？

　　本章運作「演繹法」，找出「教育機制」的價值點，「教育機制」就是「人‧知識‧教育」三者新生命交織之作品，例如：台灣當下的「學制、目標、課程、教材、師資、學生、教學」之系統結構（彼此生命互動創價結果），就是當前的「台灣教育機制」，它就是台灣教育產業（學校），提供所有師生「知能創價」暨「創新進升」的舞台（場域），找出其「人

・事・時・地・物・空」及其與滋養人「知能→學識→素養→典範→風格→境界」交織的「價值點（核心價值）」，我們就可以實施正確版本的「價值教育」，教師「能創價」，能創新「知識與生命」價值，能創新「人本與教育」價值，能創新「知能與學識」價值，也能創新「素養與典範」價值。

每一節的「節名」都要由三種元素建構：(1)教師能創價的「主體・主題」；(2)連結「素養四道」的層級；(3)使用「演繹法」核心操作點。四節的節名，也就成了下類風貌：第一節「能創『知識與生命』價值，立人道教育之真（「交互作用・整合發展」效應之運用）」。第二節「能創『人本與教育』價值，達師道育人之善（「螺旋重組・創新進升」效應之運用）」。第三節「能創『知能與學識』價值，臻學道動能之美（『知能創價・智慧創客』效應之運用）」。第四節「能創『素養與典範』價值，築識道共好之慧（『適配典範・風格創價』效應之運用）」。

教育用「知識」創新人的「生命價值」及「教育本身發展的價值」，人也用「活教育」創新知識的「生命與流動之價值」及「人本身（智慧人・做創客）的價值」，知識更經由「教育與學習」，創新人類「生命開展的價值」及當前文明和文化（萬物、萬事、萬德、萬人）的新價值。是以「人、知識、教育」三者都有生命，都是活的；三者生命的交織，產生「交互作用・整合發展」效應（1.0），產出「螺旋重組・創新進升」效應（2.0），產出「內構外築・遞移創價」效應（3.0），更產出「知能素養・學識進升」效應（4.0）。

這些「生命交織・創價進升」效應，都是教育的「新生命・新方法・新技術・新要領」，它們都是新的善知識（近似方法論的「善：經營技術」），它們都已「真實」的被發現，而且是「可教的・可學的」。是以本書第九章運作這些新方法效應，闡述教師的第五個「學識六能」──「能創價」，教師能在

教育歷程中引導學生指出「人、教育、知識」三者，彼此交織「創生‧創價」的事實。創生是「生命論」，創價則為「價值論」。台灣已有「創價學會」組織，「新教師學」得趕緊跟上腳步，並提出準確操作版本。「能創價」就是能找到「人、教育、知識」三者生命交織之間，系統模組運作的「核心價值」，並能在教學歷程中適時「揭示‧指出」讓學習者了解，知道當下習得「知能→學識→素養→典範」之價值。讓學習者能夠永續「知能創價」，並務實實踐「立真→達善→臻美→築慧」運作歷程。師生都「能創價」，人人有適配的「學識能量」，大家都能參與彩繪「人類的新文明和文化」。

　　本章分四節敘述，第一節「能創『知識與生命』價值，立人道教育之真（『交互作用‧整合發展』效應之運用）」，能創「五大類別、六何實相、生態自然‧文明文化」知識生命之教育價值。第二節「能創『人本與教育』價值，達師道育人之善（『螺旋重組‧創新進升』效應之運用）」，能創「新班級群組（經營達善）」→「新課程教材（築梯達善）」→「新模組教學（演繹達善）」→「新計畫實踐（創進達善）」之教育價值。第三節「能創『知能與學識』價值，臻學道動能之美（『知能創價‧智慧創客』效應之運用）」，能創「新知識學習（新生命動能）」→「新能量學習（新知識動能）」→「新系統學問學習（新學術動能）」→「新模組見識學習（新學識動能）」之教育價值。第四節「能創『素養與典範』價值，築識道共好之慧（『適配典範‧風格創價』效應之運用）」，能創「新精粹元素學習（解碼教育）」→「新修養組件學習（構築素養）」→「新經典作品學習（創新典範）」→「新創新進升學習（典範創價）」之築慧價值與實踐。

## 第一節　能創「知識與生命」價值，立人道教育之真（「交互作用・整合發展」效應之運用）

教師「能創價」有四大教育意涵：(1)知道「價值論」意義和價值；(2)會帶著學生實施「正確版本」的「價值教育」及「價值實踐」；(3)能專業示範創新「自己生命價值」、「教育價值」、「知識生命價值」；(4)能在「人、知識、教育」三者「生命交織・模組運作（教學歷程）」中，揭示「萬物、萬事、萬德、萬人」之核心價值。

「價值論」有兩大主張：一者界定「價值」的定義，主張「價值者，人類共好的生活品質曰價值，它是一種『慧能』，共好能量的慧能」。人與人互動及人與「萬事萬物」相處，有「共好結果」者，就是彼此「共好慧能」的展現。另一者主張「當代的人類文明和文化發展，都是『知識價值化』的具體成果」。主體在「知識」時稱為「唯識論」（認識論），主體在「價值化」時則稱之為「價值論」（參考鄭崇趁，2022，頁 35-62）。

「價值教育」的版本是：「價值論述」→「價值回饋」→「價值評量」→「價值實踐」。「價值評量」的實踐是：評量「作品價值」→評量「學習價值」→評量「教學價值」→評量「教育價值」；「價值實踐」的版本是：「揭示價值」→「認同價值」→「實踐價值」→「創新價值」。

「新五倫」核心價值的版本是：第一倫「家人關係」核心價值：親密、觀照、支持、依存。第二倫「同儕關係」核心價值：認同、合作、互助、共榮。第三倫「師生關係」核心價值：責任、創新、永續、智慧。第四倫「主雇關係」核心價值：專業、傳承、擴能、創價。第五倫「群己關係」核心價值：包容、尊重、公義、博愛。「新四維」版本的核心價值是：「四維 1.0：禮義廉恥」→「新四維 2.0：仁義禮法」→「新四維 3.0：知能創價」→「新四維 4.0：真善美慧」。

鄭崇趁（2020，頁 401-420）曾主張：「新五倫・新四維・新教育・新台

灣」，其更明確的運作意涵是，「新育」串連「新五倫、新四維價值教育」，三者「新生命」交織，所產生的「交互作用‧整合發展」效應，能夠「創價」，能創新「新六育→新教育」之價值；「新六育→新教育」之新教育「元素、組件、系統」新生命交織，所產出的「螺旋重組‧創新進升」效應，更能「創價」，「新教育」能帶動百業也產出「交互作用‧整合發展」效應暨「螺旋重組‧創新進升」效應；「新教育產業」就能創新進升「新台灣」（由「3.0 民主自由新台灣」再進升為「4.0 智慧創客新台灣」）。

「交互作用‧整合發展」效應，其創價意涵為：新「知識群組」彼此「交流對話」，產出「群組共識」，朝向共好「價值方向」脈絡開展之謂。其「心識模組」之運作是：「知（知識群組）」→「能（交流‧對話‧新能）」→「創（共識‧共好‧方向）」→「價（群組新識‧價值實踐）」。

「螺旋重組‧創新進升」效應，其創價意涵為：新「知能群組（模組）」彼此「新舊知能螺旋」，產出「新知新能」，重組創新「系統學能」，再重組進升「模組識能」之謂。其「心識模組」之運作是：「知（知能‧模組）」→「能（螺旋‧重組）」→「創（學能‧識能）」→「價（學識新價→新學識創新新事物新價值）」。

本節先以「交互作用‧整合發展」效應，詮釋「知識與生命」價值（創價），及其在「人道教育」上的意義價值（立真‧創價）。

## 一、能創「五大類別」知識生命的教育價值（立德、立功等二十個價值）

廣義的知識浩瀚無涯，存在於宇宙之中與人類的理性之間，概分成五大類：(1)物理現象的知識；(2)事理要領的知識；(3)生命系統的知識；(4)人倫綱常的知識；(5)時空律則的知識。教育的實施即在啟動「生命系統的知識」學習這五大類知識，是一種「知識學習知識」的歷程，因此教育的「實體」是「知識」；

這五大類知識的「交互作用・整合發展」效應，產出的「教育價值」，如表 9-1 所示。

表 9-1 「五大類知識教育」之核心價值表

| | 〈知識類別教育〉 | 〈核心價值〉 |
|---|---|---|
| 1 | 物理現象知識（生態自然教育） | 平衡、共榮、永續、互益 |
| 2 | 事理要領知識（拿物做事教育） | 立德、立功、立言、行道 |
| 3 | 生命系統知識（生命價值教育） | 健康、成熟、智慧、素質 |
| 4 | 人倫綱常知識（人際關係教育） | 真善、美慧、仁義、禮法 |
| 5 | 時空律則知識（時空價值教育） | 秩序、節奏、旋律、循環 |

註：本書作者依本書頁 117-123 內容製表。

## 二、能創「六何實相」知識生命的教育價值（人・事・時・地・物・空的價值）

狹義的知識，係指學生能夠學得會的「致用知識」，這些「致用知識」日日滋長在學生自己的「人→事→時→地→物→空」（六何實相）之上，成就每一個人的「知能→學識→素養」。「知識的生命與素養的教育元素」圖解，如圖 1-2 所示（本書頁 16）。

圖 1-2 繪出了本書最關鍵教育「專有名詞」（理論、理念）之「元素（內涵）」→「組件（命名・變項）」→「系統（平面・循環）」→「模組（立體・運行・演繹・創價）」。包括「知識生命論」（56 個大小教育元素生命滋長軌跡）、「素養四道」（人道、師道、學道、識道之命名及位置）、「人道教育」（全人發展指標）、「師道教育」（師生知識遞移・共同知能創價）、「學道教育」（「遞移・地圖・食譜・羅盤」之學習系統軌跡與操作模組）、「識道教育」（認識知識生命開展之「元素構築→知識遞移→知能創價→全人進升」，運行「策略・循環・創價・進升」軌跡）。

　　圖 1-2「知識生命論」的第一排「真（致用知識）→人・事・時・地・物・空」指教育用到的「真知識」（學會・致用的知識）必須存放在教育攸關的「人・事・時・地・物・空」（六何實相）之上，六何實相「同時存在」方能「轉動・演繹」教育知識的生命：「內構外築」→「知識遞移」，「知能創價」→「全人發展」。六何實相的「教育價值」大要如下：

　　1.人（師生為主、行政人員為輔）：參與教育、經營教育、領航教育、創新教育、進升教育。

　　2.事（布建國家整體教育機制）：設學校、聘教師、頒課程、編教材、教學生，傳承創新「人・教育・知識」三者的「生命・知識」。

　　3.時（當學生、當教師、具教育職務時間的生命階段）：握時機、勤學習、用智慧、優機制、做創客，永續提升教育歷程的「品質・價值」。

　　4.地（學校上的大地資源與樓地板面積）：蓋樓房、留空地、校園整體規劃、規劃各類主題教育區段，地盡其利，暢旺教育。

　　5.物（教育設施、設備基準、科技數位、課程教材等之物）：物盡其用，扮演有效教育之「工具、內容、知識、實體」角色價值。

　　6.空（空間，天地之間、校園空間、房舍樓層空間、雲端虛擬空間）：空間最大價值在於，提供教育機制與所有教育活動舞台（空間），無空不立，沒有空間，就不能裝載「人・事・時・地・物・空」，「空」是更為巨大的實相，它包容「萬人、萬事、萬物、萬德」及當前人類的「文明、文化」。教育人員的「素養」有時會像宗教家「情操」一般：「虛空有盡，我願無窮，情與無情，同圓種智」，「發願・行道」努力填滿教育虛空。

## 三、能創「生態自然」知識生命的教育價值：平衡、共融、永續、互益

　　「生態」係指與人並存在「地球之上・宇宙之間」的「生物」，例如：有生命會活動的「動物」與「植物」；「自然」則指與人共存在「地球之上・宇

宙之間」的「靜物」，例如：「山河大地‧江山如畫」及當下世界的「文明文
化‧五彩繽紛」（註：從陽明山上和觀音山上看雙北市的夜景，可見「燈火滿
城」，靜靜環繞在「淡水河及基隆河」兩河之間，它是台灣人共同彩繪的大地
文明，兼具生態及自然的「傳承」本質）。是以，「生態自然」是與人類並存
的「環境之物」，是知識的一種，也有生命，也是活的，人與之相處，用它當
「活教材」，就可以永續「經營‧創新‧創價‧進升」彼此的生命。

「生態自然」知識生命的教育價值有四：

1.平衡：人與萬物生態平衡，生靈萬物欣欣向榮，生生不息，「人‧知識‧
教育」也能平衡開展，欣欣向榮，生生不息，造就「萬物生新‧新心欣馨」的
教育。

2.共融：人與自然生態共融，相互約制，相互支援，相剋相生，共融共存，
造就「生態和諧‧人類幸福」的教育。

3.永續：人與生態自然永續平衡，永續共融，永續開展，永續創價，造就
「新環境文明‧新環境文化」的教育。

4.互益：人與自然生態互益共榮，生靈萬物與山河大地，共生共榮，共同彩
繪「創價文化‧進升文明」，造就「智慧人做創客‧適配幸福人生」的教育。

## 四、能創「文明文化」知識生命的教育價值（傳承、創新等十個價值）

人類生活的總稱曰文化，文化指人的「食‧衣‧住‧行‧育‧樂」基本生
活型態及其使用工具；具有前瞻性、進升型的生活內涵及新典範者，則稱之為
文明。從教育促進社會進步的視角而言，文明係文化的進升，文明的普及化也
就成為新文化，「文明→文化→新文明→新文化→新文明→……」永續累進進
升，彩繪著每一個世代的人類生活。世界過於遼闊，每個國家的「民族文化」
具有個殊性，每個國家的「文明發展」更不一致。每個國家的教育機制，就是
在轉動師生的「知識遞移」及「知能創價」，傳承創新「民族文化」（有根生

活），並創新進升「國家文明」（現代化生活）。是以教師「能創價」的第四個重點，在能創「文明文化」知識生命的教育價值。

「文明」與「文化」的知識生命都具有「相對性」特質，這些「相對性特質」的比較分析，即可顯現「文明文化」的教育價值，例如：

1.文化的「傳承性」與文明的「創新性」，「傳承‧創新」即為「文明文化」之教育價值。

2.文明的「進升性」與文化的「含容性」，「進升‧含容」即為「文明文化」之教育價值。

3.文明的「前瞻性」與文化的「普及性」，「前瞻‧普及」也是「文明文化」的教育價值。

4.文化的「尋根性」與文明的「築梯性」，「尋根‧築梯」也是「文明文化」的教育價值。

5.文明的「創價性」與文化的「永續性」，「創價‧永續」也是「文明文化」的教育價值。

## 第二節　能創「人本與教育」價值，達師道育人之善（「螺旋重組‧創新進升」效應之運用）

教師「能創價」的第二個焦點在於，能創「人本與教育」價值，亦即能善用自己「人本情懷」，掌握每次「教育學生歷程」，指導學生運作「螺旋重組‧創新進升」效應（創價），達師道育人之善。教師能從「新班級群組」→「新課程教材」→「新模組教學」→「新計畫實踐」等面向著力，創新「人本與教育」價值，逐一說明如下。

## 一、能創「新班級群組」經營達善之教育價值：討論、共學、助長、共識

「班級教學」係當代教師工作主要型態，教師每天都在各種不同的教室進行「班級教學」，是以「班級經營」成為教師最為重要的「焦點使命」，規劃運作「新班級群組教學」（例如：3～6人一群組，每班3～6群組），能創新班級經營運作型態，帶動班內群組團隊動能，實現「經營達善」之教育價值。

這些教育價值以下列四者最為明顯：

1.「討論（對話）」價值：新班級群組教學，增加「生生討論」及「師生討論」之對話機會，每人都參與群組對話討論，能夠誘發匯聚「團隊智慧動能」價值。

2.「共學」價值：「群組共學討論」是「班級共學聽課」的進升，由形式上的共學進升到「教材知識（學習內容）」的共學，深化「共學」價值。

3.「助長」價值：同學之間的「討論共學」，大家都有機會表達「解決問題・論述議題」之方法與觀點，大家也都聽到彼此的「見解・見識」，最能產出「交互助長」的價值。

4.「共識」價值：班級群組討論學習，都要共同完成「學習作品」，或由組員代表發表本組的「答案・見解・共識」，再由老師統合指導（評論），選出「最優作品」及「答案・共識」，具有學習「如何形成共識」之教育價值。

## 二、能創「新課程教材」築梯達善之教育價值：編序、鷹架、漸進、進升

本書作者主張「教師進升領導」暨「築梯論的課程教材設計」，是以本處所謂的「新課程教材」，係指教師能設計「多軌築梯課程」及編製「築梯式教學主題教材」，並實際在自己的授課班級實施。是以教師能創新「新課程教材」，啟動「螺旋重組・創新進升」效應（創價），彰顯「築梯達善」之教育價值。

「築梯達善」之教育價值，以下列四者最為明顯：

1.編序價值：「編序教學法」是心理學家施金納（Skinner）對教育最大貢獻，教材由易而難依序編製，學生學習由淺而深循序學習，學生容易上手，基石穩固，「築梯達善」也具有「編序」之教育價值。

2.鷹架價值：「鷹架理論」強調「社會支持力量」像鷹架，可以擴大「近側發展區」的學習效益，「築梯達善」成為「有梯進升」之鷹架，支持力量更大，具有「鷹架」之教育價值。

3.漸進價值：「漸進決策模式」是「政策‧計畫」規劃最受歡迎的模式，漸進築梯教材也廣受學生歡迎，築梯漸進確能幫助學生「有效‧永續」學習，具有「漸進‧永續」之教育價值。

4.進升價值：「築梯達善」之「課程與教材」，運用「有梯攀爬進升」之「學習地圖」、「學習食譜」、「學習羅盤」（學道）為操作攀爬工具，幫助師生之「教與學」，「築夢有梯‧創新進升」，習得「知能→學識→素養」；具有「進升」之教育價值。

## 三、能創「新模組教學」演繹達善之教育價值：系統、結構、循環、永續

「新模組教學」指當代教師會儘量使用「立體化的知識模組」教學，「立體化的知識模組」則為知識之「元素、組件、系統、模組」共構的「知能學識模組」，例如：「新知識→含技術→組能力→展價值」四位一體的智慧教育；「有創意→能創造→再創新→做創客」四創一體的創客教育；「價值論述→價值回饋→價值實踐→價值評量」的價值教育。又例如：實施「人道教育→師道教育→學道教育→識道教育」素養四道的教育，都是使用「立體化的知識模組」教學，這些模組化的知識（知能學識）本身「串連‧互動」，產出「螺旋重組‧創新進升」效應（創價），彰顯「演繹達善」的教育價值。

「新模組教學」能創「演繹達善」之教育價值，並以下列四者最為明顯：

1.系統脈絡價值：系統脈絡的知識指，知識的「元素、組件」已滋長連結成平面系統（同方向秩序・關係緊密）的知識，「立體化的知識模組」通常要先有「平面系統知識」為條件，方能進一步「立體化」。

2.結構網絡價值：多條「系統脈絡價值」的知識，才能建構「結構網絡・立體模組」的知識；結構網絡串連的系統愈綿密，「知能學識」模組的立體化愈明顯。

3.循環進升價值：「立體化的知能模組」具有「循環迴圈・永續經營」特質，師生善用「新模組教學」，其循環迴圈的永續運行，能夠有效「創新・進升」師生之「知能學識」模組，具有「循環・進升」價值。

4.永續創價價值：能夠「永續循環」的「知能學識」模組，就能「永續創價」，產出「知能創價・智慧創客」效應，再產出「學識創價・適配幸福」效應。「新模組教學」具有「永續・創價」價值。

## 四、能創「新計畫實踐」創進達善之教育價值：創新、領航、創價、進升

「新計畫實踐」指當代教師配合「新育→新六育→新教育」的實施，暨透過本書《新教師學：素養四道・學識六能》，習得之新「知能→學識→素養」，針對教師任務職責：「班級經營」→「授課教材」→「校本師本課程」→「教育活動」→「社團教學」等，策訂「進升型（築梯式）主題教育計畫」，並務實實踐執行之謂。當多數的教師都能「新計畫實踐」時，台灣的教育產業就能因「新育→素養四道→學識六能」的「串連・互動・對流」，產出「螺旋重組・創新進升」效應（創價）；進而能創新計畫實踐「創進達善」之教育價值。

「新計畫實踐」創進達善之教育價值，以下列四項價值最為明顯：

1.創新價值：教師策訂「進升型主題計畫」，以及編製「築梯式教材」在自己的「班級・課堂」實施，等同於將教育的「創新・進升」綁在一起，有進升的創新才是真創新，有創新的進升才是真進升。運作「新計畫實踐」，創新班

級經營策略、創新校本課程主題、創新師本課程教材、創新師生知識遞移模式，具有「創新教育」價值。

2.領航價值：「進升型主題計畫」及「築梯式教材」都具有下列特質：格式之美（圖表呈現）、系統之美（項次銜接順暢）、結構之新（新舊及跨域要事連結新關係）、旋律之新（執行內容文字精準優美，呈現新節奏、新旋律），四大特質整合實踐「德智美新」或「體群美新」四育新風貌；運作美新的「格式、系統、結構、旋律」專業示範，領航學生，學習「新六育‧新融合‧新風貌」，具有「領航教育」價值。

3.創價價值：「進升型主題計畫」及「築梯式教材」獲得執行實踐，同時創新師生「生命價值」暨「教育價值」，新計畫、新方法、新課程、新教材，永續創新師生「新生命價值（智慧人）」，產出的「智慧創客」作品，也永續的創新「教育價值（做創客）」。

4.進升價值：「進升型主題計畫」及「築梯式教材」獲得教師們篤行實踐，依年級順序及班級群組特性，實施「系列不同」主題教學及「適性階梯」教材，幫助學生「完整學習‧適配教育」，進而通過「標準‧品保‧檢測」，順利「實質進升」年級、學程、課程；「實質進升」小學→國中→高中→大學（學士）→碩士→博士之學習；「實質進升」教育之績效價值（「知能→學識→素養→典範」之孕育）。具有「實質進升‧永續進升」的教育價值。

## 第三節　能創「知能與學識」價值，臻學道動能之美（「知能創價‧智慧創客」效應之運用）

本節之標題有三個重點：

1.指出教師「能創價」的第三個焦點在於，能創「知能與學識」價值，指「育（進升素養）─知‧能‧學‧識‧素‧養」中的「知能」與「學識」。

2.指出「知能與學識」創新的教育價值，集中在「經由學道產出的新動能」之美。

3.「知能創價」及「學識創價」運作「知能創價·智慧創客」效應，最具「創價效果」（創新「智慧人·做創客」生命價值，暨創新教育的「智慧模組動能」之美）。

「知能創價·智慧創客」效應之創價意涵為：「知識＋能力」創新「生命＋教育」價值，並且用「德行（智慧人）＋作品（做創客）」表現其價值行為。其「心識模組」之運作為：「知（知識及見識群組）」→「能（新舊能量·重組新能）」→「創（新知能·新學識）」→「價（智慧人·做創客）」。本節續以「知能創價·智慧創客」效應，註解「知能與學識」價值，及其在「學道教育」上的意義價值（臻美·動能·創價）。

### 一、能創「新知識學習·新生命動能」之教育價值：新知識（真）→含技術（善）→組能力（美）→展價值（慧）→成智慧（力）→達創客（行）→行道德（教）→通素養（育）

「新知識學習」產出的「新生命動能」，具「創新人新生命」價值的事實，也是「知識本身新生命滋長」的表現（創新知識生命的價值）。兩者合一，知識在人身上產出教育最大價值：「新生命動能」；這「新生命動能」概指「知識生命大循環」之新「知識能量」，在「人內在」（人心）滋養的新「知能→學識→素養」模組。其「新生命動能」產出的歷程（循環軌跡）為：

1.「新知識（真）」：學會的、會用的新知識都是真的。

2.「含技術（善）」：真的新知識都含有可操作次級系統的知識，稱之為善技術。

3.「組能力（美）」：新知識含技術與舊經驗，既有知能螺旋重組，產出新

能量，匯聚成美動能。

4.「展價值（慧）」：美的新生命動能滋長「共好慧能」，開展人類共好的生活品質──慧價值。

5.「成智慧（力）」：新生命動能「真・善・美・慧」四位一體，形成人的「新智慧動能」──有行動意願。

6.「達創客（行）」：智慧人必然做創客，用德行作品展現其「力・行」生命動能。

7.「行道德（教）」：教育機制、課程教學擘劃各種學習軌道，教師指導學生依序學習。

8.「通素養（育）」：教育培育人的「德・智・體・群・美・新」六育新生命動能──新素養。

## 二、能創「新能量學習・新知識動能」之教育價值：真（致用知識）→善（經營技術）→美（實踐能力）→慧（共好價值）→力（行動意願）→行（德行作品）→教（創新知能）→育（進升素養）

「新能量（力）學習」也產出「新知識動能」，因為「能」的元素在原本的「知識」中滋長，優化自己的「知能模組」內涵，也具有「永續增生『新知識動能』」之教育價值，是以大多數教師的教學都從「新知識含可操作的技術（次級系統知識・新能量・善技能）」教起，「解碼知識本身的新能量」，在藉由這些「新能量學習」，產出「新知識動能」的教育價值，例如：「系統思考」一詞出現以後，要教會學生實踐「系統思考」並不容易，鄭崇趁（2012，頁 241-254）將「系統思考」解碼為「觀照全面」→「掌握關鍵」→「形優輔弱」→「實踐目標」四個善技術（可操作的新能），並舉以下例子：「讀書寫作」、「擬定計畫」、「校長考試答題」等實務都要有這四個「善技術（新能量）」的助長，才能成就其「事功」；多數學生就此學會。

　　「新能量學習」所產出的「新知識動能」，恰似「知識生命表象」的滋長歷程，它們大循環的教育價值（知識表象學名）是：「真（致用知識）」→「善（經營技術）」→「美（實踐能力）」→「慧（共好價值）」→「力（行動意願）」→「行（德行作品）」→「教（創新知能）」→「育（進升素養）」。前段的「知識新能量」小循環，建構了「真・善・美・慧」四位一體的「KTAV智慧創客」教學模式（新知識動能模式）。全段的「知識新能量」大循環，建構了「真善→美慧→力行→教育」八位一體的知能創價 KCCV 教育模式（新知識動能模式）。

　　又如：「新育」（新元素・新能量）被發現以後，它繼續與「知識生命大小循環模組」互動，滋生本書作者本身之「新能量學習」，顯現「『螺旋重組・創新進升』暨『知能創價・智慧創客』」效應（知能學識永續創價），才得以出版本書《新教師學：素養四道・學識六能》，「素養四道」及「學識六能」都是當代教師應備的「新知識動能」，本書用十章的篇幅闡明這些「新知識動能」的「價值意涵」與有效的「操作力點」。

### ◆ 三、能創「新系統學問學習・新學術動能」之教育價值：「學道增能・六育新能」

　　「新系統學問學習」係指學習者學會新的系列性（系統性）專有學識名詞，然後用自己認同的「學識觀點」表達出來的「文章・著作」；這些新文章著作就會產出「新學術動能」的教育價值，例如：本書作者出版《家長教育學：「順性揚才」一路發》（鄭崇趁，2015）一書，用「一觀、六說、八論」寫成，「一觀」指「順性揚才觀」，「六說」指「全人發展說、多元智能說、三適連環說、適配生涯說、自我實現說、智慧資本說」，「八論」則指「好的習慣論、支持激勵論、優勢學習論、經營本位論、知識管理論、築夢踏實論、績效責任論、系統思考論」，「一觀、六說、八論」都是本書作者認同及創新的「學識觀點」；以「順性揚才觀」為核心主軸，開展「六說、八論」在「家長身上」的

實踐，期盼天下的「家長們」產出「新學術動能」，學會如何教養好自己的孩子，「順性揚才」一路發（一、六、八的諧音），用「一觀、六說、八論」的「運行動能」，幫助孩子「成長・就業・事功」一路發，能過「適配幸福人生」。

又如：「學道」教育的命名與「學習軌道設定」，也是本書作者的「新系統學問學習」，產出「新學術動能」之教育價值具體事實範例，「學習遷移理論」係本書作者於大學課程習得的教育原理，「學習地圖」及「學習步道」係本書作者近二十年來教學常用的教育名詞，「學習食譜」一詞係本書作者閱讀《三適連環教育》（何福田，2010）後，讚嘆認同的新教育名詞，「KTAV 教學模式」及「KTAV 學習食譜」則發表出版在《知識教育學：智慧人・做創客》（鄭崇趁，2017）一書之中。「台灣版學習羅盤」則係本書作者閱讀 OECD（2019）「學習羅盤」暨出版《素養教育解碼學：元素構築・知識遞移・知能創價》（鄭崇趁，2020）一書之後的新創產品。「台灣版學習羅盤」的正式版本發表於 2021 年（鄭崇趁、鄭依萍，2021），迄 2022 年撰寫《新校長學：創新進升九論》一書時，才集合四個教育新專有名詞「學習遷移」→「學習地圖（含學習步道）」→「學習食譜」→「學習羅盤」，命名為「學道」（鄭崇趁，2022，頁 23-29）。

本書（新教師學）方將「學道教育」列為「素養四道」之一；這一系列教育「方法・工具」價值的產出，即為本書作者的「新系統學問學習」，產出之「新學術動能」（可操作運行的學術名詞與工具），師生用於「教與學」，可以產出新「知能→學識」能量及實踐能力（美、新動能）。

## 四、能創「新模組見識學習・新學識動能」之教育價值：「識道築慧・全人進升」

「新模組見識學習」係指學習者學會「含有作者見識之模組型、立體型」系列專有學識名詞（知識），然後用「自己的學識觀點」表達出來的「著作・

論文」，這些論文、著作就會產出「新學識動能」的教育價值，例如：《教育4.0：新五倫‧智慧創客學校》一書（鄭崇趁，2018），是國內第一本用「教育4.0」明確版本，撰寫完成的「教育4.0專書」（註：國內有另一本「討論如何建構教育4.0的書」——中國教育學會於2018年出版的《邁向教育4.0：智慧學校的想像與建構》）。本書作者界定的「教育4.0」明確版本如下（鄭崇趁，2018，頁2）：

　　教育1.0「經驗化」：私塾、書院時期的教育（民國前）

　　　　　　　　　　　　教育目的「脫文盲‧求功名」。

　　教育2.0「知識化」：公共學校普及化時期的教育（1968年起）

　　　　　　　　　　　　教育目的「知識人‧社會人」。

　　教育3.0「能力化」：特色品牌學校時期的教育（2000年起）

　　　　　　　　　　　　教育目的「獨特人‧永續人」。

　　教育4.0「素養化」：新五倫‧智慧創客學校時期的教育（2019年起）

　　　　　　　　　　　　教育目的「智慧人‧做創客」。

　　這本「教育4.0專書」，運作了20個「教育新專有名詞」（都是本書作者的「新模組見識學習」），而其概念型定義及操作型定義之運用，都具有「新學識動能價值」，包括：(1)文明進升性；(2)文化含容性；(3)工業4.0；(4)教育4.0；(5)教育組件元素；(6)關鍵能力；(7)核心素養；(8)新五倫；(9)核心價值；(10)價值教育；(11)智慧教育；(12)創客教育；(13)新覺識；(14)新動能；(15)新五倫‧智慧創客學校；(16)新知能模組說；(17)知識遞移說；(18)知能創價說；(19) KTAV教學模式；(20) KTAV學習食譜。

　　這本書運作20個「新模組見識學習」教育名詞，寫成「四篇‧十八章（380頁）」的「教育4.0專書」，從四篇的「篇名設定」（命名），亦可以觀察到它產出「新學識動能」的軌跡，第一篇「理念素養篇：新覺識」→第二篇「進升策略篇：新方法」→第三篇「實踐計畫篇：新動能」→第四篇「新詞釋義篇：新價值」。全書就是一本依KTAV學識動能模式所撰寫而成的書。

又如：「識道」教育的命名，及其核心內涵運用在「台灣版學習羅盤」之「指針」與「迴圈」的設定，更是「新模組見識學習」能創新「新學識動能」教育價值的經典範例。本書作者於 2019～2020 兩年間，學習用「素養教育」的三個「核心技術」：元素構築、知識遞移、知能創價，來解開「素養教育的密碼」（書名定為《素養教育解碼學》），第一年的重點在運用「知識生命模組」找出「素養的教育元素」，建構「素養的教育元素表（圖解）」，初期挑戰嚴峻，舉步維艱，遲滯不前；2019 年下半年，本書作者執行了一個可以激勵自我的策略，在博士班課程直接講授六次「元素構築」的範例，這六次課的教學及討論，創新了一個珍貴的「智慧創客」作品，如圖 1-2 所示（本書頁 16）。

圖 1-2 這張「素養教育元素表（圖解）」所產出的「新學識動能」最大，它是「識道」、「台灣版學習羅盤」、「學道」的源頭，也是本書作者能夠繼續撰寫「新校長學」及「新教師學」的孵化器。相信學會它的老師們，就能「領會・滋長」素養四道之「新學識動能」，就能具體實踐「新學識六能」，開展優教師的「新本業・新學識動能」──能永續帶著學生「傳新道→授新業→解新惑→領新航→創新價→進新升」，用「活教育」演繹創新「人・知識・教育」三者的「新生命價值」。

## 第四節　能創「素養與典範」價值，築識道共好之慧（「適配典範・風格創價」效應之運用）

本節標題有三個重點：

1.揭示教師「能創價」的第四個焦點是，能創「素養與典範」價值，係指素養的教育元素表中「育（進升素養）──知、能、學、識、素、養、典、範」之「素養」與「典範」。

2.指出「素養與典範」創新的價值，集中在經由「識道」築慧所建構的「共好價值」（慧能──德、智、體、群、美、新共好動能的交織）。

3.「素養創價」與「典範創價」是一種「適配典範‧風格創價」效應，從學生的層面而言，素養創價的終點是，獲致「適配幸福人生」；從教師的層面而言，素養教育的終點是，獲致「適配典範風格」，兩者合一產出「適配典範‧風格創價」效應。

「適配典範‧風格創價」效應的創價意涵是，教師對學生專業示範自己的「適配幸福人生」暨「師道典範風格」，學生「直接‧觀察‧模仿」學習，潛移默化，也逐漸成為自己核心價值行為的「經典‧形式‧典範」，師生用「新典範‧新模組」行為創新的「人生＋教育」價值，則稱之為「風格創價」。其「心識模組」的運作為：知（適配、幸福、典範、風格）→能（實踐「適配教育‧幸福教育」並示範自己的「適配素養‧典範風格」→創（新素養‧新模組學習──「人道、師道、學道、識道」教育）→價（師生都有「適配幸福人生」，都能展現「教育與學習」之「適配典範風格」）。

本節續以「適配典範‧風格創價」效應，註解「素養與典範」價值，及其在「識道教育」上的意義價值（適配、幸福、典範、風格、永續、創價）。

## ■ 一、能創「新精粹元素學習‧解碼教育」之築慧價值：
### 適→配→幸→福→典→範→風→格

「新精粹元素學習」係指學習者學習類似圖 1-2 的方法，找出「素養的 56 顆教育元素」或「八顆大元素──真‧善‧美‧慧‧力‧行‧教‧育」之「次級系統 6 個元素」，用「精粹元素」來解碼教育的「核心價值」，「元素」大多以一個字的「單字」或兩個字的「名詞」呈現，這些元素「字‧詞」的直接意涵及教育意涵即為其「價值」，它們新的「多元素字詞群集」互動、螺旋、重組，亦能產出「識道築慧價值」──認識「新元素群組」暨其「共好慧能」，例如：本書介紹之「新五倫」、「新四維」的「價值版本」皆可當範例說明。

例如：「新四維版本」：「四維 1.0──禮義廉恥」→「新四維 2.0──仁義禮法」→「新四維 3.0──知能創價」→「新四維 4.0──真善美慧」。這些新版本「單

字元素」的個別意涵及群組意涵都能產出「共好築慧」能量（慧能），值得國家領導人或教育部門首長頒行運用，讓它們帶動「人民‧師生」產出「集體智慧動能」。

又如：「新五倫版本」及其「核心價值」如下：

1.第一倫「家、人關係」：親密、觀照、支持、依存。

2.第二倫「同、儕關係」：認同、合作、互助、共榮。

3.第三倫「師、生關係」：責任、創新、永續、智慧。

4.第四倫「主、雇關係」：專業、傳承、擴能、創價。

5.第五倫「群、己關係」：包容、尊重、公義、博愛。

與「人」攸關的「元素‧字詞」，就可以重新「解碼‧建構」新五倫的「知識類別版本」及「核心價值版本」。本書作者之所以能夠研發這些「新動能版本」，乃探究這些「元素文字‧語詞」的「本質意涵」及「群組價值意涵（運用意涵）」，就能匯聚開展「新五倫‧新四維」有效版本的「系統價值文詞」（新類別‧新價值），有「興趣‧意願」的讀者也可參照自主練習，研發教育新價值。

就教育之最終價值而言，在「開展適配幸福新人生」（新人道教育），也在「實踐人師典範新使命」（新師道教育），這兩大素養的「精粹元素」可解碼為：「適→配→幸→福→典→範→風→格」8顆次級系統元素，這8顆新精粹元素的「本質意涵」及「群組意涵」，都具有教育的新價值，兩兩組合成「適配」、「幸福」、「典範」、「風格」以及四字串連成「適配幸福」、「典範風格」，都具有教育的「精粹元素‧築慧價值」。

## 二、能創「新修養組件學習‧構築素養」之築慧價值：適配→幸福→典範→風格

「元素→組件→系統→模式」是「知識」存有的基本樣態，通常由「多個元素」知識→形成「組件」知識；「多個‧優化（組件‧元素）」知識→建構

「脈絡系統」知識；「優化・活化（系統・組件・元素）」知識→建構「新知能模組」知識。「新修養組件學習」係指教師指導學生學習「構築素養」攸關的教育「名詞、成語、專有名詞」（都是組件），這些組件（含元素）之「交流互動・螺旋重組」，即能產出「構築素養」之築慧教育價值，例如：教師對學生實施「適配教育」及「幸福教育」，就能引導學生經營（構築）「適配幸福人生」之素養。「適配、教育、幸福、教育」都是組件，四個新修養組件的學習，得以構築「適配幸福人生」之素養，此素養本身是以「已經學會・會運用・會實踐」之「新知能學識模組」型態，存放在學生心裡，得「隨時・永續」力行實踐，真的擁有「適配幸福人生」。

是以優教師要能經由「適配教育」及「幸福教育」之實施，帶著學生學習這兩個「知識系統模組」中的「關鍵零組件」；「適配教育」的關鍵組件是：適配的「進路選擇」、適配的「目標設定」、適配的「經營策略」、適配的「使力焦點」、適配的「人脈關係」、適配的「事理要領」、適配的「節奏旋律」、適配的「平衡機制」（鄭崇趁，2022，頁 165-169）。

「幸福教育」的關鍵組件即為「幸福教育」的「經營策略」，它們是「美新實踐策略」、「慧能長新策略（價值實踐策略）」、「自我實現策略」、「智慧動能策略」、「知識遞移策略」、「智慧創客策略」、「優勢築梯策略」、「演繹進升策略」，學生學習前述這十六個關鍵零組件，就能有效構築「適配幸福人生」新素養（鄭崇趁、鄭依萍，2022）。

## 三、能創「新經典作品學習・創新典範」之築慧價值：

### 智慧人→做創客→新領導→優教師→能家長→行國民

「新經典作品學習」係指「經典作品」即為知識創新的「新典範」（用新「知識技術・材質形狀」表達「智慧創客」作品的新典範）。在一般學校普遍實施「新育、智慧教育、創客教育、價值教育、素養教育」之後，學生每學期至少會產出 3～6 件作品，畢業生畢業時會展出 10 件「智慧創客」代表作品，

學校每年舉辦一次的「智慧創客嘉年華會」也會選出年度師生百大作品。學校都能充分提供學生「新經典作品學習」機會，這些得獎經典作品的展出及導覽，創新學生「作品‧典範」學習，並產出「典範‧築慧」價值，例如：「形狀、顏色、材質、技術」最受歡迎的作品，都會成為同學之間「流行的仿作」，有時也會成為學校的「特色品牌」。教師自己的「作品」、「教材」、「教學典範」，更是學生「作品‧典範」學習的直接對象。

　　學生經由「新經典作品學習」，創新自己「作品及全人發展」典範之「築慧價值」，邁向「六至德‧新典範」的價值實踐，他們是：智慧人→做創客→新領導→優教師→能家長→行國民。是以，教師對學生實施「素養四道教育」，採行「人道‧師道‧學道‧識道」新「知能‧學識模組」教學，更是專業示範廣義的「新經典作品（工具性學習軌道）學習」，其可以築「全人進升」之慧。因此，「台灣版學習羅盤」的標題才會使用「台灣邁向 2030 教育目標：智慧人‧做創客（適配幸福人生）」。教師本身「價值行為」的「典範‧風格」更是學生「楷模‧典範」學習的最關鍵「零組件」，而且「是活的‧有生命‧能互動‧掌教學‧展慧能」的組件。

　　鄭崇趁（2022，頁 188-191）認為，教師對學生的「典範風格」領導，以經營下列六項為優先：

　　1.揭示教育創新生命的事實：教師教學時，要掌握學生「知道了→明白了→得道了→進升了」時之契機，指出新知識創新學生心理生命的事實。

　　2.詮釋知識生命流動的軌跡：教師要適時以學生完成的作品為範例，說明「知識（含技術）」如何遞移到學生身上，再從學生身上跑到作品之上，前段稱為「知識遞移」軌跡，後段稱之為「知能創價」軌跡。

　　3.示範優勢專長的知能運用：教師要常示範自己「優勢專長」的知能運用，提供學生楷模學習，誘發學生優勢專長明朗化，技術要領有「講案例、秀才藝、帶比賽、論價值」。

　　4.教導學科知能的智慧學習：教師適時運用「KTAV 教學模式」及「KTAV

學習食譜」教學，引導學生直接「智慧學習」，學習食譜四個欄位代表「新知識（真）、含技術（善）、組能力（美）、展價值（慧）」四位一體的「智慧學習」。

5.產出德行作品的創客表現：教師的單元教學，要有 3～5 個主題（提供做作品樣品），引導學生「創客表現」，用具體的作品（含德行），來表達自己的學習成果（智慧人・做創客）。

6.實施價值實踐的素養評量：教師在單元教學時，實施價值實踐的素養評量，學生的價值體認與實踐最具體。「價值實踐」的歷程是：揭示價值→認同價值→實踐價值（價值評量）→創新價值。

## 四、能創「新創新進升學習・典範創價」之築慧價值：新育→四道→羅盤→演繹

「新創新進升學習」指將「創新」與「進升」綁在一起的「教育與學習」，有進升的創新才是真創新，有創新的進升也才是真進升，找出「創新・進升」兩大典範的共同使力焦點（創新進升力點），永續使力經營深耕，百業產業均可升級（實質的創新進升）。就教育產業而言，本書作者新出版的兩本專書（教材）——《新校長學》及《新教師學》，都是將「創新」與「進升」綁在一起的專門「學識・典範」教材。

例如：《新校長學》第五章（鄭崇趁，2022，頁 108-132）寫「新『創新』教育暨『模組論』領導」，找到了「五軸、五鑰」新「教育・知能・學識」模組，是校長領導教育「創新經營」及「進升領導」共同的使力焦點；就「博碩士」學生修課而言，直接學習「五軸、五鑰」（新典範模組），學會了，能實際操作新模組知能，「創新・進升」學校教育品質，即可稱之為「典範創價」之築慧價值（註：「五軸」是指，第一軸線「知識價值」教育，第二軸線「智慧創客」教育，第三軸線「創新進升」教育，第四軸線「人道師道」教育，第五軸線「學道師道」教育。「五鑰」是，第一把鑰匙「新五倫、新四維價值教

育」，第二把鑰匙「KTAV學習食譜」，第三把鑰匙「進升型主題教育計畫」，第四把鑰匙「新育」教育，第五把鑰匙「台灣版學習羅盤」）。「校長領導新境界：五軸‧五鑰」，如圖 9-1 所示。

圖9-1　校長領導新境界：五軸‧五鑰

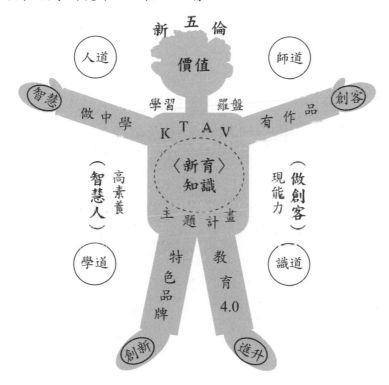

註：引自鄭崇趁（2022，頁 118）。

又如：《新校長學》第六章（鄭崇趁，2022，頁 135-153）寫「新『進升』教育暨『築梯論』領導」，創新詮釋「進升教育」的六大特質與十五項作為，暨教師進升學生「築梯論」領導的六築梯，以及校長進升教師「築梯論」領導的六築梯。這些「特質‧作為‧築梯」均含有「創新‧進升」意涵，皆為廣義的「創新‧進升」共同使力焦點。碩博士學生學會了這些新「築梯‧學識‧模

組・典範」運作教材，運用在自己學校教育產業的經營，就能幫助學校教育產業升級，由「教育 3.0」（能力化・特色品牌學校）進升「教育 4.0」（素養化・新五倫・智慧創客學校）。學校的「築梯創價」歷程，即為「創新進升・典範創價」之築慧價值〔註：教師進升學生的六築梯是：(1)築生活好習慣之梯；(2)築學習有要領之梯；(3)築閱讀優策略之梯；(4)築社團亮專長之梯；(5)築品格樂服務之梯；(6)築作品成創客之梯。校長進升教師的六築梯是：(1)築人生目標之梯；(2)築階段任務之梯；(3)築計畫進升之梯；(4)築校本課程之梯；(5)築卓越專長之梯；(6)築教材系統之梯〕。

在本書中，「新創新進升學習・典範創價」之築慧價值，特別彰顯七個新「元素、組件、模式、典範」之「創價・築慧」，它們是「新育」→「素養」→「四道」→「學識」→「六能」→「羅盤」→「演繹」，皆為「新發展・新定位・新版本・新典範」的新教育專有名詞，具有「新理論、新原理、新方法、新典範」的實質內涵。逐一闡明如下：

1.「新育」：我國教育原本為五育：德育、智育、體育、群育、美育，有了「新育」之後，成為「六育」。「新育」者，「新、心、欣、馨」的教育，「新育」帶動「新德育」→「新智育」→「新體育」→「新群育」→「新美育」→「新新育」；教育事業在「教」人之所以為人，在「育」人之德→育人之智→育人之體→育人之群→育人之美→育人新。「德→智→體→群→美→新」新六育永續循環，完整詮釋「教育」對「人」的功能價值，「新育・新六育」具有「新典範創價」的築慧價值。

2.「素養」：「素養」者，修養的元素也，素養的形成，由 56 顆精粹的教育元素構築而來的，它們依「知識生命」的滋長，分成八大群組「真（新知識）」→「善（含技術）」→「美（組能力）」→「慧（展價值）」→「力（成智慧）」→「行（達創客）」→「教（行道德）」→「育（通素養）」；每一群組均含「6 顆可循環」之次級系統元素。教育之作為，在啟動這些元素經由「識道：元素構築→知識遞移→知能創價→全人進升」歷程，讓學生習得「九

項核心素養」，素養本身也含「6 顆可循環」教育元素：「知→能→學→識→素→養」，這 6 顆「新元素」及其新建構的「新組件」（例如：知能→學識→素養；知能素養→學識素養→素養典範），已逐漸形成「素養取向教育」可運作的「主流典範」，具有「典範創價・風格築慧」的價值：「九項素養」均可經由「校本・師本」課程教材直接教〔註：不是等學校總體課程教完，學生的九項素養自然形成，九項素養均可直接教的具體範例，得參閱《素養教育解碼學》第二篇（鄭崇趁，2020，頁 141-280）〕。

3.「四道」：係指本書之「素養四道」：新「人道」教育、新「師道」教育、新「學道」教育、新「識道」教育。本書第一篇前四章，已敘明它們的「概念型定義」及「操作型定義」，並分別闡明四道「立真→達善→臻美→築慧」之完整歷程，學會運作「素養四道」教會學生「九項核心素養」，培育獲得等值的「知能→學識→素養」，已成為當代「教師及師資生」應備的基本「學識素養」。四道本身的「知能學識」模組也已成為「新模組、新典範、新風格」，它們也都具有「典範創價・風格築慧」的價值，讀者參閱這四章「章名之副標題」即可明瞭其「創價・築慧」之「價值點」。

4.「學識」：係指本書之「學識六能」，將「六能」用「學識」命名，「四道」則用「素養命名」，都是本書的「獨特風格」，並非本書作者喜歡「標新立異」、喜歡用「新創專有名詞」來展現「學識功力」，正確的事實是，本書作者認為教師們探究「新育」加入營運後，「素養取向教育」準確的「著力點」（版本）為何，因而「解碼、分析、演繹」這些「字、詞、元素、組件」之「原始意涵價值」暨「新群集意涵價值」之後，「辨識、判斷、選擇、決定」之後的「命名用語」。

「學識」者，學術學能與見識識能也，具「系統性・可循環」之知識稱為「學」，有「見識性・模組化」之知識稱為「識」，「學識」是「知能→素養」之間的中介「元素・組件・變項」，「知能→學識→素養」才是建構人「素養」的完整歷程，且「學識」的成分遠比「知能」的成分重要，知能建構基礎素養，

學識能量則建構高階素養。中小教育課程多為「知能模組」知識的學習，大學及研究所教育，逐漸加重「學識模組」知識的學習。教師及師資生的「學識六能」都是新教育的「新學識典範」，都具有「典範創價・風格築慧」的價值。讀者參閱本書後六章，章名直接載明的「學能・識能」焦點，就能明瞭其築慧價值。

5.「六能」：係指本書「學識六能」中之「六能」，能傳道→能授業→能解惑→能領航→能創價→能進升。前三種「學識能」原是韓愈〈師說〉之「傳道、授業、解惑」，各用「新教育」四個深層「學識模組」能量（力），具體詮釋「當代教師」皆具備「能傳學識之道」→「能授學識之業」→「能解學識之惑」的「美新・動能」；後三種「學識能」則係本書作者針對「教育產業升級」，「演繹・創價」後的學識主張，認為「當代教師」也須具備「能領學識之航」→「能創學識之價」→「能進學識之升」的「美新・動能」。台灣的教師及教授們如有 20 ％能運作「素養四道、學識六能」教學，台灣的教育產業就真的升級了；「六能」本身也都具有「典範創價・風格築慧」之價值。

6.「羅盤」：本書運用「台灣版學習羅盤」（鄭崇趁、鄭依萍，2021），成就了「新學道」與「新識道」教育，運用羅盤的「教學・教育」是最新的「工具・型態・典範・運轉・風格」之經典，羅盤內裝載的「指針・迴圈・運轉軌跡・構築策略・遞移策略・創價策略・進升策略」，都是「新學識典範」，具有「典範創價・風格築慧」之價值。

7.「演繹」：本書多處強調「演繹法」在「教育研究教學」上的「新價值」，鄭崇趁、鄭依萍（2021）介紹「演繹六法」的新風貌，大要為：(1)演易法：演「統整命名」，能「容易學習」（如周文王演易，定《易經》爻辭）；(2)演譯法：演「溝通傳譯」，能「交流擴能」（如梁實秋翻譯《莎士比亞全集》）；(3)演意法：演「尋根探源」，定「內涵脈絡」；（如博碩士論文的定義與操作變項）(4)演義法：演「核心價值」，揚「共好慧能」（如《三國演義》的仁義治國）；(5)演毅法：演「深耕永續」，能「創新進升」（如各專門行業

的典範達人）；(6)演繹法：演「系統結構」，能「模組循環」（如素養四道與學識六能的系統結構）。

又如：本章示範「演繹『集體智慧動能』效應（創價）」的四個層次（境界），展現「演繹典範・風格創價」之事實。1.0 演繹運作「交互作用・整合發展」效應→2.0 演繹運作「螺旋重組・創新進升」效應→3.0 演繹運作「知能創價・智慧創客」效應→4.0 演繹運作「適配典範・風格創價」效應。這些「新演繹典範・新學識動能」，是本書作者撰寫完成本書的「關鍵心識能量」，特予摘述陳列，與讀者分享。本書作者期待有更多的夥伴，一起來演繹「人、知識、教育」三者生命的交織與進升發展（開展教育產業升級）。

# 第十章 能進升：

## 能進「知識生命、知能模組、學識典範、素養境界」之升

## 【導論】

　　本章為第十章，談「能進升」，本章是全書的最後一章，也具有「總結」之意。「進升」者，「進步・升級」也；教師「能進升」者，概指教師能專業示範自己的「進升」，並能引導學生進升自己的「知識生命」、進升自己的「知能模組」、進升自己的「學識典範」、進升自己的「素養境界」。

　　本章的「節名」，加上了前四者本身的「進升方向（力點）」，是以形成下列風貌：第一節「能進『知識生命→構築解碼』之升」；第二節「能進『知能模組→構築遞移』之升」；第三節「能進『學識典範→知能創價』之升」；第四節「能進『素養動能→典範境界』之升」。讀者或許已經發現，節名的「設定」，來自「教→育」兩顆大元素，及其次級元素（各6～8顆）的「演繹・解碼」。「教（創新知能）：構・築→遞・移→創・價→進・升」；「育（進升素養）：知・能→學・識→素・養→典・範」。

　　本書是「新教師學」，之所以重視「素養四道」及「學識六能」，乃「知識生命論」發現「新育」、「教育 4.0」、「進升領導」、「演繹法」、「解碼學」、「台灣版學習羅盤」之後，加入原本「知識生命的原形」（56 顆大小教育元素），永續深度「演繹・解碼・創價・進升」而來的新「績效價值」。本書驗證了「素養四道：『人道・師道・學道・識道』新教育」暨「學識六能：教師『能傳道・能授業・能解惑・能領航・能創

價・能進升』」都是真實的存有，都是「立真→達善→臻美→築慧」的新「知識・學識」，它們可以幫助台灣教育產業升級。

　　「進升策略」、「進升教育」、「進升領導」、「築梯論」四個教育新專有名詞，都是因應教育界建構「教育4.0」版本需求，由本書作者研發的系列專有名詞。《教育4.0：新五倫・智慧創客學校》（鄭崇趁，2018，頁111-220）一書，第二篇包括五篇（章）新策略方法文章，篇名定為「進升策略篇：新方法」，「進升策略」新詞，開始被使用。鄭崇趁（2019）提出「進升領導」，發表於《教育領導的新議題》一書中（林新發、朱子君主編，2019，頁349-373）。鄭崇趁（2022）出版《新校長學：創新進升九論》一書，第六章章名：新「進升」教育暨「築梯論」領導。這些都是與「進升」攸關專有名詞的源頭。

　　「進升」者，「進步・升級」也；教師「能進升」者，概指教師能專業示範自己的「進升」，並能引導學生進升自己的「知識生命」、進升自己的「知能模組」、進升自己的「學識典範」、進升自己的「素養境界」。在本書的「能進升」，專指「人・能量・動能」知識與智慧的進升。

　　鄭崇趁（2022，頁141）已指出，新「進升教育」的實踐作為，概有十五個著力點（項）：(1)教師專業素養的進升；(2)學生素養能量的進升；(3)師生知識遞移的進升；(4)師生知能創價的進升；(5)師生智慧創客的進升；(6)學校分項教育的進升；(7)學校主題方案的進升；(8)學校課程模組的進升；(9)學校特色品牌的進升；(10)學校組織文化的進升；(11)教育智慧環境的進升；(12)教育學習四道的進升；(13)教育資源統整的進升；(14)教育空間領導的進升；(15)教育智慧動能的進升。並明確提示，這十五個著力點，提供校長及領航教師參照採用，學校得優先選擇6～9項實施。就一般教師而言，優先適用前五項及第八、第十二、第十五項，但也得另加一項「教師築梯教材的進升」，共九個優先實踐項

目。這九項「進升力點」之「運作模組」，將適度的分配在本章四節「核心主題」內涵中，作為「範例」連結、演繹、說明。

　　本章分四節敘述說明，第一節「能進『知識生命→構築解碼』之升」，敘述知識生命論的最前段，教育元素的「內構外築」與「解碼解構」進升軌跡。第二節「能進『知能模組→構築遞移』之升」，闡述知識生命論的前中段，「知」與「能」教育元素的「螺旋重組」與「構築遞移」進升軌跡。第三節「能進『學識典範→知能創價』之升」，論述知識生命論的中後段，「知識能量」與「學識能量」教育元素的「螺旋重組」與「創新‧創價‧進升」進升軌跡。第四節「能進『素養動能→典範境界』之升」，詮釋知識生命論的後段，「學識動能」與「素養動能」教育元素的「典範爭輝」與「風格‧創價‧進升」進升軌跡。

## 第一節　能進「知識生命→構築解碼」之升

　　本章為第十章，是全書的最後一章，也具有「總結‧結論」之意。本書書名為「新教師學」，副標題標示「素養四道‧學識六能」，強調「當代教師」要學習「新的‧教師學」，其主要內容應為「素養四道」→「人道、師道、學道、識道」的新素養教育，暨「學識六能」→「能傳道、能授業、能解惑、能領航、能創價、能進升」的新學識教育。從學習者的立場看「能進升」的教育，概指「學制、學校、師資、課程、教材、目標」六個層面都能順利進升的教育，學制進升人的教育機制，學校進升人的教學環境，師資進升人的楷模典範，課程進升人的學習內容，教材進升人的知能模組，目標進升人的價值行為。是以「進升」是教育的「本質」之一，人需要「終身學習‧永續進升」，教師實施「能進升」的教育，也是教師基本責任之一，教師應善用自己的「學識動能」帶著學生，能進「知識生命→知能模組→學識典範→素養境界」之升。本節先探討，能進「知識生命→構築解碼」之升。

## 一、探究知識生命的類別與實相

「知識」是教育的「實體」，教育用「知識」創新「人」的「生命」，「人・知識・教育」三者生命的交織，再建構了當前人類的「文明・文化」，這是「知識生命論」對教育與人的偉大貢獻（鄭崇趁，2020）。「知識生命論」讓本書作者出版了《素養教育解碼學》，研發了「台灣版學習羅盤」、「學道」、「識道」；也讓本書作者主張，用「素養四道・學識六能」來撰寫《新教師學》。教師的「學識六能」本身，都是教師專業「知識・知能・學識」滋長→創新→進升的「新學識動能」，從「知識生命論」的圖解暨「台灣版學習羅盤」四個迴圈（由內而外・循環進升）的意象觀之，知識生命「開展的軌跡」，都含有「創新・進升」深層意涵，例如：從圖 1-2（本書頁 16）觀察，「知識」從學習者「身外」進入「身內」軌跡，是一種「進升」（進步升級）歷程，「知識」在身體內的「螺旋重組・內構知能模組」，讓「知識遞移」成功，更是一種「進升」（進步升級）的歷程。

「知識」原本是人的「身外」之物，經由「教育・學習」才會進入「人身・身內」成為人的知識。「知識」本身浩瀚無涯，大概分成五大類別，存在於「宇宙」與人的「理性」之中，這五大類別知識是：物理現象的知識、事理要領的知識、生命系統的知識、人倫綱常的知識、時空律則的知識。教育事業在啟動學生運作「生命系統的知識」來學習這五大類知識，「知道・學會・運用」的知識，才成為自己的知識。人要真的學會「身外知識」變成「身內知識」並不容易，它要經由人的「感→知→覺→識→悟→達」六個管道，才能順利進入身內，如圖 10-1 所示（知識進入人身的軌跡）。

圖 10-1 顯示，知識進入人身的軌跡有四個「進升力點」，第一個進升點在人字「頭」的地方，五大類知識要「解碼・進升」為「感・知・覺・識・悟・達」能「辨識・覺察」的「元素・組件」，知識方能順利進入人身。第二個進升點在「人」字兩線分開的中心點，進入身內的新「知・能」元素、組件要與

圖 10-1　知識進入人身的進升軌跡

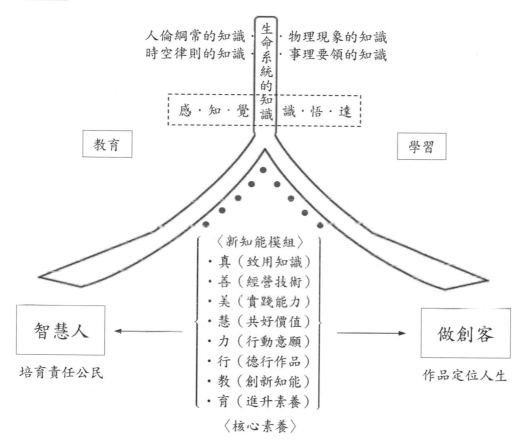

註：引自鄭崇趁（2018，頁 337）。

本已「存在・會用」的「知・能」元素、組件，產生「交流・互動・螺旋・重組」，圖上的「圓點」群指學習者已有的「德能・智能・體能・群能・美能・新能・意能・藝能・毅能・繹能」等。第三個進升點在「圓點群」之下的「新知能模組」，它指新與舊「知識・能量」創新「進升」的「新知能模組」，它包括八大新元素，這些新教育元素的學名是：真（致用知識）→善（經營技術）→美（實踐能力）→慧（共好價值）→力（行動意願）→行（德行作品）→

教（創新知能）→育（進升素養）。第四個進升點則在「人」字兩條腿的出口，指「新知能模組」能量豐沛之後的「外顯化・進升性」歷程，人的新「知能學識」能量，進升為「智慧人・做創客」（外顯的「新價值・新任務」行為）。

是以，「教育知識」生命的「類別」與「實相」，都有新的命名與較妥適版本的「實相」，知識的類別指前述的五大類知識：物理現象的知識、事理要領的知識、生命系統的知識、人倫綱常的知識、時空律則的知識。教育知識的「實相」則指：8 顆教育元素（真・善・美・慧・力・行・教・育）暨其次級系統的 48 顆元素（共 56 顆元素）的「教（創新知能）——構築→遞移→創價→進升」及「育（進升素養）——知能→學識→素養→典範」。就「教師」教育「學生」的事實「知識」而言，其最關鍵的「實相」，即為本書的「書名」與「副標」：「新教師學」、「素養四道」、「學識六能」。

## 二、認識知識生命的管道與存有

認識知識生命的管道，就學生而言是：「感・知・覺・識・悟・達」，感指「感覺而來的知識」，知指「知覺而成的知識」，覺指「概念建構的知識」，識指「現象詮釋的知識」，悟指「領悟進升的知識」，達指「物我合一的知識」。就教師而言係指：能構築→能遞移→能創價→能進升；本書再整合韓愈〈師說〉的重要觀點，主張「學識六能」——能傳道→能授業→能解惑→能領航→能創價→能進升，在本書中闡明：能傳「生命創新、學為人師、模組學習、知識生命」之道；能授「知識藝能、知能模組、致用學識、素養典範」之業；能解「全人發展、知能創價、學識模組、適配典範」之惑；能領「適配生涯、智慧創客、學識亮點、素養典範」之航；能創「人道立真、師道達善、學道增能、識道築慧」之價；能進「知識生命、知能模組、學識典範、素養境界」之升。

認識知識生命的「存有」，指了解「知道知識存在的基本型態」，「人・事・時・地・物・空」都是知識存在的實相，所謂「真人・真事・真物・真時

・真地・真空」都是看得到、摸得著的知識「具體之物」（實相），凡是萬物實相（含人與事）也都是用「知識」搭建命名而成的，搭建萬物的知識以「元素→組件→系統→模組」命名，「元素」通常用「單字」或兩個字的「語詞」表達，例如：本書的教育元素表共列 56 個元素（單字），在實務運用上也可兩兩合併使用成 28 個元素（語詞）；「組件」通常用「2 個字」（語詞）到「4 個字」（成語及專有名詞）表達，例如：元素表周邊用辭「內構・外築」、「知識遞移」、「知能創價」、「全人發展」都是教育的「新組件」，同時也是教育的新專有名詞（蘊含新學理）。「系統」則指新「專有名詞」本身含有次級系統變項（含可操作技術），例如：「知識遞移」，內含「知識解碼→知識螺旋→知識重組→知識創新」四個次級系統操作變項，它就可以進升為「系統性」知識（組件功能的進升）。「模組」知識則指由「元素、組件、系統」知識，「精密串連・創新進升」成為「網絡系統」，並可「運作循環・永續經營」的「立體型・具動能」的知識，例如：本書的「素養四道・學識六能」都是「模組型、立體化、有動能」的知識，尤其「學道」與「識道」的教育最明顯。

## 三、解碼知識生命的技術與軌跡

真的「新知識」都含有「可操作的技術」，驗證「新知識」的真偽，可嘗試能否回頭找出（解碼）該知識生命的技術，例如：本書的「學道教育」與「識道教育」都是嶄新的「新知識」，「學道教育」可以解碼其「核心技術」為：學習遷移→學習地圖（含學習步道）→學習食譜→學習羅盤。「識道教育」則可以解碼其「核心技術」為：元素構築策略→知識遞移策略→知能創價策略→全人進升策略。有完整操作技術要領的新知識，都是「真實的・珍貴的・可學習」的關鍵新知識。

「新知識」生命的軌跡主要有四條：

1.師到生軌跡（知識遞移成功）：教師用「教材」的新知識教學生，學生學會運用這些新知識，這些新知識本來在老師及教材上，現在順利「遞送・轉移」

到學生身上，我們稱之為「師到生」知識遞移軌跡。

2.學生自主進升軌跡（螺旋重組創新）：知識遞移要完整成功，並非容易的事，學生要配合教師的教學引導，啟動自己內在的舊經驗（已經學會的「知・能・學・識」能量）與「新知識」的「知・能・學・識」能量，「互動螺旋・重組創新」，方能建構「新知能模組」，這段歷程稱之為「學生自主進升」軌跡。

3.學生完成作品軌跡（表現智慧人・做創客）：學生建構完成「新知能模組」後，繼續在老師引導之下，用新學到「知識、技術、能力、價值」完成「智慧創客作品」，學生身上知識能量又遞移到完成作品之上，作品表達學生「智慧人・做創客」知識生命軌跡。

4.師生永續知能創價軌跡（一生的拿物做事）：當代社會已擘建「永續教育・終身學習」機制，人的生命每天都是「新的」，師生學校教育績效價值與職場社會教育績效價值銜接，師生的一生都能用「新生命」拿物做事，永續運作自己的「知能學識」，永續創新事功價值，永續創新生命價值。這是「新育・新知識・新生命」促成「師生永續知能創價軌跡」，是以人類整體的「知能創價」，造就了今日人類的「文明文化」。

### 四、開展知識生命的創新與進升

「知識生命」具有「永續創新」及「永續進升」的特質，「知識」生長在「教育」領域的生命，經教育學者的持續探究，已有創新性的開展，例如：吳清山（2017）指出，未來教育發展動向的重要課題有：(1)重視弱勢者教育；(2)邁向教育公共化；(3)推動教育國際化；(4)重塑教師專業化；(5)發展優質特色學校；(6)強化教育自主創新；(7)擴充數位學習機會；(8)培育學生核心素養；(9)關注全球公民教育；(10)增加教育多元參與。又如：鄭崇趁（2022）發現「新創新教育」有「五軸、五鑰」，五軸是五條教育新軸脈，它們是：(1)新「知識價值」教育；(2)新「智慧創客」教育；(3)新「創新進升」教育；(4)新「人道師道」教

育；(5)新「學道識道」教育。五鑰則指五把開啟新教育鑰匙，它們是：第一把鑰匙「新五倫、新四維價值教育」，第二把鑰匙「KTAV學習食譜」，第三把鑰匙「進升型主題教育計畫」，第四把鑰匙「新育」，第五把鑰匙「台灣版學習羅盤」。教育領導人頒行「五軸‧五鑰」教育「政策計畫」，得帶動台灣教育產業升級，先進升為「教育3.0（能力化）→特色品牌學校」，再進升為「教育4.0（素養化）→新五倫‧智慧創客學校」。

「知識生命」的「永續進升」特質，「台灣版學習羅盤」之設計表達無遺，「羅盤指針」用四大四小命名，四大指針為「真（新知識）」→「善（含技術）」→「美（組能力）」→「慧（展價值）」，轉動時代表「知識生命」的「小循環」；四小指針安排在四大指針中間，為「力（成智慧‧意願）」→「行（達創客‧作品）」→「教（行道德‧知能）」→「育（通素養‧素養）」，八支指針一起轉動時，代表「知識生命」大循環，知識的生命是「四大指針‧四顆大元素」先小循環成功（知識遞移），再帶動「四大四小指針‧八顆人元素」全程大循環（知能創價）。羅盤指針的運轉是：知識生命的「小循環→大循環→小循環→大循環→……」永續循環、永續進升。

「台灣版學習羅盤」的四個迴圈由內而外命名，分別是：「元素構築策略‧識道」→「知識遞移策略‧學道」→「知能創價策略‧師道」→「全人進升策略‧人道」。四個圓形迴圈都具有「共本質元素」→由內而外「運行‧軌跡」→「循環‧統整」→「創新‧進升」之意涵。羅盤迴圈「由內而外」運轉，也象徵教育是「從心開始」的教育，「新育」確實含有「新‧心‧欣‧馨」教育意涵，四者的實踐事項都標示在羅盤迴圈指標之上。

## 第二節 能進「知能模組→構築遞移」之升

本節續論「能進『知能模組→構築遞移』之升」，舉「範例」說明驗證身內「知能模組」的「創新進升‧構築遞移」效應，係屬「知識生命論」的前中

段，專論「新知能模組」如何「進升成型」，有別於第一節「知識生命」如何「進出人身」。

## 一、了解新知能模組的核心元素與學名系統

「新知能模組」在「人身之內」，我們看不到、摸不著，很抽象，但很重要，它是建構「核心素養」三大理論（組件）──「新知能模組說」、「知識遞移說」、「知能創價說」之一，它也是「素養教育解碼學」三大核心技術──「元素構築」→「知識遞移」→「知能創價」運作解碼的實體（新知能模組）。

「新知能模組」的實相即為「知識的生命與素養的教育元素表」（如圖1-2所示，本書頁16），共56顆教育元素建構而成，教師教學在用「知識」引導學生，「內構新知能模組」→「外築新價值行為」，產出「知識遞移」，然後共同「知能創價」。新知能模組「內構學名及核心元素」是：「新知識（真）」→「含技術（善）」→「組能力（美）」→「展價值（慧）」→「成智慧（力）」→「達創客（行）」→「行道德（教）」→「通素養（教）」。新知能模組「外築的核心元素及學名系統」是：「真（致用知識）」→「善（經營技術）」→「美（實踐能力）」→「慧（共好價值）」→「力（行動意願）」→「行（德行作品）」→「教（創新知能）」→「育（進升素養）」。

## 二、運用新知能模組的構築元素與核心組件

「新知能模組」指人的新「知能」成為具有「系統結構」的「模組」，「知能模組」的意涵與皮亞傑（Jean Piaget）的基模（schema）相似，學習型組織理論則稱之為「改變心智模式」，把三者合一來看，就能了解「新知能模組」的意涵。其「內構」元素為人「理‧性‧思‧考」之「心識功能」，是以「內構」是一種「思考」，具有「整合判斷‧價值統整」效應（作用）。有關它較明確的組件，鄭崇趁（2020，頁111-115）介紹七種思考，包括：(1)邏輯思考；(2)系

統思考；(3)策略思考；(4)創意思考；(5)進升思考；(6)模組思考；(7)價值思考。可以當作「內構」的技術要領，有興趣讀者得自行參閱。

鄭崇趁（2020，頁115-117）指出，素養教育要先「內構新知能元素模組」，然後再「外築新任務指標系統」，「內構」的技術要領，最像人的「統合思考」與「價值判斷」，是以介紹前述七種思考；這七種思考亦可稱之為教育的「新覺識」。「外築任務指標」則係「價‧值‧行‧為」外築的「新方法」，包括新行為、新目標、新標準、新元素、新組件、新系統、新流程、新配料、新產品等，這些「外築」（新目標行為）的技術要領，亦得「再統整」為下列六個步驟：(1)解碼元素組件；(2)建立系統模式；(3)循環開展脈絡；(4)實踐目標任務；(5)策定行動方案；(6)進升德行作品。讀者亦可自行參閱。

### 三、探討學科新知能的遞移元素與核心組件

「知識遞移說」的概念型定義是：教師身上或教材上的知識，順利「遞送‧轉移」到學生身上，成為學生「帶得走‧會運用」的新「知識、技術、能力、價值」四位一體的知識。操作型定義則包括四個核心技術（組件）：「知識解碼→知識螺旋→知識重組→知識創新」，是以「知識遞移」的核心元素，表象為「遞→送→轉→移」；內裡為「解碼→螺旋→重組→創新」。

「教與學」的「遞送」技術在前段，係以教師為主體的「教學要領」，包含「知識解碼」及「知識螺旋」兩個「核心技術」。「知識解碼」次級系統的運作「要領技術」有三組共十二個，包括：「編序、鷹架、步驟、流程」、「原型、元素、成因、脈絡」、「次級、系統、次要、變項」；「知識螺旋」次級系統之運作「技術要領」也有三組共十二個，包括：「內化、外化、交流、對話」、「新化、活化、深化、優化」、「同化、調適、融入、存有」。

「教與學」的「轉移」技術在後段，係以學生為主體的「學習要領」，包含「知識重組」及「知識創新」兩個「核心技術」。「知識重組」次級系統之運作「要領技術」有八個，分別是：「真（新知識）」→「善（含技術）」→

「美（組能力）」→「慧（展價值）」→「力（成智慧）」→「行（達創客）」→「教（行道德）」→「育（通素養）」（註：「KTAV學習食譜」多為教學使用，僅列前六個大元素及其外相學名）；「知識創新」次級系統之運作「技術要領・績效價值」也有三組共十二個，包括：「真實、體驗、生新、創價」、「均等、適性、民主、永續」、「傳承、創新、精緻、卓越」（教師得勾選3～4個學生創新知識的明顯價值）。

## 四、掌握教育新知能的進升元素與核心組件

「教育新知能」的進升元素有兩組：第一組為「美（實踐能力）——德・智・體・群・美・新」，第二組為「育（進升素養）——知・能・學・識・素・養」，這兩組核心元素，直接配對的組件就有36個：德知、德能、德學、德識、德素、德養；智知、智能、智學、智識、智素、智養；體知、體能、體學、體識、體素、體養；群知、群能、群學、群識、群素、群養；美知、美能、美學、美識、美素、美養；新知、新能、新學、新識、新素、新養。倒接配對的組件也有36個：知德、知智、知體、知群、知美、知新；能德、能智、能體、能群、能美、能新；學德、學智、學體、學群、學美、學新；識德、識智、識體、識群、識美、識新；素德、素智、素體、素群、素美、素新；養德、養智、養體、養群、養美、養新。

三個字或四個字共構的「組件」（新詞）教育意涵更加豐厚，例如：新德能、新智能、新體能、新群能、新美能、新新能；知識能量→知能學識→知能素養→學識素養；德智知能→德智學識→德智素養；體群知能→體群學識→體群素養；美新知能→美新學識→美新素養。這些教育的「新元素・新組件」本身都是「新知識」，並且都是具有「新能量」的「新知能」→「新學識」→「新素養」。教師要特別觀照學生「中介能量——學能・識能」之孕育與滋長。

是以，「新育」、「素養取向教育」、「教育4.0」、「學習羅盤」等新教育名詞被「發現・強調・關注」之後，「新教育」（新六育）如何領航「校長

及教師」們，實踐正確版本的「素養取向教育」，成為本書作者最大的心願，立志撰寫「新校長學」及「新教師學」。《新校長學：創新進升九論》（鄭崇趁，2022）一書已出版，主張當代校長的新使命在「創新教育」與「進升領導」，創新教育的九個使力點（是組件）及相對進升領導的「九論」進升點（也是組件），形成該書九章章名，如圖 10-2 列出的新校長學的關鍵「零組件」。

圖 10-2　新校長學的關鍵「零組件」

| 第一章 | ⌐ | 新「知識」教育暨「認識論」領導 | ⌐ |
| 第二章 | 創 | 新「價值」教育暨「實踐論」領導 | 進 |
| 第三章 | | 新「智慧」教育暨「動能論」領導 | |
| 第四章 | 新 | 新「創客」教育暨「作品論」領導 | 升 |
| 第五章 | | 新「創新」教育暨「模組論」領導 | |
| 第六章 | 教 | 新「進升」教育暨「築梯論」領導 | 領 |
| 第七章 | | 新「人道」教育暨「適配論」領導 | |
| 第八章 | 育 | 新「師道」教育暨「典範論」領導 | 導 |
| 第九章 | └ | 新「新育」教育暨「六育論」領導 | ┘ |

圖 10-2「」之內的十八個教育名詞，都是教育的新「零組件」，這些新「組件」在書中都有嶄新的「概念型定義」及「操作型定義（操作技術‧次級元素）」，每一章都串連 2～4 個「創新‧進升」之「元素‧組件」，形成具有新「學識‧動能」的「系統‧模組」知識。全書（九章串連）形成「全面‧巨觀」的《新校長學：創新進升九論》，它是一本用新「學識動能‧系統模組」知識，所撰寫完成的新書。

又例如，本書的書名《新教師學：素養四道‧學識六能》，書名由三個巨觀組件組成：「新教師學」、「素養四道」、「學識六能」，這三個組件也都是具有新「學識動能‧系統模組」的知識；全書十章的章名（含副標題）也都

是具有新「學識動能・系統模組」的知識。尤其是「學識六能」的前三能：「能傳道」、「能授業」、「能解惑」，原典來自韓愈〈師說〉，原典565字強調「傳道、授業、解惑」三者的重要性，是傳頌逾千年的教育經典，本書則賦予它們「學識動能・系統模組」的知識生命，「能傳道」係指「能傳『生命創新、學為人師、模組學習、知識生命』之道」；「能授業」係指「能授『知識藝能、知能模組、致用學識、素養典範』之業」；「能解惑」係指「能解『全人發展、知能創價、學識模組、適配典範』之惑」。教師能夠操作這些新「知能學識」組件，就能達成「有效教學」，進而「帶好每位學生」。

## 第三節　能進「學識典範→知能創價」之升

「新知能模組」進升「新學識模組」，「新知能學識模組」再進升「新素養模組」，是本書強調的「知識生命重要軌跡」之一，「新學識模組」是「新知能模組」與「新素養模組」之間的「中介模組」，這一中介模組（新學識模組）的存在與否暨含量多寡，關係到「中高階知識主題」的教學能否順利成功，「知能→學識→素養」的知識性質，教師如能「辨識・掌控」在教與學歷程中，有助於學生「知識遞移」的真正到位與完成，不會停留在「似懂非懂・會用無用」階段。

### 一、探究學識系統的知能進升與特質

從「認識知識生命」的六管道（善技術）——「感・知・覺・識・悟・達」，所認識到的「知識」性質與類別為：感——感覺而來的知識，知——知覺而成的知識，覺——概念建構的知識，識——現象詮釋的知識，悟——領悟進升的知識，達——物我合一的知識。對照「育（進升素養）」的六元素——「知・能・學・識・素・養」，「新知能模組」多來自「感覺＋知覺」而成的知識，少部分來自「覺識＋悟達」創新進升的知識；「新學識模組」仍以「感

覺・知覺」新知識為基石，但有更多成分的「覺識及悟達」而成的「創新及進升」之教育（知識）元素。

　　「新學識模組」教學有六個特質：(1)元素構築模組教與學；(2)知識遞移模組教與學；(3)知能創價模組教與學；(4)全人進升模組教與學；(5)地圖食譜模組教與學；(6)學習羅盤模組教與學（請參閱鄭崇趁，2022，頁130-133，說明與圖解）。它們也是本書所謂的新「學道」與新「識道」的教育，但實際教學的歷程，要先用「知識生命論」講解「學識模組化」軌跡，再運用「學道（工具——學習遷移：模組循環）」來驗證「識道（學理——認識軌道：創價進升）」。「學」與「識」都是「系統化・模組化・立體化」的知識，「學」是學習者認同的系統性學術；「識」是含有學習者「見識」的模組化・可循環的學識。

## 二、運用學識模組的學科教學與教育

　　任何一位教師及大學教授，每天對著學生授課，事實上都在運用「學識模組」教學，只是有部分的教師沒有察覺到這就是「學識模組教學」，也有部分教授或教師運用得「出神入化」，但有自己的命名，不一定稱之為「學識模組教學」，就像「從心開始」的教育，是「素養取向教育」的重要型態，很多教師老早就在實踐，但他們不會強調說「從心開始的教育」就是「素養取向的教育」，也不會說「從心開始的教育」就是「新育」。因為「素養取向的課綱」2014年才由教育部頒布；「新育」則在2020年，鄭崇趁（2020）發現「新育」才能完成《素養教育解碼學：元素構築・知識遞移・知能創價》一書的撰寫與出版。

　　本書作者2000年有幸獲聘為母校（台北教育大學教育政策與管理研究所）專任教職，因所有的授課均採「主題教學」，「主題選擇」與「最佳版本」之教與學，成為大學教授最神聖的工作，然研究所階段的課程欠缺中文優質教科書，以致博碩士學生要花大量時間閱讀外文或翻譯的教材，沒有實踐「校本・所本・師本」課程事實，是以本書作者立志撰寫具有「系統知識學門」的中文

研究所層級教材（論文・文章）及教科書。自 2006 年（升教授）之後，發表的文章及出版的專書（每一章）都是一個完整的「新學識模組」，目前已完成「經營教育之學（進升教育 3.0——能力化）」系列叢書四冊、「素養教育之學（進升教育 4.0——素養化）」系列叢書四冊、「新育教育之學（4.0 教育——素養取向教育之實踐）」系列叢書前兩冊（即《新校長學》及《新教師學》），亦當繼續以二至三年時間規劃撰寫後兩冊（《新教育經營學》及《新家長教育學》）。關於這十二冊「校本・所本・系本・師本」學識模組課程教材之完成，本書作者曾對「校長博士生」們表達，這是我身為「博士・教授」應有的責任，國家「教育產業」的經營能否繼續升級？需要這些教材真實的在教育現場流動，教育人員（尤其是校長及教師）可用這些「新學識模組」，幫助國家教育產業進升「新境界」。

　　中小學教師實施「學識模組」教學也很容易，只要將學科「主題教材」藉由自己熟悉的「優教學模式」，例如：「系統思考」模式、「CIPP 模式」、「PDCA 模式」、「知識遞移（KTAV）模式」、「知能創價（KCCV）模式」或「智慧創客教育整合模式（KTAV ・ KCCV）」，重組「教材知識・系統結構」，使用模式運作「知識模組」學習，都可稱之為「學識模組」教學之實踐。本書特別推薦「智慧創客教育整合模式」，它適合小學到大學所有學科「主題單元」知識的「學識模組」學習。此模式運作流程為「用智慧（KTAV）→做中學（體驗操作）→有作品（做創客）→論價值（價值評量）」。當代教師實踐「素養取向教育」，配合學校「智慧教育」、「創客教育」、「價值教育」之實施，亦有責任藉由自己主授學科，每年經由「主題教學」輔導學生產出 3～5 件「智慧創客」作品，真實的作品就是學生學到「智慧學習內容」與「創客學習表現」的產品，學生也可以直接參照老師設計的「KTAV 單元學習食譜」，來論述自己「作品」與「學習」價值，增進自己「學識模組學習」的素養，善用「新知識（K）→含技術（T）→組能力（A）→展價值（V）」（知識生命小循環）軌道有效學習。

### 三、開展學識典範的校本課程與教材

參與「校本課程」設計暨編製「校本課程教材」，已成為當代教師基本責任之一，教師直接參與研發的「校本課程及教材」，如能成為學校教育的亮點，教師對學校的貢獻更大，必更受學校師生愛戴。教師善用自己「專門專業學識」之優勢專長，參與「校本課程」規劃設計，例如：台北市文山區的中小學均可善用「仙跡岩自然生態步道」，敦請各領域學科專長教師聯合設計「分站學習主題」，串連成「仙跡文史學習步道」、「仙跡自然科技學習步道」、「仙跡運動技藝學習步道」、「仙跡生態標本學習步道」、「仙跡健康休閒樂學步道」、「仙跡遊學闖關步道」等校本課程（分站學習主題規劃）。

待「學校本位課程」命名及系列主題規劃完竣，參與教師再依自己「學識專長」承擔 1～2 個分站主題教材編製，並完成「智慧創客 KTAV 單元學習食譜」，學習步道通常有 6～12 個分站主題，分站主題教材及單元學習食譜匯集成冊，成為參與學生的「學習手冊」，「智慧創客 KTAV 單元學習食譜」更須大圖輸出，張貼於該站最佳說明位置，引導師生「用智慧（KTAV）→做中學（操作體驗）→有作品（做創客）→論價值（價值評量）」。讓每站的學習都是一個明確的「學識模組學習」，並充分實踐「素養取向教育」中的「智慧教育」（真善美慧四位一體學習）、「創客教育」（四創一體學習）、「價值教育」（價值論述與實踐）。這樣的「新學習步道」（學校本位特色課程與教材）就是教師們的新「學識典範」，每一條學習步道獲得師生熱烈參與者，都是新「學識模組」（個別）的串連，並成為新「學識典範」（整體）。

### 四、研發學識典範的師本課程與教材

有碩博士學位的教師，就有責任研發「學識典範」的師本課程與教材，高等教育階段的教育：學士班、碩士班、博士班，都由學校（學院）決定「必選修課程學科學分總表」暨最低畢業學分數。學士班基本學分數為 128 學分，學程班 20～40 學分，雙主修 40～60 學分。碩士班 32 學分以上＋碩士論文，博士

班 32 學分以上＋博士論文。再由學校系所專任教師分科授課，每一學科授課內容與教材由授課教授自主決定，是以大學有很多教師都使用「自編教材」授課，待升等「副教授、教授」之後，就直接使用自己撰寫出版的「專書教材」授課，此之謂「學識典範」的師本課程與教材。

中小學教師也可研發「學識典範」的師本課程與教材，以下介紹四個進升途徑：

1.主授學科途徑：中小教育必須按政府頒定的「課程綱要」及學校教師選用的「教科書」教學生，並用段考來了解學生「基本學科・知能學識」的學習。教師可先從自己主授學科的各「單元主題教學」著力，先統整不同版本教科書教材，再編製這一主題教育的「補充教材」，並採行「智慧創客整合教學模式」，每學期編製 3～5 個主題教學的「KTAV 單元學習食譜」，按食譜教學、指導學生產出「智慧創客」作品，累增主授學科的「補充教材、學習食譜、師生作品」，就成為自己的「學識典範」師本課程與教材。

2.指導社團途徑：中小學的社團是半正式課程，也是學生學學習的核心途徑，指導社團教師必須「自定主題、自編教材」教學，教師可以全程採用「智慧創客整合教學模式」，進行 8～12 單元的：「用智慧（KTAV）」→「做中學（操作體驗）」→「有作品（做創客）」→「論價值（價值評量）」。社團師生教育成果展示：教師的教材（學生學習手冊）、教師的「KTAV 單元學習食譜」、教師的示範作品及學生的作品集，就成為教師的「學識典範」師本課程與教材。

3.處室教育途徑：教師有機會兼任處室「主任、組長」時，配合執行重點教育政策或實踐主題教育計畫，需要引導專長優勢教師帶領學生合作產出「智慧創客作品」，這些師生合作產出的作品，直接展示在校園圍牆、廊道、空地、重要建築空間之上，或在各種典儀活動中直接表演展示給全校師生（含家長）共賞。這些作品的影音紀錄（產品），也就是參與教師們的「學識典範」師本（校本）課程教材。

4.特色課程途徑：具有個殊「學識典範」教師，就能領導學校同好教師共同經營學校特色課程，展現學校教育的「光與亮」，例如：新北市福和國中的廖惠貞老師，領導學校國文教師編製「唐詩朗誦」教材與教學，每年學校舉辦一次全校班際「詩歌吟唱」比賽，每位學生都參與演出，每班朗誦兩首唐詩，都編製劇情，結合書法、音樂、跳繩等才藝演出，每年比賽時，中永和地區萬人空巷，學生家長都要到學校看自己孩子的表演，形成學校教育「學識典範」最大的光亮。

又如：台北市西園國小呂碧霜老師，長期奉獻「踢毽教學」，結合學校社團時間及導師們支持，從二年級每班學生教起，中年級及高年級學生就完成「小舞‧大舞」核心技術的學習，每年小舉辦班際踢毽比賽，節目一年比一年精采，曾獲台北市教育局選為出國才藝展演團多年，「踢毽教育」為學校特色課程，呂碧霜老師的教材與教學，則充分展現師本「學識典範」的光亮。

再如：新北市的顏學復校長，在他擔任「有木國小」及「大觀國中」校長期間，帶領教師組隊，研發教育部「教學卓越獎」及「空間美學特色學校獎」方案文本及實踐作為（特色教育），這兩所學校成為全國獲獎最多的學校，學校「特色課程與教材」也就成為各校經營特色教育的「學識典範」，也是顏校長自己（師本）「學識典範」的光亮。

## 第四節　能進「素養動能→典範境界」之升

人類之「優質文化」得以「永續傳承」，是「那一群族（組）人」之「素養動能」的展現，同一群組（族）的人都認同的生活型態（行為模組）並且定期反覆實踐者（例如：媽祖繞境、佛教法會、天主教做禮拜、學校校慶紀念大會及校慶教育活動等），稱之為「優質文化」，經由有志之士匯集群組的「素養動能」，就能「傳承創新‧創價進升」這些優質文化。人類之「創意文明」得以「永續常新」，是「知識分子」之「素養動能」的深耕，大學畢業以上的

人，就被尊稱為國家（社會）「知識分子」，知識分子每日「學識素養・拿物做事」，經營各自的「家業、事業、學業、共業」，在學業上日日創新自己的生命價值，在事業上日日創新公司的產品新價值，百業人員的「素養動能」也日日進升各專門行業的「創意文明──產出新產品」，開展領航專門行業「典範境界」之升。

「工業 1.0→工業 4.0」的命名版本，是能進「素養動能→典範境界」之升的經典範例，目前其他各專門行業也都在學習設定「1.0→4.0 發展任務指標」，能夠辨識各專門行業「素養動能」的核心元素（「力・行・教・育」及其次級系統元素共 28 個），就能演繹設定「典範境界」（發展任務指標）的命名。「工業 1.0→4.0」之命名版本與說明如下：

工業 1.0 機械化：機械化為「典範境界」，「素養動能」為「引擎・馬達」之發明及其在「機械動能」上的運用。

工業 2.0 電氣化：電氣化為新「典範境界」，其「素養動能」為「電能」的發現、「機電整合」新動能，進升工業新文明。

工業 3.0 自動化：自動化為新「典範境界」，其「素養動能」為「機器人」的發明、生產線自動化運轉。

工業 4.0 智慧化：智慧化為新「典範境界」，其「素養動能」為「AI・人工智慧」手機的發明、其晶片在數位科技上的進升。

鄭崇趁（2018）出版《教育 4.0：新五倫・智慧創客學校》一書，已清楚界定「教育 1.0→教育 4.0」發展任務指標，茲將此一「版本」之「素養動能→典範境界」之進升，說明如下：

教育 1.0 經驗化：經驗化為「典範境界」，其「素養動能」指「私塾・書院」時期的教育，目標動能在「脫文盲・求功名」。

教育 2.0 知識化：知識化為新「典範境界」，其「素養動能」指 1968 年起延長九年國教，實施之「公共學校普及化」時期的教育，目標動能在「知識人・社會人」。

教育 3.0 能力化：能力化為新「典範境界」，其「素養動能」指 2000 年起
　　　　　　　　頒布九年一貫課綱，實施之「特色品牌學校」時期的教
　　　　　　　　育，目標動能在「獨特人・永續人」。

教育 4.0 素養化：素養化為新「典範境界」，其「素養動能」指 2019 年起
　　　　　　　　依據十二年國民基本教育課綱，實施之「新五倫・智慧創
　　　　　　　　客學校」時期教育，目標動能在「智慧人・做創客」。

　　是以，「知識生命論」也明白揭示下列三件事：(1)知識本身的生命滋長就
看人類如何用它，它已經滋長成「素養動能」及「典範境界」新知識（新專有
名詞）生命；(2)教育本身也有生命，「素養動能及典範境界」不同層級的知識，
進升「教育 1.0→教育 4.0」版本的生命；(3)人本身生命的「創新・進升」最重
要，「智慧人・做創客」→「新領導・優教師」→「能家長・行國民」是「全
人發展」進升成「六至德」的新生命。其中，「新領導和優教師」更要開展「新
使命・新生命」，能夠在教育事業中實踐「素養四道・學識六能」，四道六能
是「教師・教育・知識」三者「共同新生命」的交織，它們是人的「新素養動
能」（新生命），人用它們再進升「教育・知識」的「新典範境界」（新生
命）。

　　教師在學生面前「專業示範」「能進『素養動能→典範境界』之升」並不
容易，單元教學中要善用「學道工具」輔助，適時講解「識道軌跡」歷程，並
以自身的「進升經驗」為範例說明，指出自己「素養動能」的進升點及「典範
境界」進升點（能有新命名更好），學生才能真正理解信服。教師得強化下列
四項經營策略，增進自己「能進『素養動能→典範境界』之升」的經驗與軌跡。

## 一、研究素養教育解碼學

　　《素養教育解碼學：元素構築・知識遞移・知能創價》（鄭崇趁，2020）
一書，發現「新育」等 56 顆教育關鍵元素，並運作書名副標題的三個「核心技
術」（善知識）解開素養教育的密碼，是「知識生命論」的實踐案例，同時也

是「學道教育」、「識道教育」及「台灣版學習羅盤」的源頭，值得教師們「閱讀‧研究」，優化己身新教育「新知能學識模組」，有豐沛的「知能→學識→素養」動能，方可實質進升「教育‧學生」學習的「新典範‧新境界」。

閱讀完《素養教育解碼學》一書的教師們，會發現並指出教育上的三大事實：

1.人的「素養」真的是這56顆教育元素，在人身之內「構築→遞移→創價→進升」而成的，所以「台灣版學習羅盤」的四個迴圈由內而外，才會用「元素構築」→「知識遞移」→「知能創價」→「全人進升」來命名。

2.這56顆教育元素本身的「螺旋重組‧創新進升」產出的「新詞‧組件」（新教育專有名詞）就是人類的「新素養」動能，例如：本書強調的「學識六能」──能傳道、能授業、能解惑、能領航、能創價、能進升，也都是廣義的「新素養動能」，這六個新素養動能，幫助新時代教師完成新使命。

3.「新育」教育學系列叢書即將逐一撰寫完成，「創新進升九論（新校長學）」→「素養四道‧學識六能（新教師學）」→「知識教育六論（新家長教育學）」→「新六說‧新七略‧新八要（新教育經營學）」，它們將開啟「教育產業」經營「新典範‧新境界」。

## 二、掌握解碼素養優技術

教師學會「教育解碼學」的四個優技術：「元素構築」→「知識遞移」→「知能創價」→「全人進升」，已成為優教師必備的基本素養。「元素構築」之優技術在「七種思考──內構新知能模組」（邏輯思考、系統思考、策略思考、創意思考、進升思考、模組思考、價值思考）；「六步驟──外築新價值行為（含解決問題）」（解碼元素組件、建立系統模式、循環開展脈絡、實踐目標任務、策定行動方案、進升德行作品）。

「知識遞移」之優技術在：「知識解碼→知識螺旋→知識重組→知識創新」；「知能創價」的優技術在：「知識學習→知能融合→知能創價→智慧創

客」；「全人進升」的優技術在：「順性揚才→自我實現→智慧資本→全人發展」，促成全人發展十二角色責任的「進升到位」：「成熟人→知識人→社會人→獨特人→價值人→永續人→智慧人→做創客→新領導→優教師→能家長→行國民」，前八者是基本教育（中小學）的重點，新命名為「八達德」，後六者為高等教育新重點，新命名為「六至德」；「智慧人‧做創客」串連全程教育，成為二十一世紀世界新教育目標，是以「台灣版學習羅盤」的總標題才使用「台灣邁向 2030 教育目標：智慧人‧做創客（適配幸福人生）」。

### 三、編製素養教學好教材

當代教師要能使用高比率的「自編教材」授課，已是台灣社會的共同期待，逐年拓增自己「授課學科主題」自編教材、「指導社團才藝」自編教材、「參與校本課程」自編教材、「開展師本課程」自編教材、「執行政策計畫」自編教材、「參與行動研究」自編教材、「參與群組進修」自編教材、「發表文章著作」自編教材。這些自編教材都是教師「學識模組」產出的「作品」，也可以用教育四大類作品型態展現：「立體實物作品」、「平面圖表作品」、「動能展演作品」、「價值對話作品」。自編教材（作品）都是素養教學的好教材，教師得配合學校「智慧教育」、「創客教育」、「價值教育」的推動，直接教給學生，專業示範「智慧人‧做創客」（素養動能），並指導學生「智慧人‧做創客（適配幸福人生）」的事實（典範境界）。

教師應將自編教材視同自己的「智慧創客」作品，連同用「作品」教「作品」，學生所產出的「智慧創客」作品，進行「智慧管理」，用「智慧型手機」及平板（電腦），系統儲存「自編教材、KTAV 學習食譜（教案）、師生作品（精選）」。順勢匯聚自己教育的「智慧資本」，永續經營「教育事業」，多數教師具備新「素養動能」（智慧創客教師），也就能幫助國家「教育產業」升級，真實的進升教育新「典範境界」（進升教育 3.0「特色品牌學校」或教育 4.0「新五倫‧智慧創客學校」）。

### ■ 四、進升素養教育新境界

「素養取向的教育」究竟是什麼？台灣的教育界一直沒有明確的「版本」範例，校長及教師們都僅能回答兩個觀念：

1.「十二年國民基本教育課程總綱」揭示九項「核心素養」，是基本教育課程總目標，中小基本教育十二年級，所有的課程實施完竣後，教育目的在孕育人「素養」的滋長，並以這「九項核心素養」為任務指標。

2.素養是「知識、技能、態度、價值」四者的綜合體，顯現在生活實用行為的表現（註：採用OECD於2019年的「學習羅盤」四個指針命名為定義，台灣教育人員編製「素養取向試題」的說詞）。而所認為的「素養取向教育」，比如說，這「九項素養」是以前「十項基本能力」的進升，學習生活常用的「能力」，習慣化以後就成為「素養」；「教材內容、課程設計、教學方法、學習技術」都可以延用，師生努力一點，教師主題教學教案內的教學目標要與九項素養連結；學生要多練習一下「素養取向試題」考卷，這就是「素養取向教育」。教育的「典範・境界」並沒有實質的「進升」與「到位」。

本書的出版，「新育」創新「素養四道」，「羅盤」演繹「學識六能」，並將書名命名為：「新教師學」。鋪「人道教育、師道教育、學道教育、識道教育」素養動能（四軌循環・進升素養動能）；展「能傳道、能授業、能解惑、能領航、能創價、能進升」學識動能（六能永續・進升典範境界）。引導教師實踐正版（鄭版）「知識生命論」、「新育新六育」、「智慧教育」、「創客教育」、「價值教育」、「教育4.0」、「進升領導」、「全人發展觀」、「新知能模組說（元素構築說）」、「知識遞移說」、「知能創價說」、「順性揚才說」、「自我實現說」、「智慧資本說」、「優勢築梯說」、「創新生命論」、「智慧創客論」、「適配幸福論」、「知識價值化」、「學識模組化」、「智慧創客整合教學模式」、「KTAV單元學習食譜（知識遞移食譜）」、「知能創價KCCV教育模式」及「KCCV規劃（創新進升）食譜」、「台灣版學習羅盤」

等「新教育」→「新元素」→「新名詞」→「新版本」→「新素養」→「新典範」→「新境界」→「教育新文明文化」→「創新進升新教育產業」。幫助「教師」帶著「學生」，實質進升素養教育新境界。

廣義的「能進升」含括四個向度：

1.教師能進升自己對「素養教育」的「知能→學識→素養→典範」，並專業示範教給學生。

2.教師實施新素養教育要能進升學生四業的經營（學業、家業、事業、共業），尤其是學業的順利進升，「小學→國中→高中→大學」都能圓滿畢業，畢業典禮週都能展出 10 件「智慧創客」代表作品，「作品」是「進升」下一階段學校及尋找夥伴（含伴侶）、事業的核心基石（作品呈現素養、典範、境界）。

3.教師能對學生指出「知識」進出人身「生命滋長→進升」的軌跡，指出「知能→學識→素養→典範」進升的事實（案例、範例）。

4.教師們也有責任積極實踐「素養取向」新教育，發揮集體「智慧資本」（素養動能），幫助國家教育產業升級，進升「教育 4.0：新五倫‧智慧創客學校」，進升國家新教育文明文化。整個國家則由目前「自由民主新台灣（3.0）」再進升為「智慧創客新台灣（4.0）」。

# ✿ 參考文獻 ✿

中文部分

中國教育學會（主編）（2018）。**邁向教育 4.0：智慧學校的想像與建構**。學富。

何福田（2010）。**三適連環教育**。師大書苑。

吳清山（2017）。**未來教育發展**。高等教育。

吳清山（2018）。**幸福教育的實踐**。高等教育。

林新發、朱子君（主編）（2019）。**教育領導的新議題**。高等教育。

教育部（2012）。**中華民國師資培育白皮書：發揚師道、百年樹人**。作者。

教育部（2014）。**十二年國民基本教育課程綱要總綱**。作者。

黃旭鈞（主編）（2022）。**幸福教育的理念與實踐**。高等教育。（111 教育發展協
　　進會年度專書）。

楊德遠（2011）。**國民小學智慧資本價值轉換模式之研究**（未出版之博士論文）。
　　台北教育大學。

劉真（1991）。教書匠與教育家。載於梁尚勇（主編），**豎立教師的新形象**（頁
　　31-50）。台灣書局。

劉真（主編）（1974）。**師道**。中華書局。

蔡進雄（主編）（2021）。**邁向未來教育創新**。高等教育。（111 教育發展協進會
　　年度專書）。

鄭崇趁（2012）。**教育經營學：六說、七略、八要**。心理。

鄭崇趁（2013）。**校長學：成人旺校九論**。心理。

鄭崇趁（2014）。**教師學：鐸聲五曲**。心理。

鄭崇趁（2015）。**家長教育學：「順性揚才」一路發**。心理。

鄭崇趁（2016）。**教育經營學個論：創新、創客、創意**。心理。

鄭崇趁（2017）。**知識教育學：智慧人・做創客**。心理。

鄭崇趁（2018）。**教育 4.0：新五倫・智慧創客學校**。心理。

鄭崇趁（2020）。**素養教育解碼學：元素構築・知識遞移・知能創價**。心理。

鄭崇趁（2022）。**新校長學：創新進升九論**。心理。

鄭崇趁、鄭依萍（2021）。展新育、能演繹、行四道、達至德：建構「學習羅盤」的教育學理與指標系統。載於蔡進雄（主編），**邁向未來教育創新**（頁21-40）。高等教育。

鄭崇趁、鄭依萍（2022）。幸福教育經營策略之探析。載於黃旭鈞（主編），**幸福教育的理念與實踐**（頁25-42）。高等教育。

## 英文部分

Maslow, A. H. (1954). *Motivation and personality*. Harper and Row.

Organisation for Economic Cooperation and Development. [OECD] (2019). *Learning Compass 2030 in brief*. Retrieved from https://reurl.cc/XLL8O3

# 「新育」叢書出版計畫

## 鄭崇趁　著

2022年4月出版

### 新校長學：創新進升九論

| | | | | |
|---|---|---|---|---|
| 第一章 | | 新「知識」教育暨「認識論」領導 | | |
| 第二章 | | 新「價值」教育暨「實踐論」領導 | | |
| 第三章 | 創 | 新「智慧」教育暨「動能論」領導 | | 進 |
| 第四章 | 新 | 新「創客」教育暨「作品論」領導 | | 升 |
| 第五章 | 教 | 新「創新」教育暨「模組論」領導 | | 領 |
| 第六章 | 育 | 新「進升」教育暨「築梯論」領導 | | 導 |
| 第七章 | | 新「人道」教育暨「適配論」領導 | | |
| 第八章 | | 新「師道」教育暨「典範論」領導 | | |
| 第九章 | | 新「新育」教育暨「六育論」領導 | | |

2023年5月出版

### 新教師學：素養四道・學識六能

## 新家長教育學：知識教育六論

新家長教育學

知識教育六論

（出版中）

鄭崇趁 著

預計2024年5月出版

第一章　知識「生命論」

第二章　知能「模組論」

第三章　學識「系統論」

第四章　素養「作品論」

第五章　適配「幸福論」

第六章　典範「風格論」

附錄：〔專文〕家長也要知道的新教師學：

「素養四道」及「學識六能」

---

## 新教育經營學：新六說・新七略・新八要

新教育經營學

新六說・新七略・新八要

（出版中）

鄭崇趁 著

預計2025年5月出版

「新教育」是可以經營的

「原理學說（新六說）」～尋根探源、立知識之真

「經營策略（新七略）」～行動鋪軌、達育才之善

「實踐要領（新八要）」～著力焦點、能臻美築慧

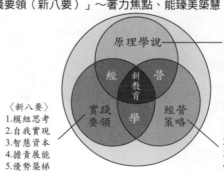

〈新六說〉

1.經驗說
2.知識說
3.能力說
4.素養說
5.適配說
6.典範說

立真

〈新八要〉

1.模組思考
2.自我實現
3.智慧資本
4.擔責展能
5.優勢築梯
6.點亮專長
7.圓滿事功
8.智慧創客

臻美・築慧

〈新七略〉

1.價值領航策略
2.智慧動能策略
3.境界規劃策略
4.創客作品策略
5.學道增能策略
6.知道築慧策略
7.六育育人策略

達善

國家圖書館出版品預行編目（CIP）資料

新教師學：素養四道・學識六能／鄭崇趁著. --初版.--
新北市：心理出版社股份有限公司, 2023.05
面；　公分.--（教育基礎系列；41222）
ISBN 978-626-7178-58-4（平裝）

1. CST: 教師　2. CST: 師資培育

522.2　　　　　　　　　　　　　　　　112006959

教育基礎系列 41222
# 新教師學：素養四道・學識六能

作　　者：鄭崇趁
總 編 輯：林敬堯
發 行 人：洪有義
出 版 者：心理出版社股份有限公司
地　　址：231026 新北市新店區光明街 288 號 7 樓
電　　話：(02) 29150566
傳　　真：(02) 29152928
郵撥帳號：19293172　心理出版社股份有限公司
網　　址：https://www.psy.com.tw
電子信箱：psychoco@ms15.hinet.net
排 版 者：辰皓國際出版製作有限公司
印 刷 者：辰皓國際出版製作有限公司
初版一刷：2023 年 5 月
I S B N：978-626-7178-58-4
定　　價：新台幣 350 元